W0330706

Tourenübersicht

Bodenseeumrundung

1. Vom Zeppelin zum bayerischen Löwen
2. Kunst und Natur am See: Vorbei an Seebühne und Rheindelta
3. Vom Kornhaus zum Konzil
4. Zum Rothenburg der Schweiz
5. Am Schiener Berg und an der Höri entlang
6. Kloster- und Gemüsekultur auf der Reichenau
7. Über den Bodanrück nach Ludwigshafen
8. Wein und weite Seeblicke

Oberschwaben und seine Barockstraße

9. Zum Illmensee und über den Höchsten
10. Entlang an Leiblach und Argen nach Wangen und zurück
11. Hopfen und Spargel: An der Argen entlang nach Tettnang und Ravensburg
12. An Illmensee und Pfrunger Ried vorbei nach Pfullendorf
13. Nach Bad Schussenried
14. Pausbäckige Engel und goldene Girlanden: Barock zwischen Bad Schussenried und Ravensburg
15. Entlang der Schussen zur schönsten Dorfkirche der Welt
16. Durch Höll und Tal nach Wangen

Das Allgäu und der Bregenzerwald

17. Zum Balkon des Allgäus
18. Zu den Kurorten Isny und Oberstaufen
19. Durch den Bregenzerwald ins Rheintal
20. Rund um den Pfänder

Die Kantone Appenzell, St. Gallen und Thurgau

21. Vom Rheintal in die Appenzeller Berge
22. Durch die Appenzeller Dörfer nach St. Gallen
23. Zu St. Gallus und Henri Dunant
24. Auf verborgenen Pfaden zur Thur
25. Im Necker- und Thurtal
26. Von der Thur zum Bodensee
27. Wald, Wiesen, Wein und Wil

Rhein, Bodanrück und Linzgau

28. Am Rhein entlang zum Rheinfall
29. An Vulkanen vorbei nach Radolfzell
30. Auf den Bodanrück
31. Im Herzen des Linzgaus
32. Abgeschiedene Wege
33. In markgräflich-badischen Landen

Hegau und Oberes Donautal

34. Vom Rhein ins Hegau
35. Vom Hegau zur Donau
36. Auf dem Hohenzollernweg nach Tuttlingen
37. Durch das wildromantische Tal der Oberen Donau
38. Durch das Donau- und Ostrachtal nach Pfullendorf
39. Von Pfullendorf über Meßkirch zur Donau
40. Wälder und Wiesen bis nach Sigmaringen

Paul Bickelbacher/Michael Graf

Radtouren rund um den Bodensee

40 Radtouren am Bodensee und in den angrenzenden Gebieten Oberschwaben, Allgäu, Appenzell, Hegau und Oberes Donautal

Mit 92 Farbfotos, 40 Kartenskizzen und einer Übersichtskarte

Bruckmann

Einband-Vorderseite:
Lindau am Bodensee mit der Alpenkette

Einband-Rückseite:
Der Hafen von Mannenbach am Untersee (Tour 4)

Innentitel:
Blick über Sipplingen auf den Überlinger See, Bodman und den Bodanrück (Tour 8)

Eine Produktion des
Bruckmann-Teams, München

Umschlaggestaltung: Uwe Richter
Lektorat: Dr. Sabine Klinkert
Layout und Herstellung: Ina Hesse

Gedruckt auf chlorfrei gebleichtem Papier

Die Deutsche Bibliothek –
CIP-Einheitsaufnahme

Bickelbacher, Paul:
Radtouren rund um den Bodensee :
40 Radtouren am Bodensee und in den angrenzenden Gebieten Oberschwaben, Allgäu, Appenzell, Hegau und Oberes Donautal / Paul Bickelbacher/Michael Graf. – München : Bruckmann, 1996
(Erlebnis Rad)
ISBN 3-7654-2841-8
NE: Graf, Michael:

Gesamtherstellung: Bruckmann, München
Druck: Gerber + Bruckmann, München
Printed in Germany
ISBN 3-7654-2841-8

Inhalt

Vorwort 9

Der Bodensee und sein Umland 10

Landschaft und Klima 10

Geschichte, Wirtschaft und Politik 12

Essen und Trinken 16

Radeln am Bodensee und Umgebung 17

Bodenseeumrundung 18

1 Vom Zeppelin zum bayerischen Löwen 19
Friedrichshafen – Eriskirch – Langenargen – Kressbronn– Wasserburg – Lindau

2 Kunst und Natur am See: Vorbei an Seebühne und Rheindelta 23
Lindau – Bregenz – Rheindelta – Rheineck – Rorschach

3 Vom Kornhaus zum Konzil 28
Rorschach – Arbon – Romanshorn – Münsterlingen – Kreuzlingen – Konstanz

4 Zum Rothenburg der Schweiz 36
Konstanz – Gottlieben – Ermatingen – Steckborn – Stein am Rhein

5 Am Schiener Berg und an der Höri entlang 42
Stein am Rhein – Gaienhofen – Radolfzell – Allensbach – Konstanz

6 Kloster- und Gemüsekultur auf der Reichenau 46
(Konstanz) – Oberzell – Mittelzell – Niederzell – (Konstanz)

7 Über den Bodanrück nach Ludwigshafen 51
Konstanz – Insel Mainau – Langenrain – Bodman – Ludwigshafen

8 Wein und weite Seeblicke 55
Ludwigshafen – Sipplingen – Überlingen – Unteruhldingen – Meersburg – Hagnau – Immenstaad – Friedrichshafen

Oberschwaben und seine Barockstraße 61

9 Zum Illmensee und über den Höchsten 62
Friedrichshafen – Urnau – Echbeck – Illmensee – Höchsten – Roggenbeuren – Markdorf – Friedrichshafen

10 Entlang an Leiblach und Argen nach Wangen und zurück 65
Lindau – Hergensweiler – Wangen – Kressbronn – Lindau

11 Hopfen und Spargel: An der Argen entlang nach Tettnang und Ravensburg 68
Kressbronn – Gießenbrücke – Tettnang – Weißenau – Ravensburg

12 An Illmensee und Pfrunger Ried vorbei nach Pfullendorf 71
Ravensburg – Illmensee – Pfullendorf

13 Nach Bad Schussenried 74
Pfullendorf – Ostrach – Saulgau – Bad Schussenried

14 Pausbäckige Engel und goldene Girlanden: Barock zwischen Bad Schussenried und Ravensburg 76
Bad Schussenried – Otterswang – Aulendorf – Altshausen – Hatzenturm – Weingarten – Ravensburg

15 Entlang der Schussen zur schönsten Dorfkirche der Welt 80
Ravensburg – Weingarten – Baindt – Bad Waldsee – Steinhausen – Bad Schussenried

16 Durch Höll und Tal nach Wangen 84
Bad Schussenried – Kürnbach – Bad Waldsee – Wolfegg – Kißlegg – Wangen

Das Allgäu und der Bregenzerwald 89

17 Zum Balkon des Allgäus 91
Wangen – Kißlegg – Leutkirch – Siggen – Wangen

18 Zu den Kurorten Isny und Oberstaufen 97
Wangen – Eisenharz – Isny – Grünenbach – Zell – Genhofen – Oberstaufen

19 Durch den Bregenzerwald ins Rheintal 99
Oberstaufen – Hittisau – Alberschwende – Dornbirn – Bregenz

20 Rund um den Pfänder 102
Bregenz – Eichenberg – Pfänder – Scheidegg – Weiler – Bregenz

Die Kantone Appenzell, St. Gallen und Thurgau 106

21 Vom Rheintal in die Appenzeller Berge 108
Bregenz – Lustenau – Kriessern – Eichberg – Appenzell

22 Durch die Appenzeller Dörfer nach St. Gallen 110
Appenzell – Teufen – St. Gallen – Speicher – Trogen – Gais – Appenzell

23 Zu St. Gallus und Henri Dunant 115
Rorschach – Grub – Heiden – St. Gallen – Steinach – Rorschach

24 Auf verborgenen Pfaden zur Thur 119
Appenzell – Gonten – Urnäsch – Hemberg – Wattwil

25 Im Necker- und Thurtal 122
Wattwil – Lichtensteig – Necker – Lütisburg – Flawil – Wil

26 Von der Thur zum Bodensee 126
Wil – Bischofszell – Hagenwil – Romanshorn

27 Wald, Wiesen, Wein und Wil 130
Konstanz – Wäldi – Weinfelden – Braunau – Wil

Rhein, Bodanrück und Linzgau 135

28 Am Rhein entlang zum Rheinfall 136
Stein am Rhein – Diessenhofen – St. Katharinental – Paradies – Schaffhausen – Rheinfall

29 An Vulkanen vorbei nach Radolfzell 140
(Rheinfall) – Schaffhausen – Dörflingen – Ramsen – Radolfzell bzw. Stein am Rhein

30 Auf den Bodanrück 144
Radolfzell – Langenrain – (Bodman) – Mindelsee – Radolfzell

31 Im Herzen des Linzgaus 147
Meersburg – Heiligenberg – Echbeck – Pfullendorf

32 Abgeschiedene Wege 150
Pfullendorf – Herdwangen – Owingen – Überlingen

33 In markgräflich-badischen Landen 152
Überlingen – Birnau – Salem – Bermatingen – Friedrichshafen

Hegau und Oberes Donautal 156

34 Vom Rhein ins Hegau 157
(Rheinfall) – Schaffhausen – Dörflingen – Thayngen – Büßlingen – Tengen – Blumenfeld – Engen

35 Vom Hegau zur Donau 160
Engen – Hegaublick – Hintschingen – Immendingen – Möhringen – Tuttlingen

36 Auf dem Hohenzollernweg nach Tuttlingen 163
Ludwigshafen – Eigeltingen – Windegg – Tuttlingen

37 Durch das wildromantische Tal der Oberen Donau 166
Tuttlingen – Mühlheim – Fridingen – Beuron – Gutenstein – Inzighofen – Sigmaringen

38 Durch das Donau- und Ostrachtal nach Pfullendorf 170
Sigmaringen – Scheer – Mengen – Habsthal – Pfullendorf

39 Von Pfullendorf über Meßkirch zur Donau 174
Pfullendorf – Meßkirch – Gutenstein – Inzighofen – Sigmaringen

40 Wälder und Wiesen bis nach Sigmaringen 176
Illmensee – Pfullendorf – Zell am Andelsbach – Ettisweiler – Krauchenwies – Sigmaringen

Allgemeine Radkunde
von Rudolf von Bitter 179

Das richtige Rad 179
Pflege und Reparaturen 179
Fahrtechniken 183
Gepäck/Zubehör 183

Anhang 184

Anreise 184
Klima und Reisezeit 184
Telefonieren 184
Rad, Ausrüstung und Gepäck 184
Radreiseveranstalter 185
Fahrradverleih 185
Fernradwege im Bodenseegebiet 186
Öffentliche Verkehrsmittel im Bodenseegebiet 186
Unterkunft 186
Karten 187
Literaturhinweise 188
Register 189
Bildnachweis 191

Vorwort

Die kulturelle Vielfalt und abwechslungsreiche Landschaft am Bodensee locken die Radfahrer an. So erging es auch den Autoren, die 1980 genau dorthin ihre erste große Fahrradtour unternahmen. In der Region mit touristischer Tradition mußte man auch damals schon vor dem Autoverkehr auf kleine Nebenstraßen ausweichen. Es gab kaum Radreisende und erst recht keine speziellen Wegweiser und Rundwege für die Radler. Wir mußten uns die kleinen Wege mühsam aus den Landkarten heraussuchen, und so mancher Weg endete dann doch in einer Wiese. Gerade wegen dieser Erfahrungen schätzen wir es nun um so mehr, was die Gemeinden rund um den See bisher alles für Radtouristen getan haben und tun. Sicherlich war es damals auf manchen Wegen etwas ruhiger, wo heute schon nahezu ein Strom von Radfahrern unterwegs ist, aber wer die Ruhe sucht, kann zum einen auf die Vor- oder Nachsaison ausweichen oder zum anderen die Wege abseits des Sees aufsuchen, die wir in diesem Radführer auch beschreiben. Viele dieser Routen durch das Allgäu und den Bregenzerwald, durch das Appenzeller Land und entlang der Donau lernten wir bei weiteren Touren in den letzten Jahren kennen. Wir wußten daher schon, bevor wir ans Werk gingen, welche landschaftlichen Reize und kulturellen Höhepunkte uns erwarteten. Bleibt uns nur zu hoffen, daß Sie sich mit diesem Führer genauso für die Bodenseeregion begeistern und möglichst viele der hier beschriebenen Touren genießen können.

Eines der vielen gut restaurierten Fachwerkhäuser in Bermatingen (Tour 33).

Der Bodensee und sein Umland

Landschaft und Klima

Der Bodensee ist der drittgrößte Binnensee Europas. Mit einer Fläche von 550 km^2 hat er einen Umfang von 263 km. Der größere Ostteil wird als **Obersee** bezeichnet, im Westen gliedert er sich in zwei Arme: in den **Überlinger See** zwischen Meersburg und Bodman-Ludwigshafen und in den, nach dem Durchzug der Rheinströmung zwischen Konstanz und Gottlieben, eher ruhigen **Untersee**, der nördlich der Insel Reichenau als Gnadensee und Richtung Radolfzell als Zeller See bezeichnet wird. Die tiefste Stelle des gesamten Sees liegt mit 252 m südlich von Fischbach bei Friedrichshafen. Betrachtet man die Steilufer des Bodanrücks zwischen der Marienschlucht und Bodman, so verwundert es nicht, daß der Überlinger See dort 147 m tief ist. Die größte Tiefe des Gnadensees beträgt lediglich 40 m.

Der **Rhein** ist der Hauptzufluß des Sees. Südlich von Bregenz bringt er v.a. bei Schneeschmelze jährlich Millionen Tonnen Geröll und Schutt in den See ein. Vom Pfänder aus sieht man deutlich, wie sich die Rheinmündung entsprechend weit in den See vorgeschoben hat. Im Westen bei Stein verläßt der Rhein den See.

In seiner jetzigen Gestalt gibt es den Bodensee erst seit ca. 100000 Jahren. In den verschiedenen Eiszeiten wurde das Becken des Sees durch den Rheingletscher, der von Süden aus dem Rheintal kommend mehrmals nach Norden vorstieß, glazial überformt. Dabei wurde das Seebecken nicht nur bis auf 400 m ausgeschürft, sondern auch durch die Geröllmassen und den Eintrag des Rheins wieder verfüllt. Der größte Vorstoß des Rheingletschers erfolgte in der Rißeiszeit bis in etwa zur Donau.

Radelt man durch das Gebiet nördlich des Sees, trifft man auf die Gesteinsablagerungen der Endmoränen, die in der Landschaft als eine Aufreihung von meist bewaldeten Höhenzügen und Kuppen sichtbar werden und der Gegend ihre reizvolle und abwechslungsreiche Gestalt geben. Die innere Jungendmoräne erstreckt sich etwa auf der Linie Heiligenberg, südlich von Bad Waldsee – Waldburg, die äußere Jungendmoräne verläuft nördlich ungefähr auf der Linie von Isny über Leutkirch – Bad Waldsee – Bad

Der berühmte Blick von der Seepromenade in Lindau hinüber nach Bregenz in der Abenddämmerung. Der Neue Leuchtturm und der bayerische Löwe säumen die Hafeneinfahrt (Tour 1).

Schussenried – Saulgau – Ostrach – Pfullendorf. Sie bildet auch die europäische Hauptwasserscheide zwischen Donau und Rhein.

Glaziale Überformungen findet man im ganzen Gebiet um den Bodensee. Eine Besonderheit bilden dabei die Drumlins, aus Moränenmaterial geschaffene länglich-schmale Hügel, die oft gehäuft vorzufinden sind, z. B. auf dem Bodanrück, im Schussenbecken zwischen Friedrichshafen, Tettnang und Wangen im Allgäu oder auf schweizerischem Gebiet zwischen Bischofszell und Goldach. Die ehemalige Fließrichtung des Gletschereises von Südosten nach Nordwesten ist an der Ausrichtung der Drumlins noch gut zu erkennen.

Eine Sonderstellung nehmen die jungtertiären Hegau-Vulkane ein, die – seit ca. 7 Millionen Jahren nicht mehr aktiv – im Laufe dieser Zeit abgetragen wurden, so daß nur noch die Basalt- und Phonolithschlote übriggeblieben sind. Diese steil aufragenden Vulkanruinen (Hohentwiel, Hohenkrähen, Hohenstoffeln, Hohenhewen) bilden die einzigartige Kulisse für diese reizvolle Landschaft.

Das **Klima** um den Bodensee ist, bedingt durch die Wärmespeicherung des Sees, besonders mild, teilweise mediterran. Die Niederschläge sind im Gebiet um den See unterschiedlich verteilt: Während im Westen Hegau, Untersee und Überlinger See, im Regenschatten von Schwarzwald und Schweizer Jura gelegen, mit 700–800 mm Niederschlag eher regenarm sind, steigen die Nie-

derschläge an, je weiter man nach Osten kommt, und erreichen bei Bregenz etwa 1500 mm. Der meiste Niederschlag fällt im Juni. Aufgrund der Verdunstung des Seewassers herrschen im Herbst und Winter oft dichte Nebel über dem See und in Ufernähe. Eine Besonderheit des Klimas ist der oft plötzlich einsetzende Föhn, der hauptsächlich im östlichen Teil des Sees auftritt und oft Sturmstärke erreichen kann. Bei föhnigen Wetterlagen bietet sich meist ein großartiges Panorama auf die Alpen, die dann optisch nahe an den See heranrücken.

Das milde Klima begünstigt vor allem den intensiven **Anbau** von Obst, Gemüse und Wein. Auf der Gemüseinsel Reichenau ist dies besonders zu sehen. Obstbaumkulturen erstrecken sich vor allem um Friedrichshafen, während der Weinanbau sich hauptsächlich um das Gebiet bei Meersburg konzentriert. Im Allgäu dominiert die Wiesen- und Weidewirtschaft, während westlich davon in Oberschwaben eine Wiesen- und Felderwirtschaft vorherrscht.

Geschichte, Wirtschaft und Politik

Schon zur mittleren Steinzeit, d.h. zur Zeit des Neandertalers, besuchen nomadische **Jäger und Sammler** die Berge südlich des Bodensees. Spuren dauerhafter Besiedlung finden sich seit dem Ende der letzten Eiszeit um 12000 v.Chr. als das Gebiet noch eine unwirtliche Tundralandschaft ist. Diese Jäger und Sammler der jüngeren Altsteinzeit suchen Zuflucht in Höhlen und Felsvorsprüngen nordwestlich des Untersees und im Kesslerloch nördlich von Schaffhausen. Sie benützen bereits den Feuerstein und ritzen mit Knochen Tierzeichnungen in den Fels.

Vor 6000 Jahren werden Ackerbauern im Hegau seßhaft, seit etwa 3000 Jahren bestehen dauerhafte Siedlungen am See. Diese Vertreter einer jungsteinzeitlichen und bronzezeitlichen Kultur errichten bald Pfahlbauten im Uferbereich und betreiben Ackerbau, Viehzucht, Jagd und Fischerei. Rund 100 solcher vorgeschichtlicher **Pfahlbausiedlungen** gab es rund um den See, insbesondere zwischen Kesswil und Bottighofen am Schweizer Ufer sowie bei Manzell und Seemoos westlich von Friedrichshafen. Sehr lebendig wird diese Zeit im rekonstruierten Pfahlbaudorf bei Unteruhldingen.

Appenzell zieht den Urlauber mit seinen wundervoll bemalten Holzhäusern in den Bann (Tour 21).

Die **Kelten** breiten sich im 6. Jh.v.Chr. über ganz Mitteleuropa aus. Die Brigantier, dem Stamm der Vindeliker zugehörig, wandern am Bodensee zu. Sie geben der Stadt Bregenz ihren Namen. Im Zuge des Räterfeldzuges unter dem Feldherren Tiberius erobern die **Römer** 15–12 v.Chr. weite Gebiete Süddeutschlands und damit auch den Bodenseeraum. Er wird Teil der Provinz Raetia mit Augsburg als Hauptstadt. Am Schnittpunkt zweier Fernhandelsstraßen gelegen, entwickelt sich Bregenz zur wichtigsten Stadt am See und erhält römisches Stadtrecht. Die Römer übernehmen den keltischen Namen und bezeichnen den See nach der Stadt (Brigantium) Lacus Brigantinus. Am südlichen Ufer entwickeln sich die durch eine Römerstraße verbundenen Siedlungen Ad Rhenum (Rheineck), Arbor felix (Arbon), Constantia (Konstanz) und Tasgetium (Eschenz) mit einem Kastell in Stein am Rhein. Dort bei der Insel Werd überquerte eine Brücke den See bzw. Rhein.

Nachdem die **Alemannen** um 250 v.Chr. den Limes durchbrechen, breiten sie sich auch im Bodenseeraum aus. Im 5. Jh. n. Chr. ist das westliche Bodenseegebiet Kernland des sich allmählich entwickelnden alemannischen Herzogtums mit Sitz in Überlingen, das auch Oberschwaben und das Allgäu umfaßt. Um 590 richtet der Alemannenkönig Gunzo in Konstanz einen Bischofssitz ein. Die fränkischen Merowinger, die zunehmend an Macht gewinnen, bauen in Meersburg um 630 unter König Dagobert die vermutlich erste Burganlage Deutschlands. Nach der endgültigen Niederlage des alemannischen Adels im Jahr 746 teilen die **Franken** das Gebiet in Grafschaften auf, vergeben es an den fränkischen Adel und errichten in Bodman eine karolingische Königs-, später Kaiserpfalz. Wie die Römer benennen die Karolinger den See nach dem für sie wichtigsten Ort am See, nach der Pfalz Bodman. So wird aus dem Lacus Podamicus der Bodemsê und schließlich der Bodensee.

Auf diese Zeit gehen auch die Ursprünge der beiden wichtigsten **Klöster** der Bodenseeregion zurück: **St. Gallen** und **Reichenau**. Gallus, ein Schüler des irischen Wandermönchs Columban, zieht sich bei St. Gallen in eine Einsiedelei zurück, die 720, 50 Jahre nach seinem Tod, zum Kloster wird. Nur vier Jahre später gründet der Abtbischof Pirmin die Abtei Reichenau. Für die Kaiser werden die Klöster ein wichtiger Faktor zur Stabilisierung ihrer Macht, und so statten sie sie reichlich mit Grundbesitz aus. Im 9.–11. Jh. sind sie eines der religiösen, politischen und kulturellen Zentren Europas. Zahlreiche Gelehrte befinden sich in den Reihen der Mönche und Äbte. In der Bibliothek St. Gallen sind sowohl die Beziehungen zum keltischen Irland als auch zu Rom dokumentiert. Die Reichenau beherbergt eine der wichtigsten Malerschulen für Buchminiaturen in Europa. Die Oberzeller Kirche St. Georg wird um das Jahr 1000 mit einem prächtigen Bilderzyklus ausgestattet, der zu den bedeutendsten Fresken aus ottonischer Zeit zählt.

Als nach dem 10. Jh. die Macht der Karolinger zerbricht und die rivalisierenden Grafen in kriegerische Wirren geraten, fördert die Herrschaft der **Staufer** ein neues kulturelles Erwachen. Konstanz entwickelt sich zur bedeutendsten Stadt am See. Kaiser Friedrich I. hält dort 1153 einen Reichstag ab. Er erwirbt große Besitzungen am See, um die Zugangswege zu den Alpenpässen wirksam kontrollieren zu können, und veranlaßt zahlreiche Stadtgründungen bzw. verleiht den bisher nur mit Markt- und Münzrecht ausgestatteten Siedlungen das Stadtrecht. Überlingen, Wangen, Buchhorn (Friedrichshafen) und Lindau entstehen auf diese Weise. Die wirtschaftliche Basis der Städte ist vor allem die Leinwandproduktion und der Tuchhandel. Als 1273 Rudolf von **Habsburg** König wird, baut er die stadtherrlichen Rechte weiter aus und verleiht zahlreichen Städten die Reichsfreiheit, d.h., sie erhalten eigene Gerichtsbarkeit etc., so Lindau (1274), Wangen (1348) und Isny (1365).

Die bedeutendsten **freien Reichsstädte** – Konstanz, St. Gallen, Schaffhausen und Zürich – gründen 1312 den ersten schwäbischen Städtebund, dem später auch Lindau und Überlingen beitreten. Der Bund verfolgt gemeinsame Interessen gegenüber dem Adel und ist um die Sicherung des Landfriedens bemüht, denn sichere Handelswege sind die Voraussetzung für ihren Reichtum. Die wichtigste Route führt über das Rheintal und Graubünden zu den wirtschaftlich erfolgreichen italienischen Stadtrepubliken. Darüber hinaus verlaufen die Verbindungen nach Südfrankreich und Spanien durch den Bodenseeraum. Zu dieser Zeit errichten die Städte Kauf- und Grethhäuser (Lagerhäuser) wie das Konzilsgebäude in Konstanz. Die Oberschwäbische bzw. Ravensburger Handelsgesellschaft unterhält Kontore in ganz Europa. Im 14. und 15. Jh. erreicht die wirtschaftliche Blüte ihren Höhepunkt. Sie dokumentiert sich in zahlreichen Anlagen zur Stadtbefestigung, spätgotischen Bürgerhäusern und Sakralbauten. Während des **Konstanzer Konzils** (1414–1418) ist die Stadt Mittelpunkt der abendländischen Welt und erlebt die Krönung Kaiser Sigismunds I., den

Feuertod des böhmischen Reformators Hus und die Wahl des neuen Papstes Martin V. Im Englischen setzt sich dementsprechend die Bezeichnung »Lake Constance« und im Französischen »Lac de Constance« durch.

Am Reichtum und an den Freiheiten wollen auch die Handwerkszünfte teilhaben. In mehreren **Aufständen** (Zürich 1326, Lindau 1345 und St. Gallen 1353) erkämpfen sie sich mehr Rechte gegenüber dem Patriziat. In Konstanz sind für 1389 die ersten Arbeitsniederlegungen der Schneidergesellen verbürgt.

Auch die Landbevölkerung wird zunehmend selbstbewußter. Die Appenzeller, die bereits seit dem 12. Jh. Ansätze zu genossenschaftlicher Bauernfreiheit kennen, erkämpfen sich in den Schlachten von Vöglinsegg (1403) und Stoss (1405) ihre Freiheit gegenüber dem Abt von St. Gallen. Gemeinsam mit den Urkantonen (Uri, Schwyz und Unterwalden) und den Städten Zürich, St. Gallen und Schaffhausen widersetzen sie sich der Reichsreform Maximilians I. Nach dem für sie erfolgreichen Verlauf des Schwabenkriegs gegen die im »Schwäbischen Bund« zusammengeschlossenen Städte und Adeligen Oberschwabens und des Allgäus lösen sie sich 1499 vom Reich (Frieden von Basel). Der heutige Kanton St. Gallen bleibt jedoch klösterliches Gebiet. Es ist der erste Schritt der **Abtrennung der Schweiz** vom Deutschen Reich, die durch den Westfälischen Frieden am Ende des Dreißigjährigen Krieges vertraglich geregelt und unter Napoleon besiegelt wird.

Weniger erfolgreich sind die Bauern in Oberschwaben, im Allgäu und Linzgau. Sie erheben sich aufgrund drückender Abgabenlasten in den **Bauernkriegen** (1525) und berufen sich in ihren Freiheitsbestrebungen auf die **Reformation** (1517). Kurzzeitig bringen die Bauern Oberschwabens unter ihrem Anführer, Eitel Hans Ziegelmüller, Buchhorn (Friedrichshafen) , Meersburg, Markdorf, das Kloster Salem, das Schloß Montfort in Tettnang und alle Dörfer um den Überlinger See in ihre Gewalt. Bei einer vertraglichen Lösung werden sie betrogen und schließlich siegt das Heer des »Schwäbischen Bundes« unter Truchseß Georg von Waldburg im Allgäu. Während die ländlichen Gebiete im Reich katholisch bleiben, treten zahlreiche Reichsstädte zum reformierten Glauben über. In der Schweiz findet die weitere Ausbreitung der Reformation Zwinglis mit seinem Tod bei der Schlacht von Kappel (1531) ihr Ende. So verbleiben auch in protestantischen Gebieten zahlreiche katholische Minderheiten und umgekehrt. In vielen Dörfern und Städten werden die Kirchen paritätisch, d. h. von beiden Konfessionen genutzt.

Der Religionsstreit in Deutschland erlebt seinen Höhepunkt im **Dreißigjährigen Krieg** (1618–1648), der auch den Bodenseeraum nicht verschont. Die Städte werden belagert, geplündert und zu hohen Tributzahlungen verpflichtet. Hungersnöte und die Pest dezimieren die Bevölkerung. Die allgemeine Verrohung bereitet den Boden für zahlreiche Hexenprozesse in Oberschwaben.

Die häufig verwüsteten Kirchen werden meist 100 Jahre später im **Barock- und Rokokostil** erneuert. Die Fürsten und Klöster im Bodenseeraum heuern über 800 Architekten und Bauhandwerker aus dem Bregenzerwald an, die Paläste und Kirchen erbauen. Das Vorarlberger Bauschema ist daher im Bodenseegebiet weit verbreitet. Die bedeutendsten Barockkirchen dieser Zeit sind die Klosterkirchen in St. Gallen, Weingarten und Friedrichshafen. Für den Stil des Rokoko stehen die Kirchen von Birnau, Steinhausen und Otterswang.

In Deutschland und Österreich rücken nach der Französischen Revolution französische Truppen ein. Napoleon veranlaßt die **Säkularisierung** (d. h. die Klöster gehen in Staatsbesitz über) und die **territoriale Neuordnung**, die im wesentlichen heute noch die politische Landkarte bestimmt: Das Großherzogtum Baden erhält den westlichen Bodenseeraum, das Königreich Württemberg bekommt bei Buchhorn, dem heutigen Friedrichshafen, einen Zugang zum See. Dem mit Napoleon verbündeten Bayern wird Lindau und Vorarlberg (sowie Tirol) zugeschlagen. Doch schon nach zehn Jahren schließen sich die Vorarlberger dem Tiroler Freiheitskampf von Andreas Hofer an und kommen wieder zu den Habsburgern. Die Reichsstädte verlieren bei der Neuordnung ihren Sonderstatus und werden den Fürstentümern einverleibt (Mediatisierung). Während zu Beginn des 19. Jh.s in Württemberg, Baden und Bayern gerade einmal die Leibeigenschaft aufgehoben wird, führen die protestantischen Kantone der Schweiz schon 1830 eine demokratische Verfassung ein, die heutigen Grundsätzen standhält. In Konstanz versucht es ihnen Friedrich Hecker gleichzutun, indem er 1848 die erste deutsche Republik ausruft. Badische Truppen machen ihr jedoch bereits nach drei Tagen ein Ende.

Ab Mitte des 19. Jh.s bestimmt die **Industrialisierung** und die mit ihr einhergehende Verkehrserschließung wesentlich die weitere Entwicklung: 1824 fährt erstmals das in Friedrichshafen hergestellte Dampfschiff »Wilhelm« auf dem See. Die ersten Orte werden an die Eisenbahn angeschlossen (Friedrichshafen 1850, Lindau 1854 und Konstanz 1863), 1869 geht die erste Eisenbahnfähre in Betrieb und 1901 existiert mit der Bodenseegürtelbahn ein Eisenbahnring um den See. Mit dem in Tuchmanufakturen erwirtschafteten Kapital investieren vor allem die Schweizer, auch jenseits der Landesgrenzen, in Fabrikneugründungen der Maschinenbauindustrie (Arbon, Singen, Ravensburg) und in die Werften. Im Rheintal reihen sich die mechanisierten Webstühle aneinander, so daß man vom österreichischen Manchester spricht. Auf deutscher Seite am See ist Friedrichshafen der wichtigste Industriestandort. Graf Zeppelin gelingt bei Manzell 1900 der erste Flug mit seinem Luftschiff. Doch nicht nur Zeppeline werden in Friedrichshafen produziert, die Stadt entwickelt sich zu einem Zentrum der Rüstungsindustrie und wird deshalb im Zweiten Weltkrieg stark bombardiert. Während in Konstanz, in der einzigen deutschen Stadt am südlichen Seeufer, die Lichter absichtlich anbleiben, um die Flieger zu täuschen, werden die einzigen Schweizer Städte nördlich des Rheins, Stein am Rhein und Schaffhausen, irrtümlich bombardiert. Unter dem Nationalsozialismus ist der See eine wichtige Fluchtmöglichkeit für die vom Regime Verfolgten.

Heute ist in allen drei Anrainerstaaten der **Tourismus** die wichtigste Erwerbsquelle. Gedrängt von Umweltschützern und um die wirtschaftliche Basis zu erhalten, tun die Anrainerstaaten – Deutschland, Österreich und die Schweiz – entsprechend viel für den Gewässerschutz. Schließlich gab es in den siebziger Jahren einmal einen etwa 100 m breiten Algengürtel, der sich infolge der Überdüngung herausbildete. Baden war nur vom Boot aus möglich. Diese Gefahr ist inzwischen gebannt. Neben dem Tourismus spielt auch heute noch die Industrieproduktion eine wesentliche Rolle. Die Landwirtschaft prägt mit ihrem Obst-, Wein- und Hopfenanbau am See oder mit ihren grünen Wiesen in der weiteren Umgebung maßgeblich das Landschaftsbild. Auf dem Bildungssektor ist die seit 1899 bestehende Hoch schule für Wirtschafts- und Sozialwissenschaften in St. Gallen interessant: Hier wurden zahlreiche Innovationen für die Wirtschaftsorganisation entwickelt. Auf deutscher Seite gibt es seit 1966 in Konstanz eine Universität, die ebenfalls einen guten Ruf genießt.

Ein einsamer Weg verläuft an der Schussen entlang von Mochenwangen bis nach Durlesbach (Tour 15).

Essen und Trinken

Mindestens ebenso wichtig wie Kunst, Kultur und kleinräumige Landschaft sind gerade für den Radfahrer Speis und Trank. Es gibt eine Fülle guter bis sehr guter Wirts- und Gasthäuser zu entdecken. Bei den Tourenbeschreibungen sind einige vermerkt, die uns empfehlenswert erscheinen. Sowohl bei den Getränken als auch beim Essen unterscheidet sich das Angebot oft sehr, je nachdem in welchem Gebiet man gerade radelt.

Der **Weinanbau** am Bodensee ist der südlichste in Deutschland und am Hohentwiel auch der höchstgelegene mit 560 m. Bereits um 860 n.Chr. wurde Wein nach St. Gallen transportiert. Um das Jahr 1000 wurde auf der Reichenau und in Bodman (Königsweingarten) Weinanbau betrieben, in Meersburg erst ca. 200 Jahre später. Damals betrug die Weinanbaufläche 2000 ha, wobei einige arge Säuerlinge dabeigewesen sein müssen. Eine Zäsur bildete das Frostjahr 1956, bei dem der Weinanbau fast zum Erliegen kam. Heute werden wieder ca. 300 ha bebaut, allerdings nur in Spitzenlagen. Angebaut werden hauptsächlich Müller-Thurgau (die Hauptrebensorte), der Ruländer, der höhere Ansprüche an Lage und Boden stellt, sowie Blauburgunder und der Gutedel, ein säurearmer Wein mit vollem Aroma.

In Deutschland teilen vier Weinanbauer bzw. -erzeuger das Gebiet praktisch unter sich auf: das Meersburger Staatsweingut, der Markgraf von Baden, der Winzerverein Reichenau und die von Pfarrer Hansjakob 1881 gegründete älteste deutsche Genossenschaft, die Winzergenossenschaft Hagnau. In der Schweiz wird im Kanton Thurgau in 30 Gemeinden auf einer Fläche von 250 ha Wein angebaut. Davon entfallen etwa zwei Drittel auf blaue Trauben (Blauburgunder bzw. Pinot Noir), der Rest hauptsächlich auf Müller-Thurgau. Letzterer wurde vom Professor Müller-Thurgau aus Tägerwilen um die Jahrhundertwende aus den Rebsorten Silvaner und Riesling neu gezüchtet. Die meisten Weine tragen den Ortsnamen auf ihrem Etikett. Im Kanton St. Gallen wird von der Rheinmündung talaufwärts Wein angebaut, z.B. am Buchberg und bei Berneck.

Erwähnt werden sollen noch in aller Kürze die hervorragenden **Obstbrände**, die man oft auch direkt von den vielen, häufig sehr kleinen Brennereien erwerben kann. Daneben gibt es sowohl im schweizerischen als auch im schwäbischen Gebiet Most, der gerade im Hochsommer eine herrliche Erfrischung ist. Aber Vorsicht, Most ist tückisch und wirkt meistens erst, wenn man wieder aufsteht, und dann könnte es mit dem Radeln vorbei sein!

Die **Küche** rund um den Bodensee ist von einer willkommenen Vielfalt: Am See dominiert der Fisch, in Oberschwaben wird eher kräftiges und reichliches Essen aufgetragen, die Küche in Vorarlberg ist eher österreichisch geprägt, während sich auf Schweizer Seite mehr französische und auch italienische Einflüsse bemerkbar machen.

Auf die Speisekarte gehört im ganzen Bodenseeraum traditionell der **Fisch**. Als bester wird der Kretzer angesehen, der hauptsächlich gebacken und *meunière* zubereitet wird. Um diesen Fisch gibt es rund um den See eine große Sprachverwirrung. Hochdeutsch heißt dieser Fisch Barsch, die alemannische Bezeichnung dafür ist Kretzer. In der Schweiz wird der Begriff Kretzer nur für den ganzen Fisch verwendet, die ausgelösten Filets heißen hier Egli. In Deutschland bezeichnet Egli dagegen auch den ganzen Fisch. Die Felchen, die in jedem Alpensee ihr Vorkommen haben (auf Bayerisch heißen sie Renken), gehören zum Bestandteil eines typischen Bodenseemahls. Am besten schmecken sie in Butter gebraten. Die Seeforelle, die einer Zuchtforelle geschmacklich haushoch überlegen ist, besitzt ein zartrosa bis rotes Fleisch, bedingt durch die Ernährung mit Kleinkrebsen. Sie wird in allen möglichen Variationen zubereitet.

Abseits vom See ändert sich die Speisekarte. Traditionell schwäbisch sind die Maultaschen, die es abgeschmelzt, im Sud oder in anderen Variationen gibt. Und natürlich Spätzle, entweder als Kässpätzle, Spinatspätzle oder auch als Leberspätzle. Eine weitere schwäbische Spezialität ist die Gaisburger Marsch, eine Art Eintopf bestehend hauptsächlich aus Kartoffeln und Spätzle.

Auch Wild steht auf der Karte, vor allem in Oberschwaben. Dabei gibt es Reh und Wildschwein häufiger, Hirsch eher seltener,

Das Rheindelta ist von kleinen Kanälen durchzogen, die man nur als Radler und Fußgänger auf schmalen Stegen überqueren kann (Tour 2).

darüber hinaus manchmal noch Fasane, Hasen, Kaninchen und Lamm. Eine weitere Spezialität ist die Leber. Ob mit Zwiebeln und Äpfeln oder in Rotweinsauce, die schwäbischen Köche sind durchaus kreativ.

Zu den Allgäuer und Schweizer Käsesorten braucht man keine Worte zu verlieren, sie sind zu Recht weltberühmt. Eine Schweizer bzw. Appenzeller Spezialität sind die Würste, z. B. St. Galler Schüblige und Bratwürste oder Appenzeller Pantli und Knackerli.

Radeln am Bodensee und Umgebung

Am Bodensee und zum großen Teil in seiner Umgebung wird das Radeln leichtgemacht, indem die Radfahrer häufig auf eigens für sie ausgeschilderten Wegen abseits der großen Straßen geführt werden. Neben den wichtigen Routen – Bodenseeumrundung, Bodensee-Donau-Radweg und Donauradweg – gibt es auch lokale Beschilderungen, die nur auf näher gelegene Orte verweisen. Am stärksten befahren ist der Bodenseeradweg, vor allem zwischen Meersburg und Lindau. Auf schweizerischer Seite ist es dagegen schon etwas ruhiger. Richtig abgeschieden für den Radler wird es dann in Oberschwaben und im Allgäu.

Bei den Etappen und bei den Touren wurden bewußt keine Fahrzeiten angegeben, weil sie individuell sehr unterschiedlich sind. Statt dessen erfolgen Hinweise auf bergiges Terrain als Zusatzinformation zur Länge der Etappen. Die Touren rund um den See (Touren 1–8) sind relativ einfach zu fahren, bei den eher bergigen Touren, wie z. B. auf den Pfänder (Tour 20) oder über Heiden nach St. Gallen (Tour 23) werden auch die Möglichkeiten genannt, die Steigungen mit der Seilbahn bzw. mit der Bahn zu überwinden. Die Touren bieten gute Verknüpfungsmöglichkeiten, so daß jeder individuell auch seine eigene mehrtägige Tour zusammenstellen kann.

Bei vielen Touren braucht man einen Personalausweis, weil zahlreiche Routen die Staatsgrenze überschreiten. In den einzelnen Touren wird nicht explizit darauf hingewiesen.

Ein großer Vorteil der Touren rund um den See sind natürlich die zahlreichen Bademöglichkeiten. Baden ist rund um den See unbedenklich, am saubersten ist das Wasser zwischen Kressbronn und Lindau. Aber auch in Oberschwaben laden viele Seen zum Baden ein und bieten im Hochsommer eine willkommene Erfrischung.

Bodenseeumrundung

Die unterschiedliche Ausdehnung des Ober, Unter- und Überlinger Sees und das Relief der angrenzenden Bereiche prägen die vielfältige Landschaft, die wir bei der Bodenseeumrundung durchfahren. Über den auf 400 m über dem Meer gelegenen See ragen der Pfänder mit 1064 m im Westen, der Hausberg der Bregenzer, und der Rorschacherberg mit 999 m hinaus. Den Untersee umrahmen Bergrücken mit 600 bis 700 m (Seerücken und Schiener Berg). Der Sipplinger Berg und der Bodanrück am Überlinger See erreichen ebenfalls ca. 700 m. Dort wo der Bodanrück am Südufer des Überlinger Sees steil abfällt, finden wir einen der interessantesten und ursprünglichsten Uferbereiche. Relativ flach steigt dagegen das Hinterland zwischen Überlingen und Lindau sowie zwischen Rorschach und Kreuzlingen an.

Vom einstigen Schilf- und Riedgürtel rund um den See blieben wegen der weitgehenden Bebauung der Uferbereiche nur wenige Überreste zurück. Die wichtigsten heute noch erhaltenen Feuchtgebiete, die alle unter Naturschutz stehen, sind das Eriskircher Ried, das Gebiet um das Rheindelta (Rohrspitz und Rheinspitz), das Wollmatinger Ried zwischen Konstanz und der Insel Reichenau und die Halbinsel Mettnau bei Radolfzell. Als Rückzugsgebiete für Pflanzen und Tiere, v.a. Wasservögel, sind diese Gebiete ökologisch überaus wertvoll. Die ausgleichende Wirkung der großen Wasserfläche des Bodensees sorgt für ein mildes Klima, in dessen Folge eine üppige Vegetation gedeiht. Der Mensch nutzt diese Gunstlage in der Ufernähe seit langem für den Wein-, Obst- und Gemüseanbau.

Das Bodenseegebiet ist kulturell eines der vielfältigsten in Europa. Ausgehend von bronzezeitlichen Pfahlbaukulturen, über römische Siedlungen, mittelalterliche Städte, Klöster und Burgen bis hin zu den Meisterwerken des Barock und Rokoko findet sich für den Interessierten eine Fülle von Kulturleistungen. Im Rahmen der einzelnen Tourenbeschreibungen wird jeweils explizit auf die kulturellen Besonderheiten und Sehenswürdigkeiten eingegangen.

Mit dem Fahrrad können wir die abwechslungsreiche Landschaft, die kulturellen Schätze und die einheimische Küche auf ganz besondere Weise genießen. Der meist gut ausgeschilderte Bodenseeradweg führt den Radfahrer ohne Probleme um den ganzen See. Wir beginnen dabei in Friedrichshafen und fahren im Uhrzeigersinn in acht Touren über Lindau, Bregenz, Rorschach etc. wieder zurück. Bei klarem und föhnigem Wetter ist das nördliche Seeufer, von Ludwigshafen im Westen bis Lindau im Osten, wegen des Ausblicks auf die sich im Süden auftürmenden Bergmassive am eindrucksvollsten. Gleichzeitig gehören diese Streckenabschnitte aber auch zu den befahrensten am ganzen See. Es soll nämlich nicht verschwiegen werden, daß gerade an Wochenenden oder in der Ferienzeit manche Streckenabschnitte des Bodenseeradwegs einer Radlerautobahn gleichen.

Von nahezu jeder größeren Stadt am See aus, insbesondere von den Endpunkten der Touren rund um den See, können mit diesem Radführer ebenso eintägige Rundtouren, wie auch ausgedehnte mehrtägige Touren auf ruhigen und kleinen Wegen in das jeweilige Hinterland unternommen werden. Sie führen uns nach Oberschwaben mit seinen weltberühmten Barockkirchen und -klöstern, in das grüne Allgäu um Wangen und Isny, in das malerische Appenzeller Land mit seinen schmucken Bauernhäusern, den Rhein entlang oder zu den steil aufragenden Hegauvulkanen.

Die schönsten Strecken rund um den See sind unserer Meinung die Tour durch das Rheindelta (Tour 2) mit dem längsten öffentlich zugänglichen Uferabschnitt, die Etappe von Konstanz nach Stein am Rhein mit seinen schönen Fachwerkhäusern (Tour 4), die Fahrt rund um das kulturell so bedeutende Inselkleinod Reichenau (Tour 6) und der Weg über den Haldenhof nach Überlingen (Tour 8) mit dem besten Blick auf den See.

1 Vom Zeppelin zum bayerischen Löwen

Friedrichshafen – Eriskirch – Langenargen – Kressbronn – Wasserburg – Lindau

Tourencharakter: Tour entlang des Eriskircher Rieds, durch Seebäder und die Villenviertel Lindaus. Keine nennenswerten Steigungen, zahlreiche Bademöglichkeiten am Wege. Sehr stark von Radlern frequentiert.

Länge der Tour:
27 km.

Die Stadt **Friedrichshafen**, der Startpunkt unserer Tour, ist ein bedeutendes Industrie- und Messezentrum am Bodensee. Weltberühmtheit erlangte sie durch den Grafen Zeppelin, der hier die zigarrenförmigen Luftschiffe erbauen ließ. Als ein Zentrum der Rüstungsindustrie hatte Friedrichshafen im Zweiten Weltkrieg strategische Bedeutung. Durch den Bombenangriff 1944 wurde ein großer Teil der Altstadt, des Schlosses und der Schloßkirche zerstört.

Die *Schloßkirche,* westlich des Stadtzentrums gelegen, ist eine hochbarocke Schöpfung von Christian Thumb, der sie zwischen 1695 und 1701 errichtete. Die Stukkaturen im Inneren, im hochbarocken Weiß gehalten, sind Meisterwerke der sogenannten Wessobrunner Schule und von der berühmten Schmuzer-Familie geschaffen. Nach der Bombardierung im Zweiten Weltkrieg verbot die NSDAP die Errichtung eines Notdachs, obwohl Herzog Philipp Albrecht von Württemberg das Holz dazu gestiftet hätte, so daß durch die eindringende Feuchtigkeit der Gewölbestuck abbröckelte. 1950 wurde der Stuck von Joseph Schnitzer und seinen Söhnen aus Buching in vereinfachter Form erneuert. Vom ursprünglichen Original sind nur Teile unter den Galerien erhalten geblieben. Das imposante Chorgestühl wurde von Martin Höfle 1701 geschaffen, das dazugehörige Rankenwerk stammt von Johann Michael Feichtmayr.

Das berühmte *Zeppelinmuseum,* einmalig in der Welt, ist jetzt noch im Rathaus untergebracht. Ab 2. Juli 1996 soll jedoch im ehemaligen Hafenbahnhof ein neues, erweitertes Zeppelinmuseum eröffnet werden.

Das **Eriskircher Ried**, an dem man vorbeiradelt, ist neben dem Wollmatinger Ried und der Rheinmündung eines der wichtig-

Das im maurischen Stil von 1861 bis 1866 erbaute Schloß Montfort an der Uferpromenade in Langenargen ist eines der beliebtesten Fotomotive des Bodensees.

sten noch naturnah belassenen Ufergebiete. Durch die starke Bebauung der Uferbereiche sind nur mehr wenige der ursprünglichen Schilfgürtel erhalten geblieben, die unter Naturschutz gestellt wurden. Sie dienen mehreren Zwecken: Zum einen sind sie ein ökologisch wertvolles Gebiet, da sie einer Vielzahl von Tieren und Pflanzen Schutz bieten, v.a. den Wasservögeln, die im Schilf brüten. Zum anderen hat ein Schilfgürtel auch eine reinigende Funktion, filtert dieser doch das Wasser des Sees.

Die *Pfarr- und ehemalige Wallfahrtskirche Unserer Lieben Frau* in **Eriskirch** hat mehrere Sehenswürdigkeiten aufzuweisen: die Glasfenster, die Fresken im Chor und ein Madonnengnadenbild. Chor und Langhaus sind mit einem Freskenzyklus aus dem frühen 15. Jh. geschmückt. Im Chor sind die Fresken in Streifen übereinander angeordnet und schildern Begebenheiten aus dem Alten Testament. Teilweise sind die Fresken leider kaum noch oder gar nicht mehr erkennbar. Die Fresken im Langhaus, von denen nur ein Teil freigelegt wurde, besitzen eher allegorischen Charakter, so z.B. die drei Lebenden und die drei Toten. Die beiden Glasfenster rechts und links des Hochaltars sind von hoher Qualität, Farbigkeit und Ausdruckskraft. Sie wurden vom Grafen Heinrich von Montfort 1408 gestiftet. Das »Gnadenbild Unserer Lieben Frau von Eriskirch«, eine Plastik aus der Zeit um 1400, steht über dem linken Seitenaltar und verdeutlicht zusammen mit den Fresken die Bedeutung der Kirche von Eriskirch als mittelalterliche Wallfahrtsstätte.

Das im maurischen Stil gehaltene *Schloß* von **Langenargen** (Montfort-Schloß), eines der beliebtesten Fotomotive des Sees, steht an Stelle der mittelalterlichen Burg Argen. Diese verfiel nach dem Aussterben der Montfort-Linie. König Wilhelm I. von Württemberg ließ 1861 den Neubau errichten, der immer noch Schloß Montfort heißt und jetzt der Gemeinde Langenargen gehört. Beachtenswert sind auch die seltenen Bäume im Park vor dem Schloß, darunter mehrere Mammutbäume *(Sequoia gigantea),* die bereits 140 Jahre alt sind. Bedeutsamer als das Schloß Montfort ist die *Pfarrkirche St. Martin,* die 1722 fertiggestellt wurde. Sowohl außen als auch im Inneren wohlproportioniert und zurückhaltend, sind in der südlich gelegenen Marienkapelle 15 Rosenkreuzmedaillons im frühbarocken Stil zu erwähnen sowie die Madonna um 1470, eine feine gotische Schnitzarbeit.

Auf der Insel **Wasserburg**, seit 1720 durch Aufschüttung eine Halbinsel, wird bereits 764 eine Kirche erwähnt und vom Kloster St. Gallen mit einem Pfarrer besetzt. Während des Hunneneinfalls 924/925 wurde die Insel befestigt. Das *Schloß,* das zusammen mit der Kirche ein malerisches Ensemble bildet, entstand 1282 und wurde im 16. und 18. Jh. mehrmals verändert. Heute dient es als Hotel. In der *Kirche St. Georg* sind die einmaligen Gfrörenen-Dokumente an den Säulen der Kirche bemerkenswert. Das Ereignis der sogenannten Seegfröre, bei der der ganze Bodensee zufriert, findet nur sehr selten bei langen und anhaltend strengen Wintern statt. Das war bis jetzt nur dreimal der Fall: 1573, 1830 und 1963. Die älteste Inschrift beschreibt das Ereignis so: »Im iar christi 1573 ist der ganz bodense iberfroren das man uß allen und ieden insunders umligede stette und fleeke zu fuoß daruf gewadlet ist.« Bei diesen Jahrhundertereignissen nützen Hunderttausende die Gelegenheit, vom einen Seeufer zum anderen zu Fuß zu gelangen. Auch Schlittenfahrten und andere Arten der Belustigung sind sehr beliebt. Literarisch wurde die Seegfröre von Gustav Schwab in der Ballade »Der Reiter und der Bodensee« (1827) bearbeitet.

Lindau, die zweite Insel auf dieser Route, ist ein beliebtes Ausflugsziel und Ausgangspunkt für viele Touren. Die berühmte *Hafeneinfahrt,* mit bayerischem Löwen zur linken und dem Leuchtturm zur rechten Seite, ist weithin bekannt.

Neben dem Hafen sind zwei städtebauliche Sehenswürdigkeiten auf jeden Fall zu besichtigen: der *Marktplatz* mit den *Kirchen St. Stephan* und *St. Maria* und der *Reichsplatz* mit dem *Alten Rathaus.* Letzteres stellt sich als imposantes Gebäude dar, das bereits 1422 bis 1436 erbaut wurde. Auf der Nordseite sieht man auch den überdeckten Aufgang. Daß im Untergeschoß ehemals ein Gefängnis war, verkündet die Inschrift: »Lasset ab vom Bösen und lernet Gutes zu tun.« Im Erdgeschoß befinden sich heute das

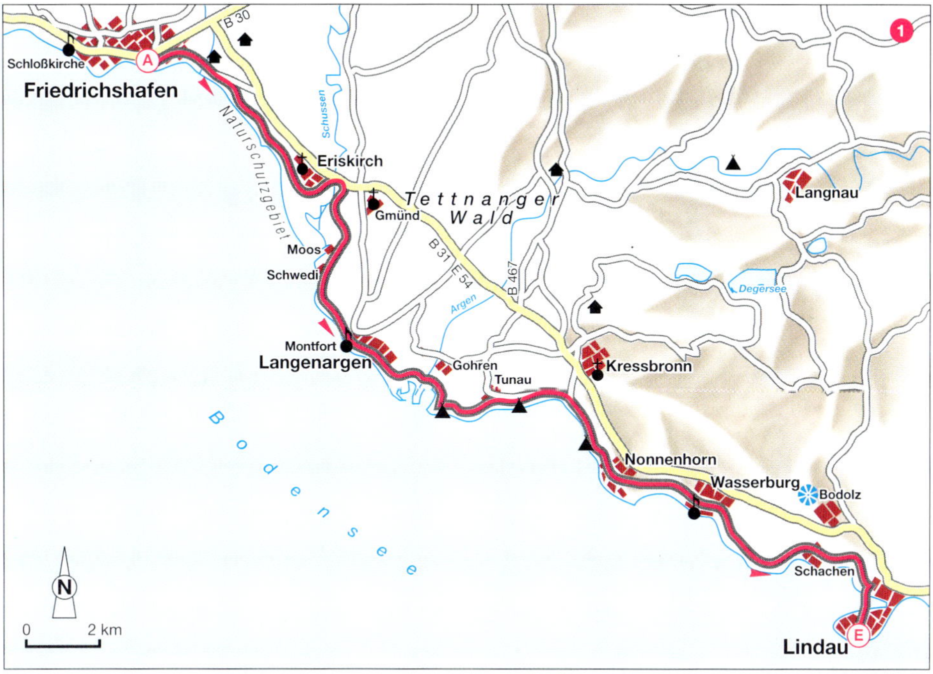

Stadtarchiv und die ehemals reichsstädtische Bibliothek mit mehr als 23000 Bänden aus fast allen Wissensgebieten.

Das *Haus zum Cavazzen,* oder vereinfacht der »Kawatzen« genannt, wurde nach der Feuersbrunst von 1728 neu errichtet und besticht durch seine reiche Bemalung. Angeblich ist es das schönste Bürgerhaus des Bodensees. Heute beherbergt es die Städtischen Sammlungen, die zu den reichhaltigsten am ganzen Bodensee gehören und mit Gemälden, Tapisserien, Möbeln und Skulpturen nicht nur an Regentagen einen Besuch wert sind. Schwerpunkt des Museums sind natürlich die Stadtgeschichte und Belange Lindaus.

Trotzdem sollte man es nicht versäumen, durch die *historische Altstadt* mit ihren Laubengängen und Türmen zu schlendern. Auch abseits der touristischen Pfade gibt es noch viel zu entdecken.

Streckenbeschreibung

Vom Fährhafen in **Friedrichshafen** kommend, nehmen wir die erste Straße nach rechts und fahren ca. 1,5 km auf dem Radweg entlang der Hauptstraße. Beim Hinweisschild zum Bodenseerundweg biegen wir rechts ab und rollen leicht bergab bis zum Naturschutzgebiet Eriskircher Ried, das uns nun mehrere Kilometer begleitet. Kurz vor **Eriskirch** folgen wir der Beschilderung des Rundwegs nach links in den Ort hinein und schließlich nach rechts bis zum ehemaligen Bahnhof. Dort ist heute ein Informationszentrum zum Ried untergebracht.

Vom Bahnhof radelt man die Bahnhofstraße entlang (senkrecht zur Bahnlinie) und erblickt schließlich den Kirchturm der sehenswerten Dorfkirche, die man auf einem kleinen Abstecher nach rechts erreicht. Das Schulhaus neben der Kirche bildet mit Baum und Brunnen ein kleines Dorfidyll.

Von der Kirche aus fährt man die wenigen hundert Meter zurück bis zur Verlängerung der Bahnhofstraße und biegt nach rechts in die Straße ein, aus der man gekommen ist. Auf einer bemerkenswerten alten Holzbrücke überqueren wir den kleinen Fluß Schussen, dem wir gleich nach der Brücke rechts folgen. Über *Moos* und *Schwedi* erreichen wir den Badeort **Langenargen**. Die Beschilderung des Bodenseerundwegs weist uns den Weg durch die dörfliche Besiedlung entlang dem Ufer bis zum zentralen Platz. Er wurde in den letzten Jahren neu gestaltet und stellt zusammen mit der Kirche ein schönes Ensemble dar. Biegt man vor der Kirche rechts ab, kommt man zum Schloß Montfort, das die Vorliebe des Bauherren für den maurischen Stil erkennen läßt.

Der Beschilderung folgend verlassen wir Langenargen und biegen dann rechts ab, der Beschilderung Fußweg nach. (Dies ist durchaus erlaubt, da jeder so fährt und die Route kürzer ist. Man sollte nur wirklich auf die Fußgänger Rücksicht nehmen.) Auf einem Kiesweg geht es danach über die Argen, und wir gelangen zu einem Jachthafen. Hier radeln wir links vorbei bis zum Campingplatz von *Schnaidt*, den wir durchqueren müssen. Danach geht es durch Wiesen nach **Kressbronn**, das wir am Strandbad erreichen. Immer weiter geradeaus radelnd, orientieren wir uns an der Beschilderung nach Bregenz/Lindau-Insel.

Nach *Nonnenhorn* sehen wir bereits die ehemalige Insel **Wasserburg**. Wir verlassen die Route und wenden uns nach rechts zur Insel, um Schloß und Kirche zu besichtigen. Auf der Weiterfahrt kommen wir durch den Lindauer Villenvorort *Schachen* und danach über die Bahnbrücke zur Insel von **Lindau**. Wir folgen den Bahngleisen und gelangen so zum neben der Promenade gelegenen Bahnhof von Lindau.

Nützliche Informationen

Etappen: Friedrichshafen – Eriskirch 6 km; Eriskirch – Langenargen 5 km; Langenargen – Kressbronn 5 km; Kressbronn – Wasserburg 4 km; Wasserburg – Lindau 7 km.
Touristeninformation: • D-88131 Lindau: Tourist-Information, Ludwigstraße 68, Tel. (08382) 260030.
Unterkunft: • *Hotels in Lindau:* Hotel-Gasthof Köchlin, Tel. (08382) 79037; Inselgraben Tel. (08382) 5481. • *Camping:* Zech, 5 km östlich von Lindau, Tel. (08382) 72236. • *Jugendherberge:* Neueröffnung für 1996 geplant.
Öffnungszeiten: • *Friedrichshafen:* Städtisches Bodensee-Museum mit Zeppelin-Abteilung, täglich außer Mo. 10–12 Uhr und 14–17 Uhr. Ab 2. Juli 1996 neues Zeppelinmuseum im Hafenbahnhof. • *Eriskirch:* Führungen durch das Naturschutzgebiet, Tel. (07541) 61888. • *Langenargen:* Museum mit Dokumenten zur Stadt- und Heimatgeschichte im ehemaligen Pfarrhaus, täglich außer Mo. 10–12 Uhr und 15–17 Uhr. • *Lindau:* Kulturgeschichtliche Sammlungen der Stadt im Haus zum Cavazzen, Mo.–Sa. 9–12 Uhr und 14–17 Uhr, So. 10–12 Uhr.
Karten: Wanderkarte 1:50000, Blatt 24 Bodensee-Ost; Radwanderkarte 1:100000, Blatt 52 Bodensee.
Verkehrsverbindungen: • *Friedrichshafen:* Bahnverbindung stündlich nach Ludwigshafen/Radolfzell und Lindau; gute Schiffsverbindungen. • *Lindau:* Stündlich Bahnverbindung nach Friedrichshafen/Radolfzell; zahlreiche Schiffsverbindungen.

Am Hafen von Lindau steht an der Seepromenade der Alte Leuchtturm, ein Überrest der Befestigung aus dem 13. Jh.

2 Kunst und Natur am See: Vorbei an Seebühne und Rheindelta

Lindau – Bregenz – Rheindelta – Rheineck – Rorschach

Tourencharakter: Gemütliche Tour entlang der Bregenzer Seepromenade und auf abgelegenen Kieswegen durch die Riedbereiche des Rheindeltas.

Länge der Tour: 54 km.

An der Bregenzer Seepromenade entlang fährt man an der bekannten Opernfreilichtbühne vorbei. In vier Wochen im Juli und August locken die **Bregenzer Festspiele** mehr als 100 000 Besucher an. Während in den Anfängen nach dem Zweiten Weltkrieg die Bühne und das Podium für das Orchester jeweils nur aus einem Sandkahn bestanden, werden heute alle Register moderner Technik gezogen. Inzwischen sind so namhafte Künstler wie Placido Domingo dort aufgetreten.

Hinter Bregenz beginnen die ausgedehnten Riedbereiche des **Rheindeltas**. Das Mehrerauer Ried und die Gebiete um den Rohr- und den Rheinspitz stehen unter Naturschutz und dienen zahlreichen Vogelarten als Rückzugsgebiete. Um die früher an der Tagesordnung gewesenen Überschwemmungen zu vermeiden, hat man den Rhein in ein neues, mit hohen Dämmen gesichertes Bett gezwängt. Dieser Neue Rhein fließt nun schnurgerade zwischen Hard und Fussach in den See, während der beschauliche Alte Rhein sich zwischen Höchst und Rheineck hindurchwindet und beim Rheinspitz in den See mündet. Im Osten und im Westen wird die weite Ebene des Rheindeltas von Bergen begrenzt, die bei Bregenz und Rheineck bis auf wenige 100 m an den See heranrücken. Diese Stellen hatten früher eine große strategische Bedeutung, heute werden sie vorwiegend als Verkehrshindernis gesehen.

Bregenz liegt am Fuße des Pfänders (Beschreibung siehe Tour 20, S. 104) in einer

geschützten Bucht. Die erste Besiedelung erfolgt bereits in der Bronzezeit. 400 v. Chr. wandern die rätisch-keltischen Brigantier zu, die der Stadt ihren Namen geben (damals: Brigantion). Schon sie schätzen die günstige Lage der heutigen Oberstadt, die als natürliches Bollwerk auf drei Seiten geschützt ist. 15 v. Chr. erobern die Römer das Gebiet. Sie bauen die Festung aus und siedeln auf der gegenüberliegenden Anhöhe. Am Schnittpunkt zweier Fernhandelsstraßen gelegen, wird Brigantium schnell zu einem der wichtigen Zentren in der Provinz Rätien und die bedeutendste Stadt am Lacus Brigantinus, wie ihn die Römer nennen. Nach den ersten Einfällen der Alemannen um 259/260 n. Chr. wird die Stadt zerstört. Die Römer ziehen sich daraufhin in das Kastell der heutigen Oberstadt zurück, die Stadt verliert ihre Bedeutung. Über Erbschaft gelangen die Montfort Mitte des 12. Jh.s an die frühmittelalterliche Burgsiedlung der Udalrichinger und bauen sie planmäßig zur Stadt aus. 1523 erwerben schließlich die Habsburger die Grafschaft Montfort-Bregenz und betrachten die Stadt als wichtiges Zentrum der Landesverteidigung. Während sich in weiten Gebieten Vorarlbergs die Bevölkerung im 15. Jh. mehr Rechte erstreiten kann, bleibt Bregenz fest in Adelsherrschaft. Ebensowenig kann die in der Schweiz so erfolgreiche Reformation Fuß fassen, 1574 findet gar eine Bücherverbrennung statt. Mit zehn Jahren Unterbrechung bleibt Bregenz fest in der Hand der Habsburger und kommt später zu Österreich. Sie wird zur Fremdenverkehrsmetropole und Hauptstadt von Vorarlberg.

Die klassizistisch geprägte ***Unterstadt*** ist das heutige Stadtzentrum und wird trotz des Pfändertunnels vom Verkehr durchflutet. Die bemerkenswerten Bauten sind die *Nepomuk-Kapelle,* ein Rokokorundbau von 1757, der *Gasthof Kornmesser* am Kaspar-Moosbrugger-Platz, das 1668 als Lager erbaute *Rathaus* und die Ende des 17. Jh.s nach Plänen von Christian Thumb fertiggestellte *Seekapelle* am Rathausplatz. Das benachbarte *Vorarlberger Landesmuseum* birgt u. a. Funde der Ur- und Frühgeschichte sowie zahlreiche Werke der berühmtesten Vorarlberger Künstlerin: Angelika Kauffmann (1741–1807). Im *Künstlerhaus Palais Thurn und Taxis* südlich der Oberstadt gibt es wechselnde Ausstellungen moderner Kunst.

Die ***Oberstadt,*** die ursprüngliche Keimzelle der Stadt, ist eine willkommene Oase der Ruhe. Sie nimmt das bereits von den Rö-

An der idyllisch gelegenen Mündung des Alten Rheins lädt ein Restaurant mit Blick auf den See zur Rast ein.

Am Rohrspitz bei Fussach liegen die Segelboote vor der malerischen Kulisse der Ried- und Auwaldgebiete des Rheindeltas.

mern befestigte Rechteck ein und geht im wesentlichen auf die Stadtanlage des 13. Jh.s zurück. Von der Unterstadt kommend, betritt man sie durch das Untere bzw. Martinstor. Den 1599 bis 1602 auf den Mauern eines Getreidespeichers der Burganlage errichteten *Martinsturm* krönt die angeblich größte Turmzwiebel Europas. Bereits im 14. Jh. gab es eine Kapelle im oberen Teil der früheren Speicheranlagen, wie es freigelegte Fresken, teilweise aus der Mitte des 14. Jh.s, zeigen. Ebenfalls sehenswert sind hier das ehemalige *Gesellenspital,* das *Deuring-Schlößchen* (mit Feinschmecker-Lokal) sowie das *Alte Rathaus,* ein schlichter Fachwerkbau mit steilem Giebeldach. Etwas oberhalb befindet sich die *Pfarrkirche St. Gallus.* Der Neubau des Jahres 1477 geht auf eine romanische Anlage zurück und wurde 1737 von Franz Anton Beer im Stil des Rokoko umgestaltet. Den schönsten Blick auf Bregenz hat man vom 200 m über der Stadt liegenden *Gebhardsberg.*

Der Seerundweg führt nahe am *Zisterzienserkloster Mehrerau* vorbei. Dort trat an die Stelle einer aus dem 11. Jh. stammenden romanischen Säulenbasilika Mitte des 18. Jh.s ein barocker Neubau, der als großartigster seiner Epoche in Vorarlberg galt. Nach Aufhebung des Klosters im Jahr 1808 wurde es jedoch auf Abbruch verkauft, zum Teil wurden die Steine zum Bau der Lindauer Hafenmole verwendet. Heute sehen wir einen Neubau der sechziger Jahre.

Wie Bregenz ist **Rheineck** an der schmalen Stelle zwischen Rhein und Lutzenberg strategisch günstig gelegen. Bereits die Römer hatten hier ein Kastell, das den Rheinübergang nach Bregenz sicherte. 1276 erhielt das Miniaturstädtchen mit nur einem Straßenzug und zwei Häuserzeilen das Marktrecht. Die Lage an der Fernhandelsroute vom Bodensee über das Rheintal und Graubünden in die Lombardei bescherte der Stadt einen kurzzeitigen wirtschaftlichen Aufschwung, der jedoch mit dem Ausbau der Gotthardroute schon Ende des 13. Jh.s sein Ende fand. Das schönste Gebäude im Ort ist der 1746–1748 erbaute *Löwenhof.* Er gilt als einer der großzügigsten barocken

Profanbauten der Ostschweiz und ist von einem kleinen Park umgeben. Ebenfalls interessant: das *Rathaus,* der *Custerhof* und der Rundbau der *Pfarrkirche St. Theresia* (1932/33), einer der ersten modernen Kirchenbauten der Schweiz.

Die alemannische Gründung **Rorschach** wird erstmals 850 erwähnt und erhält 947 Markt-, Zoll- und Münzrecht. Bis zur Neuordnung unter Napoleon gehört die Stadt den St. Gallener Äbten. Unter dem erfolgreichen Abt Ulrich Rösch werden Stadtmauern und Hafenanlagen ausgebaut. Die von ihm geplante Verlegung des Klosters von St. Gallen nach Mariaberg in Rorschach scheitert jedoch am Widerstand der St. Gallener Stadtbevölkerung und der Appenzeller, die den nahezu fertiggestellten Neubau in Rorschach zerstören (der sog. Klosterbruch). Die mit Privilegien aus der Lombardei angelockten Textilfabrikanten errichten ihre Patrizierhäuser entlang der Hauptstraße. Mit ihrer Hilfe erfährt die Stadt einen wirtschaftlichen Aufschwung durch die günstige Entwicklung des Korn- und Leinwandhandels. Heute ist die Stadt auch bedeutender Industrieort. Einen ganz besonderen Rekord hat Rorschach noch aufzuweisen: In der Reichshofdruckerei erscheint 1597 die erste Zeitung der Welt.

Bedeutendstes Bauwerk und Wahrzeichen der Stadt ist das zur Versorgung der äbtlichen Gebiete 1746–1748 errichtete *Kornhaus* am Hafen. Der Barockbau von Giovanni Gaspare Bagnato gilt als schönster seiner Art in der Schweiz. Im Ostteil des Gebäudes befindet sich heute das Rorschacher Heimatmuseum, in dem Funde zur Vor- und Frühgeschichte sowie Material zur Stadtentwicklung (u. a. ein Stadtmodell) gezeigt werden. Die *Pfarrkirche St. Kolumban* ist ein 1782–1786 barockisierter Bau aus dem Jahr 1438. Die Hauptstraße mit dem 1681–1689 ursprünglich als Privathaus erbauten Rathaus und die Mariabergstraße werden von beachtlichen Patrizierhäusern mit vorgebauten Erkern gesäumt. Die Mariabergstraße führt zum *ehemaligen Benediktinerkloster Mariaberg.* Es ist ein einzigartiges Denkmal spätgotischer Steinmetzkunst und zusammen mit St. Georgen in Stein am Rhein der bedeutendste spätmittelalterliche Klosterbau der Schweiz. 1487 wurde mit dem Bau der Anlage begonnen, in die das Kloster St. Gallen einziehen sollte, aber infolge des Klosterbruchs und anderer Verzögerungen wurde sie erst 1529 und ohne Kirche fertigge-

Das 1746–1748 von Giovanni Gaspare Bagnato erbaute barocke Kornhaus ist das Wahrzeichen des Rorschacher Hafens und gilt als schönster Getreidespeicher der Schweiz.

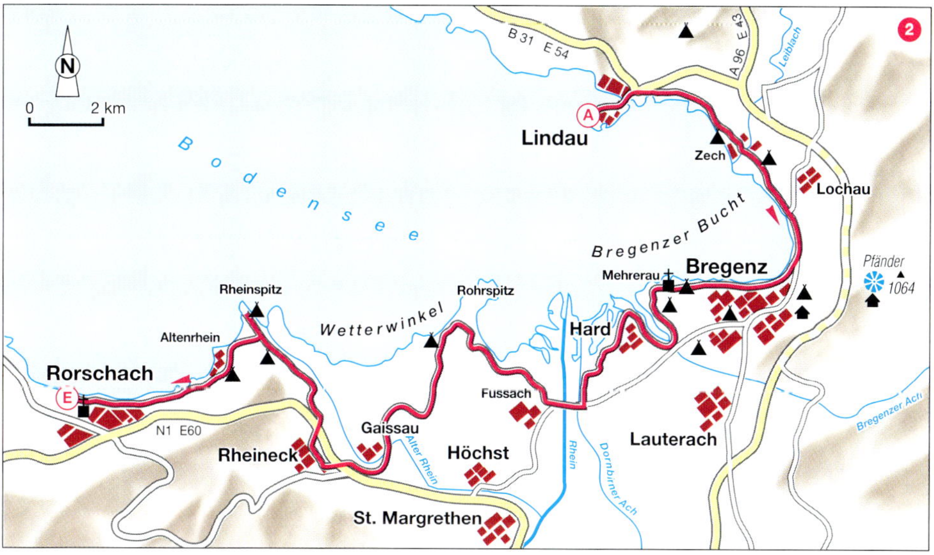

stellt. Der Umzug war nicht mehr aktuell. Das Gebäude, zunächst von einem anderen Benediktinerkloster genutzt, war Klosterschule, dann Statthalterei und ist heute ein Lehrerseminar. Die Höhepunkte der Anlage sind der Kreuzgang mit seinen 35 Maßwerkfenstern und der 1568 ausgemalte Kapitelsaal.

Streckenbeschreibung

Wir verlassen **Lindau** auf der östlichen Brücke und wenden uns vor dem Bahnübergang nach rechts. Den Güterbahnhof zur Linken, Schilfbereiche und Strandbad zur Rechten geht es nun immer geradeaus am Ufer entlang bis zum Campingplatz in *Zech.* Hier überqueren wir die Bahnlinie nach links und fahren nach rechts auf dem Radstreifen entlang der B190 zur Grenze. In Österreich biegen wir zum Hafen Lochau nach rechts ab (durch die Bahnüberführung) und kommen am See entlang zur ausgedehnten Seepromenade von **Bregenz**.

Ab Bregenz ist der weitere Weg bis zur Rheinbrücke ausreichend beschildert. Vorbei an der Freilichtbühne der Opernfestspiele, an Jachthäfen, dem Kloster Mehrerau und am Campingplatz fährt man schließlich im Mehrerauer Ried zum Mündungsbereich der Bregenzer Ach. Auf einem Feldweg beim Informationsschild zum Mehrerauer Ried kann man einen kleinen Abstecher zum See unternehmen. Flußaufwärts an der *Bregenzer Ach* entlang kommen wir zur Straßenbrücke der B202. Man überquert den Fluß, radelt auf der anderen Uferseite längs an reizvollen Auwaldbereichen wieder Richtung See (Beschilderung Hard/Seeufer/Schweiz) und anschließend gemäß Radwegweisung durch *Hard.* Hinter dem Ort sehen wir zur Rechten eine alte Holzbrücke über die Dornbirner Ach, an der wir nun landeinwärts entlangfahren, bis wir erneut die B202 erreichen. Ihr nach rechts folgend, überqueren wir die *Dornbirner Ach* und den *Neuen Rhein.* Nach der Brücke folgen wir nicht der Radwegweisung nach Rorschach, sondern wählen die reizvollere Route Richtung *Rohrspitz* (so beschildert) durch ausgedehnte Riedbereiche. Beim Campingplatz fahren wir nach links, am Seegasthaus vorbei Richtung Gaissau/Rorschach gemäß Rundwanderweg. Auf der Brücke über den Alten Rhein reist man in die Schweiz ein. Nach einem kurzen Stück rechts der lärmenden Autobahn nimmt man die Unterführung nach **Rheineck,** das eine Besichtigung lohnt.

Weiter geht es nach der Unterführung rechts die Bahnhofstraße entlang und gemäß der Wegweisung über die Bahnlinie. Nach ca. 1 km fährt man dann entgegen der

Radwegweisung Richtung Rorschach rechts durch die Autobahnunterführung und biegt am Waldrand nach links ab. An ihm entlang kommt man zu einem Campingplatz, weiter geradeaus erreichen wir mit einem kurzen Abstecher von 500 m den *Rheinspitz*, die reizvolle Mündung des Alten Rheins in den Bodensee mit einem schön gelegenen Selbstbedienungsrestaurant. Der weitere Weg nach **Rorschach** ist leider weniger attraktiv, aber eindeutig beschildert und ohne Alternative.

Nützliche Informationen

Etappen: Lindau – Bregenz 10 km; Bregenz – Rheineck 26 km; Rheineck – Rorschach 18 km.
Touristeninformation: • CH-9400 Rorschach: Verkehrsamt, Neugasse 2, Tel. (071) 417034.
Unterkunft: • *Hotels in Rorschach:* Robert Jud, Tel. (071) 417644; Rosengarten, Tel. (071) 411582; Parkhotel Waldau, Tel. (071) 430180; Landgasthof Schiff Burier, Tel. (071) 441246. • *Camping:* Altenrhein, 6 km östlich von Rohrschach, Tel. (071) 424213.
Öffnungszeiten: • *Bregenz:* Vorarlberger Landesmuseum, Di.–So. 9–12 und 14–17 Uhr; Künstlerhaus Palais Thurn und Taxis: Di.–Sa. 14–18, So. 10–12 und 14–18 Uhr; Nepomukkapelle nur Sa. geöffnet. • *Rorschach:* Kloster Mariaberg: Mo.–Fr. 8–11.45 und 14–17 Uhr; Heimatmuseum im Kornhaus: Mitte April–Okt. Di.–Sa. 9.30–11.30 und 14–17, So. 10–12 und 14–17 Uhr.
Karten: Radwanderkarte 1:100000, Blatt 52 Bodensee; Velokarte 1:60000, Blatt 3 Bodensee/Thurgau.
Verkehrsverbindungen: • *Lindau:* Stündlich Bahnverbindung nach Friedrichshafen/Radolfzell; zahlreiche Schiffsverbindungen. • *Rorschach:* Bahnverbindung stündlich nach Kreuzlingen/Konstanz, ca. alle zwei Stunden nach Lindau/Bregenz mit Umsteigen in St. Margarethen; Schiffsverbindungen u.a. nach Lindau.
Hinweis: Die Seeumrundung kann durch eine Rundtour von Rorschach nach St. Gallen (Tour 23) ergänzt werden.

3 Vom Kornhaus zum Konzil

Rorschach – Arbon – Romanshorn – Münsterlingen – Kreuzlingen – Konstanz

Tourencharakter: Ebene Tour am Schweizer Ufer des Obersees entlang über die Römerstadt Arbon zur Konzilsstadt Konstanz.
Länge der Tour: 41 km.

Die Strecke vom Rorschacher Kornhaus zum Konstanzer »Konzil« führt auf ebenen, gut ausgeschilderten und meist asphaltierten Wegen neben der Bahnlinie und am See entlang durch den am dünnsten besiedelten Abschnitt des Bodenseeufers. Wenn auch das ebene Terrain, die Felder und die Feriensiedlungen relativ wenig Abwechslung bieten, so ergeben sich doch immer wieder schöne Blicke flach hinab auf das meist mit einer Baumreihe bestandene Seeufer.

Die städtebaulich attraktivste Stadt am Schweizer Oberseeufer ist **Arbon**. Funde von bronzezeitlichen Pfahlbauten belegen eine frühe Besiedelung. Nach den Kelten fühlten sich die Römer hier wohl, nannten sie den Ort doch Arbor Felix (glücklicher Baum; 280 n. Chr. erstmals erwähnt). Das Dorf am See lösten die Römer nach der Rücknahme der Nordgrenze von der Donau zum Bodensee auf. Statt dessen errichteten sie an der Stelle des heutigen Schloßbezirks ein Kastell. 745 gab es einen fränkischen Königshof, im 10. Jh. wurde der Siedlung ein Markt angegliedert. Die Stadt wurde vom Konstanzer Bischof Eberhard von Waldburg gegründet, erhielt 1255 das Stadtrecht und fiel nach einer Kette von Verpfändungen wieder an Konstanz zurück. Erfolgreich im Leinwandhandel und in der Baumwolldruckerei, erlebte die Stadt im 18. und 19. Jh. eine wirtschaftliche Blüte, die sich in zahlreichen Profanbauten niederschlug.

Reste des römischen Kastells sind in der Schloßbefestigung und der Stadtmauer erhalten. Eine an der Stelle des Kastells im 13. Jh. errichtete Burg läßt der Bischof von

Gleich nahe der Strandpromenade in Arbon stehen die Galluskapelle und die St.-Martins-Kirche auf historischem Boden. Hier gab es ein römisches Kastell, und Gallus soll hier an Land gegangen sein. Er schuf mit seiner Einsiedelei in den Bergen den Ursprung für das Kloster St. Gallen.

Rustikale Fensterläden zieren historische Häuser in der Altstadt von Arbon.

Konstanz durch einen *Schloßbau* in den Jahren 1501–1515 ersetzen. Er birgt heute das Museum mit einer lokalgeschichtlichen Sammlung. Gleich neben dem Schloß, ebenfalls auf dem Gelände des ehemaligen Kastells, befindet sich die *Kirche St. Martin* mit spätgotischem Chor von 1496 und unterhalb von ihr die *St.-Gallus-Kapelle,* die im wesentlichen aus dem 14. Jh. stammt. Neben dem Eingang liegt ein Stein mit dem Fußabdruck des heiligen Gallus, der hier 612 das arbonische Ufer erreichte. Der Sage nach hat er sich bei einem Kampf mit einem Bären so erhitzt, daß der Stein geschmolzen ist. Das heutige *Rathaus* ist ein Fachwerkbau von 1791. In der Altstadt gibt es rustikale Bürgerhäuser. Die wichtigsten sind das *Stadthaus,* das *»Haus zur Straußenfeder«* (in beiden Häusern wurden ursprünglich Tuche gehandelt) und das *katholische Pfarrhaus* (ursprünglich das »Rote Haus«!).

Romanshorn war bis ins 19. Jh. hinein ein Fischerdorf. Wie Rorschach war es Sitz eines St. Gallener Obervogtes. Das äbtliche Gebiet ragte wie ein Keil in die Herrschaft des Bischofs von Konstanz und trennte Arbon vom Hauptort Konstanz. Die Vögte residierten 1367–1798 im *Schloß.* Heute sehen wir einen Neubau von 1617 bis 1618. Gleich neben dem Schloß befindet sich die 779 erstmals erwähnte *Kirche St. Maria, Petrus und Gallus,* die zwar mehrfach umgestaltet wurde, jedoch viel von ihrer ursprünglichen Schlichtheit bewahrt hat. Da das Dorf mehrmals abbrannte, gibt es sonst kaum weitere historische Gebäude. Im 19. Jh. begann mit dem Ausbau der Eisenbahn die Entwicklung zum bedeutenden Industriestandort. Romanshorn wurde Verkehrsknotenpunkt: Die Bahnlinien aus dem Thurtal und von St. Gallen treffen hier auf die Linie entlang des Sees. Entsprechend wurde der Hafen ausge-

baut, er ist heute der größte am Bodensee. Ab 1869 fuhr die Eisenbahnfähre nach Friedrichshafen, später auch nach Lindau und Bregenz. Heute werden nur noch Autos und Passagiere mit der Fähre nach Friedrichshafen transportiert. Bei aller Geschäftigkeit hat Romanshorn jedoch nicht nur einen schönen Park am See, sondern auch eine botanische Kostbarkeit zu bieten: die nördlichste Mittelmeerzypresse.

In **Münsterlingen** sollte man nicht versäumen, die ehemalige *Klosterkirche St. Remigius, St. Walburga und St. Scholastika* des früheren Benediktinerkonvents zu besichtigen. Franz Beer baute sie im Zusammenhang mit der Verlegung des Klosters landeinwärts zu Beginn des 18. Jh.s. Sie gilt als ein wichtiges Beispiel Vorarlberger Barockarchitektur.

Ganz in der Nähe gibt es ein kleines Juwel: die *Leonhardskapelle* bei Landschlacht.

Sie geht auf das 10. und 12. Jh. zurück, um 1430 wurde der Chor angebaut. Sie enthält bedeutende Fresken aus dem 14. und 15. Jh., darüber hinaus besitzt sie eine feingegliederte Holzdecke.

Das heute mit Konstanz zusammengewachsene **Kreuzlingen** entwickelte sich aus der Zusammenlegung mehrerer Dörfer rund um das *ehemalige Augustinerstift* mit der *Kirche St. Ulrich* vor den Toren der Stadt Konstanz. Das 1125 gegründete Kloster zerstörten die Konstanzer nach dem Schwabenkrieg und dem Dreißigjährigen Krieg jeweils nahezu vollständig, weil sie glaubten, daß es den Feinden als Stützpunkt gedient hatte. 1650–1653 wurde es wieder aufgebaut und Mitte des 18. Jh.s im Rokokostil umgestaltet. 1963 ist es zum Teil abgebrannt und wurde wiederhergestellt. Besonders berühmt und im Original erhalten ist die *Ölbergkapelle* mit Gnadenkreuz und Kalvarienberg mit 250 Krippenfiguren. Das ehemalige Kloster hat auch einen Kreuzgang aufzuweisen. In ihm befindet sich heute das thurgauische Lehrerseminar; das ehemalige Kornhaus beherbergt das *Seemuseum* mit Themen wie Geschichte des Tourismus und Bodenseefischerei. Bei einem Spaziergang auf der Seepromenade kommt man zur *Seeburg,* die von einem Park mit zum Teil exotischen Baumarten umgeben ist.

Konstanz ist mit seinen ca. 75000 Einwohnern die mit Abstand größte Stadt am See und kann als einzige eine Universität vorweisen. Die durch ihre zentrale Lage und das milde Klima begünstigte Stadt atmet südliches Flair und strahlt Liberalität aus, gehört sie doch zum traditionell liberalen, alemannischen Baden, das die Konstanzer klar vom schwäbischen Württemberg trennt. Als einzige deutsche Stadt am sonst schweizerischen südlichen Ufer blieb sie im Krieg vor Bombenangriffen verschont.

Die im *archäologischen Landesmuseum* aufbewahrten Funde weisen auf eine Be-

Vor dem Konzilsgebäude markiert die aufreizende »Imperia« die Konstanzer Hafeneinfahrt. Die sich drehende Schöne von Peter Lenk sorgte für reichliche Diskussionen und brachte die Gemüter in Wallung.

siedlung schon in der mittleren Steinzeit vor 10000 Jahren hin. Eine seit etwa 50 v. Chr. bestehende keltische Fischersiedlung wird von den Römern um 300 n. Chr. befestigt. Sie benennen die Stadt nach dem römischen Kaiser Constantius; 525 wird »Constantia« erstmals urkundlich erwähnt. Im 6. Jh., als St. Gallen noch unzugänglicher Urwald ist, wird Konstanz schon Bischofssitz. Zahlreiche Orden lassen sich nieder, um 900 erhält die Kaufleutesiedlung das Marktrecht. Die wirtschaftliche Basis der Stadt ist der Leinwandhandel. Die wichtige Brückenfunktion über den Rhein, am Handelsweg zwischen Italien und Deutschland, kommt ihr dabei zugute. 1153 hält Kaiser Friedrich I. einen Reichstag in Konstanz ab. Von den Kaisern werden die selbstbewußten Bürger gegenüber dem Bischof gestärkt: 1192 befreit Heinrich IV. sie von allen bischöflichen Steuern, Friedrich II. gewährt ihnen 1215 reichsstädtische Rechte.

1414–1418 tagt das Konstanzer Konzil im Münster. Die Stadt ist vier Jahre lang Mittelpunkt der abendländischen Welt, die mit ihren drei rivalisierenden Päpsten etwas durcheinandergeraten ist. Das Konzil soll die Einheit der Kirche wieder herstellen und die Machtverteilung neu regeln. In die 6000 Einwohner zählende Stadt strömen zehnmal so viele Gäste, darunter 33 Kardinäle, 900 Bischöfe, 2000 Doktoren und – ca. 3000 Prostituierte. Das eher wenig fromme Treiben in der Stadt beschreiben Honoré de Balzac in seiner tolldreisten Geschichte »Die schöne Imperia« und Conrad Ferdinand Meyer in seiner Novelle »Plautus im Nonnenkloster«. Unter den eingeladenen Gästen ist der böhmische Reformator Jan Hus. Obwohl von einer römischen Synode verurteilt und aus Böhmen verbannt, vertraut er dem kurz zuvor in Konstanz gekrönten Kaiser Sigismund I., der ihm freies Geleit zusichert. Doch da er nicht bereit ist, seine Angriffe zu widerrufen, wird er nach einem Monat inhaftiert, am 6. Juli 1515 zum Tod auf dem Scheiterhaufen verurteilt und beim »Thor, wo man nach Gottlieben gehet«, hingerichtet. In »Hussens Feuertod« (1827) beschreibt Gustav Schwab eindringlich das Geschehen. Nachdem die Mächtigen ihre Kritiker und Widersacher beseitigt haben, können sie schließlich eine Einigung erzielen: Im Konzilsgebäude wird der neue Papst Martin V. gewählt.

100 Jahre später wird Konstanz protestantisch, der Bischof verlagert seine Residenz nach Meersburg. Doch die Protestanten verlieren im Schmalkaldischen Krieg gegen den katholischen Kaiser Karl V. Konstanz wird rekatholisiert und verliert seine Rechte als Reichsstadt. Mit dem Verlust des Thurgaus, seinem Hinterland, verkümmert es schließlich zu einer unbedeutenden Habsburger Provinzstadt. Erst im Zuge des vorindustriellen wirtschaftlichen Aufschwungs in der Schweiz und mit dem Eisenbahnbau erhält es zum Teil seine Funktion als Handels- und Verwaltungsstadt zurück.

Das 1388 erbaute *Konzilsgebäude* diente ursprünglich als Korn- und Lagerhaus und war später Sitz der Leinwandmesse. Seit der Papstwahl hat es seinen Namen, obwohl das Konzil eigentlich im Münster stattfand. Am Hafen dreht die ca. 9 m hohe Statue »*Imperia*« ihre Runden. Von Balzacs Geschichte inspiriert, schuf sie der Bodmaner Künstler Peter Lenk. Die langbeinige Edelkurtisane hält zwei mickrige Gestalten auf ihren Händen: zur Linken die weltliche Macht, Kaiser Sigismund I., zur Rechten die geistliche Macht, Papst Martin V. Die aufreizende »Imperia«, als Gegenstück zum Lindauer Löwen an der Hafeneinfahrt gedacht, erregte die Konstanzer Gemüter und führte zu lang anhaltenden Diskussionen, doch die Mehrheit wollte sie schließlich behalten. In der Laube, der am entgegengesetzt liegenden Rand der Altstadt vorbeiführenden Hauptstraße, steht ein weiteres Werk des Künstlers: der »Autofahrerbrunnen«, ein satirisches Denkmal der Autofahrer und des Spießertums.

Das *Münster Unserer Lieben Frau* ist ein Nachfolgebau der dort schon seit 590 bestehenden Bischofskirchen. Das Kernstück ist eine frühromanische Basilika, die des öfteren baulich verändert wurde. Sehenswert sind u.a. das Chorgestühl, das Heilige Grab und die Krypta, der älteste Teil des Münsters, in der die Goldscheiben aufbewahrt werden, die früher die Ostseite der Kirche zierten. Vom Münsterturm aus kann man sich einen Überblick über die gesamte Stadtanlage verschaffen. Gegen Westen sieht man auf die benachbarte spätgotische *Stephanskirche,* die älteste Bürgerkirche der Stadt. Vor ihr am Stephansplatz hat Friedrich Hecker 1848 die erste deutsche Republik ausgerufen, freilich mit geringem Erfolg. Von der Stadtbefestigung stehen im Norden noch der *Pulverturm* und der *Rheinturm,* der den Brückenkopf der Rheinbrücke schützen sollte. Das sich ihnen anschließende Geviert, die *Niederburg,* ist der älteste Stadtteil von Konstanz mit zahlreichen gemütlichen Weinstuben. Im Süden erkennt man das *Schnetztor.* Davor befindet sich das *Hus-Haus.* Der Reformator war dort einen Monat zu Gast, bevor er in der Bischofsburg gefangengehalten wurde. Heute ist es ein kleines, ihm gewidmetes Museum. In der gesamten Altstadt gibt es zahlreiche sehenswerte Bürgerhäuser. Im ehemaligen Zunfthaus der Metzger ist heute das *Rosgartenmuseum,* das sich der historischen Entwicklung der Bischofs- und Reichsstadt widmet. Dort befindet sich u.a. die Chronik Ulrich Riechentals, in der die Ereignisse des Konzils festgehalten sind. Außerhalb der Stadt beeindruckt die östlich der Rheinbrücke beginnende *Seestraße* mit ihren klassizistischen Bauten. An der äußersten östlichen Spitze des Bodanrücks ist das *»Hörnle«,* das wichtigste Strandbad der Konstanzer, mit Blick auf Obersee, Überlinger See und Meersburg.

Streckenbeschreibung

Vom Kornhaus in **Rorschach** aus radeln wir zunächst über die Seepromenade vorbei an der ca. 100 Jahre alten Badeanstalt. Die ausgewiesene Beschilderung führt zum Teil am Ufer entlang, zum Teil müssen wir den Radstreifen der B13 benützen. In *Steinach* angekommen fahren wir die erste Straße nach rechts in die Weidenhofstraße. Auf der rechten Seite sehen wir zunächst ein auf einer kleinen Halbinsel gelegenes kleines Strandbad und schließlich den Gasthof Seehaus, der für seine Felchenleberli und für seine Chrüstli bekannt ist. Dies können die Autoren nur bekräftigen. Zudem genießt man ei-

Mit seinem »Autofahrerbrunnen« schuf Peter Lenk ein satirisches Denkmal der Sattheit und Selbstzufriedenheit.

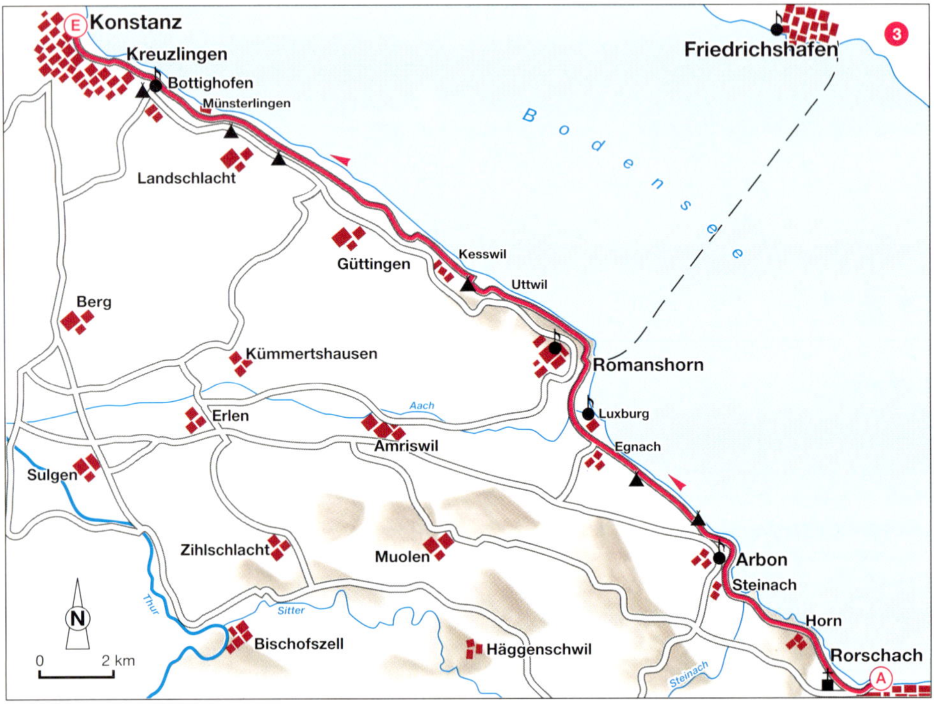

nen schönen Blick auf die Seepromenade von Arbon.

Entgegen der Wegweisung bleiben wir weiter rechts am Ufer und kommen über einige Anliegerstraßen zur Seepromenade von **Arbon.** Von ihr aus sehen wir das Schloß und die Kirche St. Martin. Am Ende der Seepromenade, beim Fabrikgebäude Forster, radeln wir nicht der nach links ausgeschilderten Rundroute nach, sondern geradeaus weiter durch eine interessante Auwaldlandschaft.

Sobald die ausgeschilderte Route wieder auf den gewählten Weg trifft, kann man ihr am Ufer entlang und durch den Ort *Egnach* bis **Romanshorn** folgen. Man fährt geradeaus in den Ort hinein, am Bahnhof und dem mit ihm gekoppelten Fährhafen vorbei, dann dem Ufer folgend nach rechts und schließlich nach links in den Seepark. Links oben liegen Schloß und Kirche. Nach einem kurzen Stück an der Seepromenade wird die Route nach links an einem Parkplatz und der Firma Hydrell vorbei auf eine kleine Teerstraße geführt, auf der man zwischen Bahn und dem meist nicht zugänglichen Seeufer weiterfährt. In *Uttwil* kommen wir zum See. Im 18. Jh. war der Ort noch der bedeutendste thurgauische Stapel- und Warenumschlagplatz, heute ist der Hafen ohne Bedeutung.

Es geht dann links hoch über die Bahnlinie, nach rechts in die Bahnhofstraße (Schild fehlt), wieder nach rechts unter der Bahnlinie hindurch und rechts an ihr entlang. Wenige Kilometer nach *Kesswil* lädt zur Rechten eine Gartenwirtschaft ein. Nach dem Bahnhof *Güttingen* queren wir erneut die Bahnlinie und radeln längere Zeit links an ihr entlang. Richtung See sieht man auf das von einer Baumreihe gesäumte Seeufer hinab, das deutsche Oberseeufer ist nur bei guter Sicht zu erkennen. Etwa 3½ km nach dem Bahnhof Güttingen sieht man links den Ort *Landschlacht* mit der Leonhardskapelle. In **Münsterlingen** führt die Route beinahe direkt am ehemaligen Kloster vorbei. Hinter dem Ort geht es rechts der Bahnlinie weiter. Man fährt durch eine Hochhaussiedlung in *Bottighofen,* durch Parkanlagen in **Kreuzlingen** und am Minigolfplatz vorbei. Schließlich mündet der Kiesweg in eine asphaltierte

Straße, in die man rechts einbiegt. Nach der Linkskurve der Straße sieht man bald rechts den Grenzübergang. Man überquert die Grenze und bleibt immer rechts neben der Bahnlinie. Auf diese Weise kommen wir am Güterbahnhof und Bahnhof vorbei zum Konzilsgebäude in **Konstanz** und sehen zur Rechten die sehr neue, aber schon berühmte Hafenstatue der »Imperia«.

Nützliche Informationen

Etappen: Rorschach – Arbon 8 km; Arbon – Romanshorn 10 km; Romanshorn – Münsterlingen 16 km; Münsterlingen – Kreuzlingen 5 km; Kreuzlingen – Konstanz 2 km.
Touristeninformation: • D-78462 Konstanz: Verkehrsamt, Bahnhofsplatz, Tel. (0 75 31) 28 43 76.
Unterkunft: In *Konstanz:* • *Hotels:* Zur Traube, Tel. (0 75 31) 3 13 17; Pension Gretel, Tel. (0 75 31) 2 32 83; Pension Rösch, Tel. (0 75 31) 2 24 40; Goldener Sternen, Tel. (0 75 31) 2 52 28. • *Camping in Konstanz-Staad:* Bruderhofer, Tel. (0 75 31) 3 13 88 und 3 13 92. • *Jugendherberge:* Tel. (0 75 31) 3 22 60.
Öffnungszeiten: • *Arbon:* Museum, Mai–Sept. 14–17 Uhr; • *Kreuzlingen:* Seemuseum, Juli–Aug. Di.–So. 10–12 und 14–17 Uhr, Mai–Juni und Sept.–Okt. Mi., Sa. und So. 14–17 Uhr. • *Konstanz:* Münsterturm, bei gutem Wetter Mo.–Sa. 10–18, So. 13–18 Uhr; Münster: täglich 8–17.30 Uhr; Hus-Haus: Di.–Sa. 10–12 und 14–16, So. 10–12 Uhr; Rosgartenmuseum: Di.–Do. 10–17, Fr.–So. 10–16 Uhr. Archäologisches Landesmuseum: Di.–So. 10–18 Uhr.
Karten: Radwanderkarte 1:100 000, Blatt 52 Bodensee; Velokarte 1:60 000, Blatt 3 Bodensee/Thurgau.
Verkehrsverbindungen: • *Rorschach:* Bahnverbindung stündlich nach Kreuzlingen/Konstanz, ca. alle zwei Stunden nach Lindau/Bregenz mit Umsteigen in St. Margarethen; Schiffsverbindungen u. a. nach Lindau. • *Konstanz:* Bahnverbindung halbstündlich nach Radolfzell, ab dort stündlich nach Lindau und Friedrichshafen, stündlich das Schweizer Seeufer entlang. Zahlreiche Schiffsverbindungen.
Hinweis: Die Umrundung des Untersees (Tour 4 und 5) beginnt in Konstanz und führt wieder dorthin zurück.

Wer möchte nicht gern in den Jugendstilhäusern der Seestraße in Konstanz wohnen?

4 Zum Rothenburg der Schweiz

Konstanz – Gottlieben – Ermatingen – Steckborn – Stein am Rhein

Tourencharakter: Relativ ebene Strecke auf meist ruhigen Kieswegen mit schönen Blicken auf das deutsche Seeufer.

Länge der Tour: 35 km.

Die Tour verläuft entlang des Untersees, ist gut beschildert und relativ eben, abgesehen von einigen kleinen Anstiegen, die wir uns zumuten müssen, um der verkehrsreichen B13 zu entfliehen. Auf einigen kurzen Abschnitten ist sie allerdings unvermeidbar.

In **Gottlieben** ließ Bischof Eberhard II. ursprünglich um 1251 eine Wasserburg erbauen, um im Schutze dieses Brückenkopfs einen Markt einzurichten, der den Konstanzer Händlern Konkurrenz machen sollte. Sein Plan mißlang, und Gottlieben blieb ein unbedeutendes Fischerdorf. Während des Konstanzer Konzils wurden in der Bischofsburg der abgesetzte Papst Johannes XXIII. und der während des Konzils zum Tod auf dem Scheiterhaufen verurteilte Reformator Jan Hus gefangengehalten. Später wurden die Gräben zugeschüttet, und Kaiser Napoleon III. veranlaßte 1837 den neugotischen Ausbau zum Schloß, das nicht öffentlich zugänglich ist. Den Dorfplatz säumen mächtige Fachwerkhäuser wie das *Grüne Haus,* das *Waaghaus* und die 1617 erbaute *Drachenburg,* die zuweilen als schönstes Fachwerkhaus am Bodensee gepriesen wird. Sie erhielt ihren Namen von den Ende des 19. Jh.s angebrachten Drachenwasserspeiern und ist seit dieser Zeit eine Weinstube.

Die Drachenburg am Dorfplatz von Gottlieben, eines der schönsten Fachwerkhäuser am Bodensee.

Das benachbarte Fischerdorf **Ermatingen** wurde zusammen mit dem Kloster Reichenau im Jahre 724 gegründet. Neben prächtigen Fachwerkhäusern, wie das Gasthaus »Zum Hirschen«, beherbergt es das älteste Hotel im Kanton Thurgau (Hotel Adler). Bei Mannenbach ist ein Abstecher zum **Schloß Arenenberg** möglich. Es wurde in der Mitte des 16. Jh.s erbaut und enthält heute das Napoleonmuseum. Hier wohnten die Stieftochter von Napoleon Bonaparte und der spätere Kaiser Napoleon III. Man genießt einen schönen Ausblick auf den Untersee und auf die Höri. Oberhalb liegt das Schloß Salenstein, das sich in Privatbesitz befindet.

Steckborn bildete den Mittelpunkt der Besitzungen der Abtei Reichenau und erhielt 1313 Marktrecht. Ein Abt des Klosters ließ 1320 den vom See aus weithin sichtbaren *Turmhof* als selbständig befestigten Stützpunkt erbauen. Im Jahr 1615 wurde er erweitert und mit dem auffallenden Kuppeldach versehen. Heute birgt er das Heimatmuseum mit urgeschichtlichen Funden und Zeugnissen mittelalterlicher Handwerkskunst. Das imposante *Rathaus* wurde unter Einbeziehung älterer Kerne 1667 errichtet. Entlang der Hauptstraße und am Seeufer findet man weitere historische Gebäude.

Der Besucher von **Stein am Rhein** muß sich die Stadt mit sehr vielen anderen teilen. Sie ist ein beliebtes Ziel von Touristenbussen und entwickelt wie Rothenburg ob der Tauber an der romantischen Straße schon museale Züge. Auf jeden Fall tut man gut daran, die »Hauptbesichtigungszeiten« zu meiden.

Die Römer hatten bereits ein Kastell im Stadtteil Burg auf der linksrheinischen Seite. Anfang des 11. Jh.s verlegte Kaiser Heinrich II. die Benediktinerabtei St. Georgen vom Hohentwiel an das rechte Rheinufer und verlieh dem Abt des Klosters Markt- und Münzrecht. Das Fischerdorf Stein entwickelte sich zur Stadt (1267 Stadtrecht) und erhielt nach Erwerb der Burg Hohenklingen hoch über der Stadt 1457 die Reichsfreiheit. Unter der Oberhoheit Zürichs wurde 1525 die Reformation eingeführt und das *Kloster St. Georgen* aufgelöst. Es war die Keimzelle der Stadt und ist heute eine der schönsten und am besten erhaltenen Klosteranlagen des späten Mittelalters. Vor seiner Auflösung, Ende des 14. bis Anfang des 16. Jh.s, erlebte es eine besondere Blütezeit, in der auch die Umbauten der Klosteranlagen erfolgten: Höhepunkte sind der Kreuzgang, die Abtwohnung zum Rhein hin und der Festsaal des Abtes David von Winkelsheim, der als ältester und berühmtester Bildersaal der Frührenaissance der Schweiz gilt. Die ehemalige Klosterkirche, eine romanische Säulenbasilika, stammt bereits aus dem 12. Jh., nur der Turm wurde während der Umbauten neu erstellt.

Der gesamte alte *Marktplatz* bildet mit seinen spätgotischen und barocken Bürgerhäusern mit Fachwerk- und Erkerbauten sowie den bemalten Fassaden ein einzigartiges Ensemble. Aus der Fülle der interessanten Gebäude sollen hier nur drei herausgegriffen werden. Das an der Ostseite befindliche *Rathaus* wurde 1539–1542 erbaut und diente ehemals auch als Kornhalle und Kaufhaus. Um 1750 wurde das Mansarddach mit Drachenspeiern und Glockenturm ergänzt und um 1900 das bis dahin offene Erdgeschoß geschlossen und ein gotisierender Erker hinzugefügt. Die *»Vordere Krone«*, die mit ihrem steilen Giebel neben den traufständigen Häusern auffällt, geht im wesentlichen auf das 16. Jh. zurück, wurde im 18. Jh. umgebaut und mit barocken Fassadenmalereien versehen. Die bedeutendste Fassadenmalerei finden wir jedoch beim Haus *»Zum Weißen Adler«* gegenüber dem Rathaus. Sie stammt aus dem Jahr 1520 und enthält fünf Bildergeschichten mit Themen wie Unrecht und Gerechtigkeit sowie zwei Szenen aus Boccaccios »Decamerone«.

Die hoch über der Stadt liegende *Burg Hohenklingen* geht auf das 11. Jh. zurück, wurde im 12. Jh. umgebaut und hat sich gut erhalten. Sie hatte im Schwabenkrieg und im Dreißigjährigen Krieg große strategische Bedeutung. Seit 1865 gibt es auf ihr eine Gaststätte. Schon am Weg nach Stein trifft man auf die *Insel Werd.* Sie bildet die Grenze zwischen Untersee und Rhein. Schon zur Jungstein- und Bronzezeit war sie besiedelt. Später diente sie den Römern als Stützpunkt für eine 440 m lange Brücke. Der erste

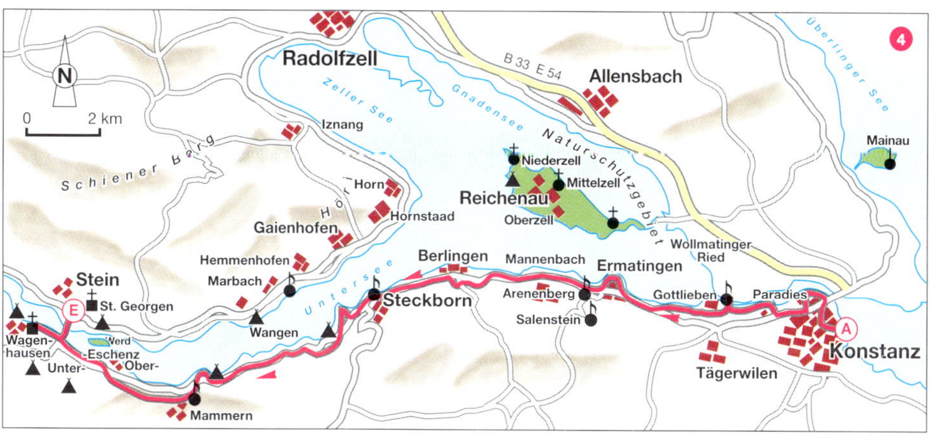

St. Gallener Abt Otmar starb hier in Verbannung wegen Auseinandersetzungen mit dem Konstanzer Bischof. Ihm zu Ehren wurde die Otmarskapelle errichtet. Südwestlich von Stein befindet sich das *ehemalige Benediktinerkloster Wagenhausen.* Es wurde 1083 gestiftet und gehörte zeitweilig zum Kloster Allerheiligen in Schaffhausen. Die schlichte romanische Kirche und der unvollständige Kreuzgang vermitteln angenehme Stille.

Zwei besondere Museen in Stein seien noch genannt: Das *Museum Lindwurm* (Understadt 33) zeigt bürgerliche Wohnkultur und Landwirtschaft des 19. Jh.s. Es befindet sich in einem vollständig eingerichteten Altstadthaus mit Ökonomiegebäude. Das *Puppenmuseum* (Schwarzhorngasse 136) enthält 500 historische Puppen mit zahlreichen Raritäten.

Streckenbeschreibung

Von der »Imperia« aus gesehen, geht man rechts am Konzilsgebäude in **Konstanz** vorbei über die Fußgängerampel, fährt entlang der Zollerngasse auf die Stephanskirche zu, rechts an ihr vorbei in die Torgasse und diese entlang zum Lenkbrunnen in der Laube. Auf dem Mittelteiler geht es rechts bis zur nächsten Querung, links hinüber zur Wallgutstraße, geradeaus bis zur Schottenstraße, der man nach rechts bis zur Fußgängerbrücke folgt. Vor ihr biegt man links ab und radelt etwa 2 km am Rhein entlang, bis der Fuß- und Radweg in den Ortsteil Paradies hineinführt. Über die Fischenzstraße gelangt man zu einer Kapelle mit Brunnen. Dort biegt man rechts ab in die Grießeggstraße und noch einmal zum Zoll Tägerwilen. Nach etwa 1 km auf dem Radweg entlang der B13 nimmt man die nach rechts abzweigende Route nach Gottlieben/Stein am Rhein (beschildert auch zum Restaurant Kuhhorn), um auf einem Kiesweg wieder am Rheinufer entlangzufahren. Hier bietet sich ein erfrischendes Morgenbad an.

Kurz vor **Gottlieben** sehen wir rechts in einem Park das Schloß. Bevor wir im Ort der Radwegweisung nach links in Richtung Ermatingen folgen, empfiehlt sich ein Abstecher zum Dorfplatz beim Rheinufer. Dort locken nicht nur die Fachwerkhäuser, sondern auch schön gelegene Lokale am Rhein, in denen man zumindest am Vormittag die Ruhe genießen kann. Auf der gegenüberliegenden Seite befindet sich das Wollmatinger Ried, ein einzigartiges Naturschutzgebiet mit großem Vogelreichtum.

Vor *Tägerwilen* führt die Route rechts Richtung Ermatingen. Wir radeln durch Gemüsefelder und sehen zur Rechten Schilfgürtel, die das Wollmatinger Ried auf Schweizer Seite ergänzen. Beim ersten Bahnübergang erblicken wir bereits die Halbinsel von **Ermatingen**, beim zweiten Bahnübergang nehmen wir den Weg rechts schräg zum Ort hin. Entgegen der Wegweisung Richtung Steckborn fahren wir nach den ersten Häusern rechts und halten uns beim Ufer des Untersees links. So kommen wir an den prächtigen Fachwerkhäusern am See vorbei und genießen den Blick auf die gegenüberliegende Insel Reichenau mit der Kirche von Oberzell. Immer am See entlang gelangen wir wieder auf die beschilderte Route, die in einer Parallelstraße hinter dem Seeufer verläuft.

Auf dem weiteren Weg bis *Mannenbach* kann man auf schmalen Kieswegen rechts der Bahnlinie am See entlangradeln, auch wenn die Rundwegbeschilderung zur Hauptstraße hin über die Bahnlinie weist. Wer das Schloß Arenenberg mit seinem Napoleonmuseum besuchen möchte, fährt nach dem Bahnhof von Mannenbach über die Geleise nach links hinauf. Der Seerundweg geht rechts der Bahnlinie weiter am See entlang, bis die B13 sie kreuzt. Man quert hier die Bahnlinie und setzt die Fahrt auf dem schmalen Kiesweg links an ihr entlang fort. Durch *Berlingen* geht es geradeaus an den Fachwerkhäusern vorbei durch den Ort, bis die Route zur Hauptstraße hinabführt. Außerorts gibt es einen Radweg neben der Straße. Das deutsche Ufer ist inzwischen wieder nahe herangerückt.

Etwa 500 m nach dem Ortsbeginn von **Steckborn**, nach einem kleinen Brunnen auf der rechten Seite, führt ein versteckter Weg

Auf dem Weg von Steckborn nach Stein am Rhein blicken wir durch Obstbäume hinüber zum Schiener Berg.

zum am Ufer gelegenen Turmhof. Nach weiteren 500 m sieht man zur Rechten einen weiteren Brunnen und das Rathaus. Durch einen Torbogen kommt man zum Seeufer mit zahlreichen Gartenwirtschaften.

Richtung Mammern fahren wir zunächst auf der B13 weiter durch den Ort. Gegen Ende folgen wir der Radwegweisung nach links über die Bahnlinie und an ihr entlang. Auf der gegenüberliegenden Seeseite sehen wir nun das Schloß Marbach. Wir werden zurück zur Hauptstraße geführt. Der schöne Blick auf den See tröstet uns über die Tatsache hinweg, daß es nun etwas bergauf geht.

In der Ortsmitte von *Mammern* zweigt der Seerundweg erneut links ab. Vorher können wir einem kleinen Abstecher zu der wegen ihrer illusionistischen Rokokoausmalung bekannten Kapelle des Schlosses unternehmen.

Auf kleinen Wirtschaftswegen und über ein Fabrikgelände radeln wir links der Bahn weiter, bis wir sie in *Eschen* das letzte Mal kreuzen. Dort fahren wir geradeaus über die Hauptstraße in die Lindenstraße und weiter gemäß der Wanderwegweisung nach Stein am Rhein hinab zum Rhein. Die Insel Werd, die man zur Rechten sieht, bildet die Grenze

zwischen See und Fluß. Auf einem Steg kommt man zu ihr und zur Otmarskapelle hinüber. Weiter der Route folgend, bietet sich uns ein malerischer Blick auf unser Ziel **Stein am Rhein**, der sicherlich alle Fotografen begeistert. Einen ähnlich guten Blick auf die Stadt hat man vom Friedhof beim Kloster Wagenhausen. Man gelangt dorthin, indem man weiter am Ufer entlangfährt, die zur Rheinbrücke führende Hauptstraße nach links versetzt quert, der Radroute folgt und nach circa weiteren 300 m auf der Hauptstraße Richtung Schaffhausen nach rechts abbiegt. Nun aber hinein in die Stadt. Nach der Überquerung der Rheinbrücke stoßen wir direkt auf das Rathaus. Leider sind wir nicht die einzigen, die sich das mittelalterliche Juwel ansehen wollen.

Nützliche Informationen

Etappen: Konstanz – Gottlieben 7 km; Gottlieben – Ermatingen 4 km; Ermatingen – Steckborn 10 km; Steckborn – Stein am Rhein 14 km.
Touristeninformation: • CH-8260 Stein am Rhein: Verkehrsamt, Tel. (0 54) 41 28 35.
Unterkunft: In *Stein am Rhein:* • *Hotels:* Schäferhüsli, Tel. (0 54) 41 44 22; Mühletal, Tel. (0 54) 41 27 25: Ilge, Tel. (0 54) 41 22 72; Rheingerbe, Tel. (0 54) 41 29 91. • *Camping:* Wagenhausen, Tel. (0 54) 41 42 71; Öhningerstraße, Tel. (0 54) 41 32 71. • *Jugendherberge:* Tel. (0 54) 41 12 55.
Öffnungszeiten: • *Schloß Arenenberg:* Napoleonmuseum, Mai–Sept. Di.– So. 9–12 und 13.30–18 Uhr; April und Okt. 10–12 und 13.30–17 Uhr; Nov.–März 10–12 und 13.30–16 Uhr. • *Steckborn:* Heimatmuseum, Mai–Okt. Di., Do., Sa. und So. 15–17 Uhr. • *Stein am Rhein:* Kloster St. Georgen, März–Okt. Di.–So. 10–12 und 13.30–17 Uhr; Museum Lindwurm, März–Okt. Mi.–Mo. 10–17 Uhr; Puppenmuseum, Mitte März–Mitte Okt. Di.–So. 11–17 Uhr.
Karten: Wanderkarte 1:50 000, Blatt 10 Hegau/Bodensee; Radwanderkarte 1:100 000, Blatt 52 Bodensee.
Verkehrsverbindungen: • *Konstanz:* Bahnverbindung halbstündlich nach Radolfzell, ab dort stündlich nach Lindau und Friedrichshafen, stündlich das Schweizer Seeufer entlang. Zahlreiche Schiffsverbindungen. • *Stein am Rhein:* Bahnverbindung stündlich nach Schaffhausen und Konstanz bzw. Kreuzlingen, zusätzlich Schiffsverbindungen.
Hinweis: Die Seerumrundung kann mit den Touren 28 und 29 durch einen Abstecher am Rhein entlang nach Schaffhausen ergänzt werden.

Die malerisch am Rhein gelegene Altstadt von Stein, das »Rothenburg der Schweiz«, ist das Ziel unserer Tour.

5 Am Schiener Berg und an der Höri entlang

Stein am Rhein – Gaienhofen – Radolfzell – Allensbach – Konstanz

Tourencharakter: Teils gemütliche Fahrt mit geringen Steigungen auf kleinen Straßen, teils eben auf einem Radweg an der B 33 am See entlang.

Länge der Tour: 50 km.

Am Schiener Berg entlang und rund um die Höri führt die Tour auf kleinen Straßen und Kieswegen von Stein am Rhein nach Radolfzell. Von Radolfzell bis Konstanz verläuft ein langes Stück auf einem Radweg neben der vielbefahrenen B 33, das zu den am wenigsten attraktiven Abschnitten der Seeumrundung gehört. Eine Alternative ist das Schiff, von Radolfzell nach Konstanz.

In **Gaienhofen** wohnten gleich zwei Berühmtheiten: der Schriftsteller Hermann Hesse und der Maler Otto Dix. Der Literat verbrachte die ersten Jahre seiner jungen Ehe 1904–1908 in einem einfachen Haus ohne Strom, Gas und fließendem Wasser am idyllischen Dorfplatz von Gaienhofen, das man heute besichtigen kann. Vier weitere Jahre blieb er im Dorf in einem Haus, das er sich bauen ließ, bis er in die Schweiz übersiedelte. In »Peter Camenzind« sind Elemente seiner Zeit in Gaienhofen autobiographisch verarbeitet. Otto Dix kam an den See, nachdem er 1933 von den Nationalsozialisten als Professor der Dresdner Kunstakademie entlassen wurde. Nach drei Jahren in Randegg bezog er im Gaienhofener Ortsteil Hemmenhofen 1936 sein Haus, in dem er bis zu seinem Tod im Jahr 1969 lebte und malte. Der Großstadtmensch fühlte sich fremd, begann aber neben zeitkritischen Porträts auch Landschaften zu malen.

Radolfzell: Der aus einem alemannischen Adelsgeschlecht stammende veronesische Bischof Radolf suchte einen Alterssitz und erhielt vom Abt des Klosters Reichenau 826 die Erlaubnis, am westlichen Ende des Klosters eine kleine Kirche mit Wohnstätten, eine »cella«, zu errichten. Er gab dem Ort seinen Namen. Später kam Radolfzell in den Besitz der Konstanzer Bischöfe, die es 1268 an die Habsburger verkauften. Sie befestigten die Stadt und statteten sie mit dem Stadtrecht aus. Mit einer kurzen Unterbrechung verwalteten sie über 500 Jahre die Kleinstadt. Ihr Sitz war das *Österreichische Schlößchen* aus dem Jahr 1626. Der Hegauer Adel versammelte sich im zu Anfang des 17. Jh.s. erbauten Ritterschaftsgebäude St. Georgenschild. Das *Münster* geht im wesentlichen auf das 15. Jh. zurück, wurde aber zum Teil umgestaltet. Eine Besonderheit von Radolfzell ist das *Hausherrenfest,* das alljährlich am 3. Julisonntag stattfindet und an die Stadtgründung erinnert. Der sonst im Münster aufbewahrte Hausherrenschrein mit den Reliquien der Stadtpatrone wird in einer Prozession durch die Stadt getragen. Die Einwohner des Dorfes Moos kommen mit festlich geschmückten Booten über den See zum Fest.

Vor dem Bau des Uferdamms zur Reichenau war **Allensbach** der Stapel- und Verladeplatz für die nahe gelegene Insel. Die Bauern der Umgebung mußten hier ihren Zehnten abliefern. Von hier aus brachten die Allensbacher Schiffer die Waren mit Booten über den Gnadensee. Seinen Namen verdankt er übrigens der Tatsache, daß es den Mönchen auf der Insel Reichenau nicht erlaubt war, Todesurteile zu vollstrecken. Dies erfolgte auf dem Galgenberg in Allensbach. Wenn der Abt während der Überfahrt mit dem Boot jedoch das Armesünderglöckchen läuten ließ, wurde der zum Tode Verurteilte begnadigt und mußte außer Landes.

Konstanz wird bei Tour 3 (siehe S. 31 ff.) beschrieben.

Streckenbeschreibung

Wir starten in **Stein am Rhein**, von der Brücke aus gesehen, rechts am Rathaus vorbei auf der Öhninger Straße und biegen kurz vor dem Ortsende nach rechts in den Kiesweg ein, der als Radroute nach *Öhningen* beschildert ist. Wir kommen über die Grenze und können von nun an der Radbeschilderung des Seeradweges folgen. Wenn wir Öhningen in Richtung Wangen verlassen, wird der Weg von Feldern gesäumt, nach rechts sieht man auf den etwas entfernteren See und den am Schweizer Ufer schnell ansteigenden Seerücken. Auf einem von üppigem Grün eingewachsenen Teersträßchen geht es weiter durch eine Siedlung mit ausladenden Gärten und schließlich steil den Berg hinauf zur Straße. Sie ist nicht stark befahren und außerorts meist mit Radwegen versehen.

In *Wangen* kann man sich am Jachthafen ein wenig ausruhen und die Kirche St. Pankratius besichtigen. In ihr ist die Renaissanceplastik einer Grabplatte sehenswert, die Hans Morinck zugeschrieben wird. Nach Wangen geht es wieder etwas bergauf. Über Obstplantagen hinweg genießen wir einen schönen Blick auf das Schweizer Ufer. Vor *Hemmenhofen* kommen wir an Schloß Marbach vorbei, kurz nach der Ortseinfahrt geht es links hinauf zum Otto-Dix-Haus (den Otto-Dix-Weg entlang).

Das Hermann-Hesse-Haus können wir in **Gaienhofen** besuchen. Ziemlich am Ortsende, nach einer Rechtskurve, stößt man auf einen Radwegweiser, bei dem es sowohl geradeaus als auch rechts nach Radolfzell geht. Wenn wir hier links hinauffahren, noch einmal links und ein Stück geradeaus, sehen wir zur Rechten das Hermann-Hesse-Haus, zur Linken die St.-Mauritius-Kapelle und in der Mitte das alte Schul- und Rathaus, in dem heute das Höri-Museum untergebracht ist.

Von den beiden angebotenen Routen nach Radolfzell wählen wir dann die nach rechts Richtung See. Es geht über grüne Wiesen, an einem Campingplatz vorbei, nach *Hornstaad*. Nach dem Ort fahren wir auf einem Kiesweg in einiger Entfernung vom See an der Landzunge entlang, die den Zeller See vom Untersee trennt. Das Ufer ist nicht bebaut, Wiesen und Bäume formen sich zu einer weitläufigen Parklandschaft. Nach einiger Zeit zweigt senkrecht nach rechts ein Weg zum See ab. Dort kann man mit Blick auf die Insel Reichenau ein erfrischendes Bad nehmen.

Wir bleiben auf dem Weg und erreichen *Iznang*, das uns mit einem neu gestalteten Dorfplatz empfängt. Auf einem Steg bei der Ortsmitte können wir weit in den See hinausgehen und unser Etappenziel Radolfzell sehen. Wir folgen den Wegweisern nach *Moos*, dreimal nach links, anschließend nach rechts und beim Schwimmbad wieder nach rechts versetzt am See entlang. Im Ort geht es beim Café links ab, dann sofort nach rechts. Das letzte Stück nach Radolfzell müssen wir auf dem Radweg an der Hauptstraße entlangfahren. Kurz vor der Stadt folgen wir zunächst der Radwegweisung nach Konstanz bis zum Bahnhof. Dort sehen wir zur Rechten die malerische Uferpromenade, die als Allee senkrecht in den See hineinführt. Wir schieben das Fahrrad durch die Bahnunterführung hindurch, radeln auf das Münster zu und kommen in die Altstadt von **Radolfzell.**

Zur Weiterfahrt halten wir uns bei der Kirche rechts und fahren am Österreichischen Schlößchen rechts vorbei. Wir kommen über den Stadtgraben und dann halb links hinab zur Hauptstraße. Auf ihr überqueren

Auf dem Weg von Stein am Rhein nach Öhningen geht es auf einem der vielen kleinen Übergänge über die »grüne Grenze«.

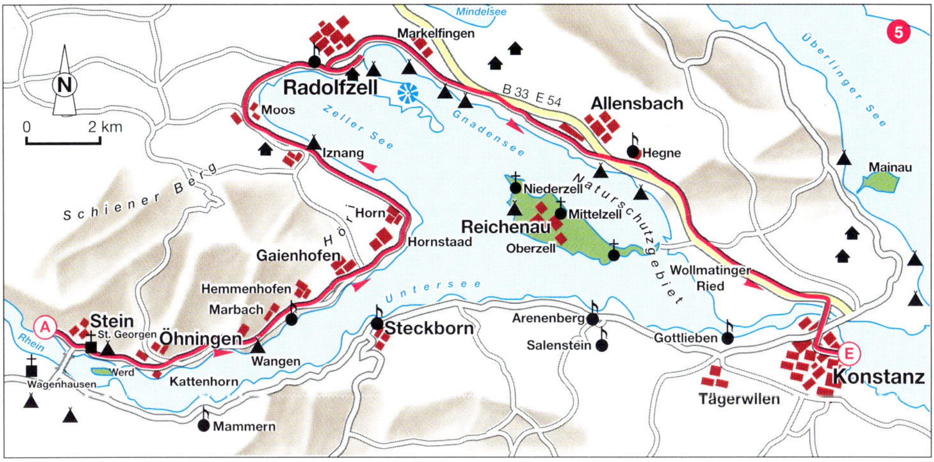

wir auf einer Brücke die Bahnlinie. Nach der Linkskurve der Hauptstraße wählen wir die erste Straße nach rechts und die nächste sofort wieder nach links. Ab nun befinden wir uns auf dem Bodenseerundweg und können uns an der Beschilderung orientieren. Über den autofreien Riedweg gelangen wir nach *Markelfingen*, wo wir über die Gnadenseestraße, die Unterdorfstraße und den unteren Mühlenweg zur B 33 hingeführt werden. An ihr entlang verläuft der Radweg bis Konstanz. Hinter Markelfingen sehen wir rechts die Halbinsel Mettnau. Das bedeutende Naturschutzgebiet begrenzt zusammen mit der Insel Reichenau den Gnadensee.

Wir kommen durch den langgestreckten Ort **Allensbach**. Etwa 500 m nach der Kirche kann man nach rechts zur Bahnlinie hinabfahren, um sich ein wenig vom Autoverkehr zu erholen. Am Ende des Ortes geht es allerdings wieder zurück zur Bundesstraße. An einigen Stellen sieht man gut zur Reichenau hinüber. Nach etwa 1½ km kann man nach links durch eine Unterführung nach *Hegne* hineinfahren, um Schloß und Kloster zu besichtigen. Das Herrenhaus diente den Konstanzer Bischöfen als Sommerresidenz. Vom früheren Schloß ist jedoch kaum mehr etwas erhalten. Sehenswert ist der Schloßpark mit altem Baumbestand.

Durch die Unterführung geht es zurück zum Radweg an der B 33. Auf ihm überqueren wir die Bahn und kommen schließlich an die Abzweigung zur Insel Reichenau, die in einer eigenen Tour (siehe Tour 6, S. 49 f.) beschrieben wird. Wir fahren ein kurzes Stück links, queren die Zufahrtsstraße an der Ampel und fahren geradeaus. Bis Konstanz radeln wir nun immer am Wollmatinger Ried entlang, das größte Naturschutzgebiet am Bodensee. Je nach Jahreszeit gibt es hier manchmal ganz besonders viele kleine Fliegen, so daß man am besten zur Sonnenbrille greift und nicht zu tief Luft holt. Nach **Konstanz** hinein radeln wir immer geradeaus, bis etwa 2½ km nach den ersten Häusern rechts die Rad- und Fußwegbrücke den Rhein überquert. Über sie hinweg und geradeaus weiter gelangen wir in die Schottenstraße. Bei der zweiten Straße geht es nach links in die Wallgutstraße, sie entlang, dann auf der Hauptstraße nach rechts vor zum Lenkbrunnen, dort nach links durch den Torbogen in die Altstadt hinein, und schließlich geradeaus über Torgasse und Zollerngasse zum Konzilsgebäude.

Für den kleinen Anstieg hinter Wangen belohnt uns der Ausblick hinüber zum Schweizer Seerücken.

Nützliche Informationen

Etappen: Stein am Rhein – Gaienhofen 13 km; Gaienhofen – Radolfzell 14 km; Radolfzell – Allensbach 10 km; Allensbach – Konstanz 13 km.

Touristeninformation: • D-78462 Konstanz: Verkehrsamt, Bahnhofsplatz, Tel. (0 75 31) 28 43 76.

Unterkunft: In *Konstanz:* • *Hotels:* Zur Traube, Tel. (0 75 31) 3 13 17; Pension Gretel, Tel. (0 75 31) 2 32 83; Pension Rösch, Tel. (0 75 31) 2 24 40; Goldener Sternen, Tel. (0 75 31) 2 52 28. • *Camping in Konstanz-Staad:* Bruderhofer, Tel. (0 75 31) 3 13 88 und 3 13 92. • *Jugendherberge:* Tel. (0 75 31) 3 22 60.
Öffnungszeiten: • *Gaienhofen:* Otto-Dix-Haus, Di.–Sa. 14–18 Uhr, So. und feiertags 11–18 Uhr, Nov.–März jeweils bis 17 Uhr, Tel. (0 77 35) 31 51; Höri-Museum, Di.–Sa. 14–17 Uhr, So. und feiertags 11–17 Uhr, Nov.–März jeweils bis 16 Uhr, Tel. (0 77 35) 8 18 37; Hesse-Haus, im Sommer wie Höri-Museum, Nov.–März geschlossen; Tel. (0 77 35) 8 18 32. • *Konstanz:* Siehe Tour 3, S. 35.
Karten: Wanderkarte 1:50 000, Blatt 10 Hegau/Bodensee; Radwanderkarte 1:100 000, Blatt 52 Bodensee.
Verkehrsverbindungen: • *Stein am Rhein:* Bahnverbindung stündlich nach Schaffhausen und Konstanz bzw. Kreuzlingen, zusätzlich Schiffsverbindungen. • *Konstanz:* Bahnverbindung halbstündlich nach Radolfzell, ab dort stündlich nach Lindau und Friedrichshafen, stündlich das Schweizer Seeufer entlang. Zahlreiche Schiffsverbindungen.
Hinweise: Eine reizvolle Alternative für die eher unattraktive Strecke von Radolfzell nach Konstanz ist das Schiff. Die Tour kann mit einer Fahrt zur Insel Reichenau (Tour 6) ergänzt werden. Radolfzell ist Startpunkt einer Rundtour auf den Bodanrücken (Tour 30).

6 Kloster- und Gemüsekultur auf der Reichenau

(Konstanz) – Oberzell – Mittelzell – Niederzell – (Konstanz)

Tourencharakter: Rundweg um die Insel Reichenau, eben und sehr kleinräumig, aber auch viele Radfahrer.
Länge der Tour: 20 km (ab Konstanz 30 km).

Der Rundweg um die Insel Reichenau ist zwar nur eine kleine Tour, dafür führt sie uns aber über geschichtsträchtigen Boden und durch landschaftlich reizvolle Gebiete. Es lohnt sich durchaus, für die Reichenau einen Tag einzuplanen, sich ausgiebig dem Charme der Insel zu widmen und auf kleinen Sträßchen abseits der vorgeschlagenen Route die Reichenau für sich zu erkunden.

Zwei charakteristische Begriffe sind untrennbar mit der Reichenau verbunden: die

Zu Beginn der Tour rund um die Insel Reichenau kommen wir an der Kirche St. Georg in Oberzell vorbei, die den bedeutendsten Freskenzyklus Europas aus ottonischer Zeit (um 1000) birgt.

Gemüsekultur und die Hochblüte der Klosterkultur im Mittelalter.

Als die »Richen Ow«, die reiche Au, wurde sie im Mittelalter bezeichnet. Radelt man heute durch die ausgedehnten Gemüseanbaugebiete und verschwenderischen Blumengärten, so versteht man, was damit gemeint ist. Dank der Insellage ist die Reichenau durch ihr mildes Klima zur Aufzucht von Gemüse geradezu geschaffen. Und wer kennt sie nicht, die Salate, Tomaten und Kohlköpfe von der Reichenau? Der intensiv betriebene Gemüseanbau gibt der Insel ihr landschaftliches Erscheinungsbild. Neben dem Freilandanbau ist auch die Gewächshauskultur stark vertreten, so daß man oft den Eindruck gewinnt, man fahre durch eine einzige große Gärtnerei. In früheren Zeiten wurde hauptsächlich Wein angebaut, heute wird nur noch in einem kleinen Gebiet um den Hochwart Weinbau betrieben.

Von der einstigen Bedeutung der Reichenauer Mönche zeugen heute noch die drei sehenswerten Sakralbauten des Mittelalters in Ober-, Mittel- und Niederzell. Berühmtheit erlangte das Kloster vor allem durch seine Buchmalerschule, die farbenprächtige Illustrationen für eigene und auswärtige Codizes anfertigte.

Als herausragendes Baudenkmal ist die *Kirche St. Georg* in **Oberzell** anzusehen, deren Inneres mit reichen, guterhaltenen Fresken ausgeschmückt ist. Diese Wandmalereien aus ottonischer Zeit um 1000 sind die bedeutendsten in ganz Europa. Im Langhaus sind in acht, von Ornamentleisten umrahmten Bildern die Wunder Jesu dargestellt. Besonders eindrucksvoll ist die Darstellung, wie Jesus den Sturm auf dem See Genezareth beruhigt. Sprachgeschichtlich interessant ist links vor dem Chor eine Darstellung von vier Teufeln, die eine Kuhhaut tragen, wahrend ein fünfter Teufel versucht, das Gespräch von zwei Frauen auf die Kuhhaut zu schreiben. Ein schönes Sinnbild für den Ausspruch: »Das Geschwätz der Weiber geht auf keine Kuhhaut.« An der Westwand ist die wahrscheinlich älteste Darstellung des Weltgerichts zu bewundern. Der Apostelzyklus zwischen den Fenstern und die Malereien am Triumphbogen sind Rekonstruktionen des 19. Jh.s, die nicht an die Qualität der Originale heranreichen. Unter dem Ostchor findet sich eine der ältesten Hallenkrypten Deutschlands, die zu beiden Seiten der Vierungstreppe betreten werden kann.

Das Kloster auf der Reichenau wurde an der Stelle des heutigen Münsters von **Mittelzell** von Abt Pirmin 724 mit 40 Wandermönchen gegründet. Es erlangte bereits unter Abt Waldo (786–806) überregionale Bedeutung als Geisteszentrum mit dazugehöriger Bibliothek. Sein Nachfolger, Abt Heito I. (806–823), hielt sich in diplomatischer Mission ein Jahr lang in Byzanz auf und brachte von dort die Idee einer Kreuzbasilika mit, die 816 errichtet wurde. Sein Nachfolger Walahfrid Strabo wiederum führte die Abtei zu ihrem größten Ruhm. Unter Abt Witigowo (985–997) erlebte die Reichenauer Buchmalerei ihren schöpferischen Höhepunkt.

Ein wahrhaft herausragender Reichenauer Mönch war Heinrich der Lahme von Altshausen, Heinrich Contractus (1008–1054), ein Universalgelehrter des Mittelalters. Alle Disziplinen schien er beherrscht zu haben: Theologie, Astronomie, Mathematik, Geschichtsschreibung, Dichtung und Musik. Mit einem gelähmten Körper geschlagen und kaum einer verständlichen Aussprache fähig, erlangte er trotz allem Weltruhm. Er wurde in seinem Heimatort Altshausen (siehe Tour 14, S. 78) beigesetzt.

Das *Münster* in Mittelzell besitzt zwei Querhäuser. Dabei war das westliche dem Kaiser vorbehalten, das östliche den Mönchen. Die heutige Gestalt geht im wesentlichen auf den Bau unter Abt Berno (1108–1148) zurück. Die wieder freigelegte Dachkonstruktion erinnert mit ihrem bogenförmigen Gebälk an Konstruktionen aus dem Holzschiffsbau.

Eines der ältesten Fachwerkhäuser Süddeutschlands befindet sich am Ergat, der ehemaligen Allmende von Mittelzell. Heute beherbergt es ein sehenswertes *Heimatmuseum.*

In der ehemaligen Stiftskirche von **Niederzell**, die außen durch eine doppeltürmige Ostfassade beeindruckt, sind in der Mittelapsis ebenfalls mittelalterliche Fresken zu bewundern, darunter ein Christus, der in byzantinischer Strenge dargestellt und von

Evangelistensymbolen, Kirchenpatronen und zwei Cherubim umgeben ist. Darunter sind in zwei Arkadenreihen die zwölf Apostel und zwölf Propheten angeordnet. Die Kirche wurde im späten 11. Jh. bis Mitte des 12. Jh. erbaut und im Rokoko umgestaltet. Dabei wurden größere Fenster eingebrochen und die Decke stukkiert.

Streckenbeschreibung

Von der »Imperia« aus gesehen, geht man rechts am Konzilsgebäude in **Konstanz** vorbei über die Fußgängerampel, fährt entlang der Zollerngasse auf die Stephanskirche zu, rechts an ihr vorbei über den Stephansplatz in die Torgasse und gelangt zum Lenkbrunnen in der Laube. Auf dem Mittelteiler geht es rechts bis zur nächsten Querung. Dort radelt man links hinüber zur Wallgutstraße, sie entlang bis zur Schottenstraße, der man nach rechts bis zur Fußgängerbrücke folgt. Man quert auf ihr den Rhein und fährt die darauffolgende Straße nach links. Nach etwa 5 km erreicht man die Abzweigung zur Insel Reichenau, wo man links zur Insel abbiegt. Auf einem Damm geht es unter einer mächtigen Pappelallee entlang. Rechts und links begeistern uns immer wieder die Ausblicke auf den See. Man durchquert das Wollmatinger Ried, eines der größten noch erhaltenen Feuchtgebiete am Bodensee.

Nach ca. 2 km erblicken wir auf der linken Seite des Damms die Ruine von Schopfelen oder Schopflen. Sie stellt eine ehemalige Wasserburg dar, die von einem Reichenauer Abt im 13. Jh. zum Schutz des Inselzugangs erbaut wurde. Bereits 1365 wurde sie im Konstanzer Fischerkrieg zerstört. Die mächtigen Mauern sind bis zu zweieinhalb Meter stark und bis in eine Höhe von 9 m erhalten geblieben. An dieser Stelle bestand schon immer eine Untiefe im See, der sogenannte Seerücken. Der Damm wurde 1838 aufgeschüttet, danach mehrfach erhöht und zum Schutz gegen Unterspülung mit Pappeln bepflanzt.

Gemüse und Kultur liegen auf der Reichenau dicht beisammen: Vor der doppeltürmigen Kirche von Niederzell wird intensiver Gemüseanbau betrieben.

Etwa 1 km weiter gelangt man über eine kleine Brücke, bei der eine moderne Plastik des hl. Pirmin, des Gründers der Abtei Reichenau im Jahr 724, den Besucher begrüßt. Rechts sieht man schon die Kirche von **Oberzell**. Kurz nach dem Brücklein geht rechts ein kleiner Kiesweg ab, auf dem wir direkt am See entlang unterhalb des Münsters von Oberzell herauskommen.

Links geht es hinauf zur Kirche von St. Georg, unsere Tour führt uns am See auf einer kleinen Teerstraße geradeaus weiter. Hier beginnen schon die weitläufigen Gemüsekulturen, die entweder auf freiem Feld angelegt sind oder unter Glas gedeihen. Durch locker bebautes Gebiet fahren wir die wenigen Kilometer bis Mittelzell.

Wir erreichen das Münster von **Mittelzell** am sogenannten Hortulus-Garten. Zwischen 830 und 840 schuf der Abt Walahfrid Strabo das Lehrgedicht »De cultura hortorum«, kurz Hortulus-Gärtlein genannt. Es ist die erste Kunde vom Gartenbau in Deutschland. In 444 Versen werden 24 Kräuter und Heilpflanzen beschrieben, die noch heute Garten und Küche bereichern und in diesem Kräutergarten gefunden werden können. Am Hortulus geht es links hinauf zum Kloster und Münster Mittelzell.

Der weitere Weg führt uns jedoch unterhalb des Münsters vorbei. Danach biegt man vor dem Sportplatz links ab und fährt gleich wieder rechts. Der Weg verläuft jetzt mehr durch das Inselinnere, also weg vom Seeufer. Man erreicht die größere Straße, die mitten durch die Insel führt, hält sich dort rechts und gelangt nach **Niederzell.**

An der doppeltürmigen Kirche von Niederzell geht der Weg links vorbei, man erreicht den Campingplatz, durchquert diesen und kommt nach *Mecherleshorn*, dem südwestlichen Ende der Reichenau. Danach gelangt man wieder auf die größere Straße, der man folgt. Man sieht auf das Schloß Königsegg, ein eigentlich spätmittelalterlicher Bau, der im letzten Jahrhundert aufgestockt und neoromanisch umgestaltet wurde.

Gleich nach dem Schloß treffen wir auf die große Straße und halten uns dort rechts. Wir sehen die wenigen Weinberge der Reichenau und nehmen die erste Straße links darauf zu. Durch die Weinberge hindurch

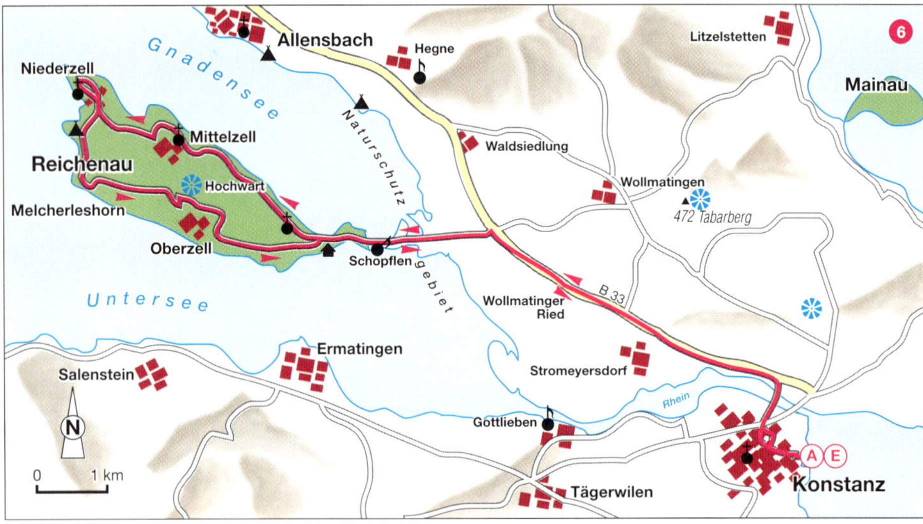

geht es etwas nach oben, bis man *Hochwart* erreicht, den höchsten Punkt der Insel Reichenau. Von der dortigen Aussichtsplattform hat man einen weitreichenden Blick über das ganze Gebiet des Zeller Sees und des Gnadensees. Ein Weinlehrpfad erklärt uns die Bedeutung der einzelnen Rebsorten. Am Hochwart führt uns der Weg vorbei und anschließend wieder rechts hinab auf die große Straße. Auf dieser geht es nach links, man erreicht das Restaurant Fischerstube, in dem man unbedingt die leckeren Bodenseefische und die dazu passenden Weine probieren sollte. Danach fahren wir geradeaus der Fahrradbeschilderung nach und nicht der großen Straße, die einen Linksbogen beschreibt. Bis zum Brücklein mit der Figur des hl. Pirmin geht es nun geradeaus. Ab hier radeln wir auf dem gleichen Weg zurück nach Konstanz, den wir gekommen sind (Beschreibung siehe Tour 5, S. 45).

Nützliche Informationen

Etappen: (Konstanz – Reichenau 5 km); Rundtour Insel 20 km; (Reichenau – Konstanz 5 km).
Touristeninformation: • D-78479 Insel Reichenau: Verkehrsbüro Insel Reichenau, Ergat 5, Tel. (07534) 276.
Unterkunft: Auf der *Insel Reichenau:*
• *Hotels* : Hotel Kaiserpfalz,

Tel. (075 34) 275, Gästehaus Seeblick, Tel. (075 34) 471. • *Camping:* Insel-Camping, Tel. (075 34) 73 84.
Öffnungszeiten: • *Mittelzell:* Heimatmuseum (Ergat 1), Mai–Sept. Di.–So. 15–17 Uhr.
Karten: Wanderkarte 1:50 000, Blatt 10 Hegau/Bodensee; Radwanderkarte 1:100 000, Blatt 52 Bodensee.
Verkehrsverbindungen: Schiffsverbindungen von und nach Konstanz bzw. Radolfzell und Personenfähre Allensbach – Insel Reichenau.
Hinweis: Schöner Tagesausflug von Konstanz aus.

7 Über den Bodanrück nach Ludwigshafen

Konstanz – Insel Mainau – Langenrain – Bodman – Ludwigshafen

Tourencharakter: Die Tour über den Bodanrück ist die bergigste Etappe des Bodenseerundwegs und verläuft zum Teil auf stärker befahrenen Straßen.

Länge der Tour: 43 km.

Der Kiesweg am See entlang von Wallhausen zur Marienschlucht ist den Wanderern vorbehalten. Das Steilufer mit der Schlucht und der nur bei Niedrigwasser aus dem

Die Mainau, die »Grüne Insel« im Bodensee.

See ragende Teufelstisch gehören zu den landschaftlichen Höhepunkten am See. Ab Wallhausen geht man auf einem einfachen Weg in etwa 1½ Std. hin und zurück. Von einem Parkplatz vor Langenrain benötigt man für den Ab- und Aufstieg ca. 1 Std. Der Fußweg führt teilweise über Holzstege und -treppen steil hinab durch zerklüftete, moos- und flechtenbewachsene Felsen zum See. Für die Radfahrer verläuft die Bodenseeumrundung hier über den Bodanrück. Wir müssen etwa 100–150 Höhenmeter überwinden und zum Teil an einer befahreneren Straße entlangradeln. Hinter Langenrain gibt es drei Alternativen zur Weiterfahrt.

Gleich zu Beginn der Tour, möglichst am frühen Morgen, gelangt man zur **Insel Mainau**. Das ist auch gut so, denn sie ist eine der Hauptattraktionen des Bodensees und wird entsprechend vom Tourismus »heimgesucht«. Ursprünglich gehörte die Insel zur Abtei Reichenau, die sie als Lehen den Herren von Langenstein und »Maienowe« gab, nach denen sie benannt wurde. Von ihnen über den Deutschen Ritterorden gelangte die Insel schließlich an den Großherzog Friedrich I. von Baden, der seinem Hobby folgend, exotische Gehölze aus aller Welt hier anpflanzte und damit die eigentliche Kostbarkeit der Insel schuf. Diese Bäume wachsen schon seit über 100 Jahren im Gegensatz zu den herrlichen Rosen in allen Farben und Formen, weswegen die meisten hierherkommen.

Mit dem Bau des Schlosses und der Kirche auf der Mainau beauftragte der Deutsche Ritterorden Mitte des 18. Jh.s Giovanni Gaspare Bagnato, der auch das Kornhaus in Rorschach erbaute. Schon auf dem Weg zur Mainau hinüber sieht man rechts am Steg eine Kreuzigungsgruppe, das Schwedenkreuz. Im Dreißigjährigen Krieg wollten die Schweden das erbeutete Bronzekreuz mitnehmen. Es wurde ihnen jedoch zu schwer, so daß sie es kurzerhand in den See warfen. Heute steht es am Fundort.

Bodman ist einer der geschichtsträchtigsten Orte am See und nachweislich seit mehreren tausend Jahren besiedelt, angefangen von mesolithischen Funden (8000–3000 v.Chr.) über eine der reichsten mitteleuropäischen Pfahlbausiedlungen bis hin zu einer bedeutsamen karolingischen Pfalz.

Der Name Bodman ist einer der ältesten deutschen Ortsnamen. Der Ort wird erstmals vom Geographen von Ravenna als »Rugium Bodungo« (wahrscheinlich verschrieben für »Regium Bodumo«) bezeichnet und war wohl seit dem 6. Jh. ein fester oder befestigter Ort (civitas). Die Merowinger erbauten dort ihren Königshof und benannten den See (vorher römisch »Lacus Brigantinus«) nach ihrem Königshof um. Bei den Franken heißt er in einer St. Galler Urkunde »lacus Podamicus« (890) und »lacus Potamicus« (902 und 905). In deutscher Form erscheint die Seebezeichnung erstmals im »Willehalm« von Wolfram von Eschenbach als »Bodêmse« (1217/1220). Die heutige Form Bodensee wird 1438 zum ersten Mal geschrieben. Seit Mitte des 12. Jh.s ist Bodman unter der Lehensherrschaft der Reichsministerialen von Bodman.

Anstelle der heutigen Pfarrkirche stand in karolingischer Zeit eine Pfalz. Ludwig der Fromme hielt sich 839 in Bodman auf, auch Ludwig der Deutsche, Kaiser Karl der Dicke und der letzte karolingische König, Ludwig das Kind. Bereits Karl der Dicke soll den Weinberg »Königsweingarten« angelegt und die Spätburgundertraube eingeführt haben. Auch heute wird in Bodman noch Weinbau betrieben. Der sehenswerte Torkel von 1772 zeugt von dieser langen Tradition. Die heute noch in Bodman ansässigen Herren von Bodman sind bereits 1171 urkundlich erwähnt. Sie sind das einzige Adelsgeschlecht im Bodenseeraum, das seit dieser Zeit bis heute geblieben ist. 1277 wird auf dem Frauenberg eine Hochburg erbaut, die jedoch 1307 durch Blitzschlag abbrannte. Dabei kam es angeblich zu der spektakulären Rettung des Stammhalters Johannes, den die Amme in einem kupfernen Kessel aus dem Fenster warf, wie es Gustav Schwab in seinem Gedicht »Der kupferne Kessel« erzählt. Nach dem Brand wurde auf dem westlich davon gelegenen Wartberg eine heute »*Alt-Bodman*« genannte Burg errichtet. Diese wurde 1643 vom französischen General Comte de Corval niedergebrannt. Die Burgruine ist heute ein Wahrzeichen des Überlinger Sees.

Das heutige *Schloß,* das ehemalige Amtsgebäude des Obervogts, wurde 1757 erbaut und in der Biedermeierzeit sowie nochmals 1907/09 umgestaltet. Der weitläufige Park ist der Öffentlichkeit zugänglich. Im Ort sehenswert ist der *Weintorkel* von 1772. Die Torkelpresse trägt die Jahreszahl 1807, die Zehntscheuer und das romantische alte Fachwerktor stammen aus dem 17. Jh.

Wenige Kilometer nördlich von Bodman ließ Großherzog Ludwig 1803 einen Hafen anlegen, dem er seinen Namen gab. Der Rat des benachbarten Dorfs Sernatingen richtete ein Gesuch an ihn, das Dorf nach dem Hafen zu benennen. Seitdem heißt es **Ludwigshafen**. Der Hafen war als badische Konkurrenz zum württembergischen Buchhorn, dem späteren Friedrichshafen, gedacht. Aus dieser Zeit stammt das so reizvoll am See liegende *Zollhaus.* Mit der zunehmenden Verlagerung des Gütertransportes auf die Eisenbahn verlor jedoch der Hafen und der Ort seine Verkehrsbedeutung und ist nun vor allem Ferienort.

Streckenbeschreibung

Von der »Imperia« aus gesehen, geht man rechts am Konzilsgebäude in **Konstanz** vorbei über die Fußgängerampel, fährt entlang der Zollerngasse auf die Stephanskirche zu und rechts an ihr vorbei über Stephansplatz und Torgasse zum Lenkbrunnen in der Laube. Auf dem Mittelteiler geht es rechts bis zur nächsten Querung. Von dort radeln wir links hinüber zur Wallgutstraße, sie entlang bis zur Schottenstraße, der wir nach rechts bis zur *Fußgängerbrücke* folgen. Wir fahren über sie hinweg, biegen nach rechts ab und nehmen den Radweg unter der Rheinbrücke hindurch. Etwa 1 km radeln wir auf der Seestraße mit ihren herrschaftlichen klassizistischen Gebäuden entlang, bis die Radroute zur Mainau vom See weggeführt wird. Wir folgen der Beschilderung durch ein Waldstück und auf Siedlungsstraßen zum Fährhafen von *Staad,* mit Blick nach Meersburg.

Zur Weiterfahrt geht es mehrere 100 m landeinwärts und beim Wegweiser zum Bodenseerundweg rechts ab. Auf einem schmalen Teersträßchen kommen wir nach *Egg.* Dort können wir zu einem Abstecher die Bachgasse nach rechts zum See hinabfahren und erstmals ohne Hindernis die Mainau betrachten. Nachdem wir die Bachgasse wieder hochgefahren sind, radeln wir nach der Kapelle rechts weiter und eine Allee entlang hinab zum Parkplatz der **Insel Mainau**. Das Fahrrad kann man nicht auf die Insel mitnehmen, aber es gibt Schließfächer für das Gepäck.

Von der Insel kommend, geht es rechts auf ruhigen Kieswegen am See entlang weiter. Etwa nach 1 km zweigt rechts der weitere Seerundweg in Richtung Ludwigshafen ab (Beschilderung nach Dettingen). Beim Blick zurück sehen wir die Insel ein letztes Mal. In *Litzelstetten* geht es kurzzeitig nach links bergauf und dann rechts weiter (nur in Gegenrichtung ausgeschildert). Über Siedlungsstraßen und einen asphaltierten Wirtschaftsweg gelangen wir nach *Dingelsdorf,* das sich durch schöne Fachwerkhäuser auszeichnet. Zudem empfiehlt sich ein Abstecher nach rechts zur Schiffslände. Dort genießt man einen schönen Blick auf das gegenüberliegende Überlingen und kann sich im Gasthaus Seeschau für den bevorstehenden Anstieg auf den Bodanrück stärken.

Nach dem Abstecher zur Schiffslände geht es links hinauf und dann weiter der Beschilderung des Rundwegs nach aus dem Ort hinaus und über die Parkplätze eines Strandbades nach *Wallhausen.* Dort zweigt der Wanderweg am See entlang zur Marienschlucht ab, der für Radfahrer nicht erlaubt ist. Man kommt auf einer größeren Straße in den Ort hinein, folgt ihr nach *Dettingen* und beginnt damit den Aufstieg zum Bodanrück. Wir erreichen den Ort am Ende des steilen Anstiegs. Die Route führt zunächst rechts um das Ortszentrum herum und trifft schließlich auf die Hauptstraße, in die man rechts einbiegt (Radweg). Rechts am Weg kommt bald ein schattiger Parkplatz, bei dem man sein naturkundliches Wissen bei einem Waldquiz testen kann. Wer zur Marienschlucht möchte, biegt wenige 100 m vor Langenrain rechts ab, folgt der Beschilderung Marienschlucht/Golfplatz und erreicht nach ca. 500 m den Parkplatz, an dem man die Räder abstellt und zu Fuß weitergeht. Schließlich gelangt man entlang der verkehrsreichen Straße nach **Langenrain** hinein. Wenn man sich bei der ersten Kreuzung rechts hält, kommt man zum Gasthaus Bodanrück, das zahlreiche köstliche Belohnungen für den Aufstieg bereithält; wenige 100 m hinter ihm, geradeaus weiter, gelangt man zum Bauernmuseum Bodanrück.

Für die Etappe von Langenrain nach Bodman bieten sich drei Möglichkeiten an. Bei der hier beschriebenen, einfachsten Route sind am wenigsten Steigungen zu bewältigen, allerdings verläuft sie weiterhin an der verkehrsreichen Straße entlang. Die Alternative ist zum einen, im Wald weiter auf den Bodanrück hinaufzuradeln und, nach einer steilen Abfahrt auf einem Kiesweg, hinter Liggeringen wieder auf die hier beschriebene Route zu treffen. Dabei sieht man bei einer Lichtung hinab nach Bodman und hinüber nach Ludwigshafen. Zum anderen kann man ein kurzes Stück weiter im Wald hinaufradeln, dann durch das Echotal steil auf einem Kiesweg zum Seeufer hinabfahren und schließlich auf einem ruhigen Weg am Ufer nach Bodman gelangen, mit schönem Ausblick auf das gegenüberliegende Seeufer. Beide Alternativen sind ausführlich bei Tour 30 (siehe S. 145/146) beschrieben.

Wir bleiben in Langenrain auf der Hauptstraße, fahren gemäß der Beschilderung des Bodenseeradwegs auf dem straßenbegleitenden Radweg an Feldern vorbei nach *Liggeringen.* Dort biegen wir rechts ab in Richtung Bodman/Ludwigshafen. Auf der im Vergleich zur vorherigen etwas ruhigeren, aber auch etwas schmäleren Straße geht es zunächst leicht bergan und dann im Wald, zum Teil steil, bergab. Sobald man aus dem Wald herauskommt, kreuzt ein Feldweg die Straße. In ihn biegen wir nach rechts ein (Beschilderung: Rundweg Bodman/Panoramaweg) und fahren teils auf einem schmalen Pfad, teils auf einem Feldweg parallel zum Hang am Waldrand entlang. Gegen Norden blicken wir auf das sogenannte Große Ried bei Espasingen und die dahinter flach ansteigenden Hügel. Beim Gedenkkreuz wenden wir uns nach links und rollen bis zur Hauptstraße hinab. Wir biegen rechts in sie ein und kommen immer geradeaus nach **Bodman** hinein.

Nach Ludwigshafen radeln wir vom Torhaus zur Kapelle zurück, dort biegen wir rechts ab. Nach dem Ortsende führt rechts ein kleiner Kiesweg parallel zum Seeufer

Auf einer von Akazien gesäumten Allee geht es hinab zum Parkplatz der Mainau.

entlang bis zum Campingplatz von **Ludwigshafen**. Auf diesem Weg fahren wir neben der Bahnlinie entlang nach rechts und gelangen zum Bahnhof. Zum ehemaligen Zollhaus geht es wenige 100 m hinter dem Bahnhof nach rechts über die Bahnlinie, an zwei Gasthäusern vorbei, zum Hafen.

Nützliche Informationen

Etappen: Konstanz – Mainau 10 km; Mainau – Langenrain 16 km, Anstieg 100 m; Langenrain – Bodman 12 km; Bodman – Ludwigshafen 5 km.
Touristeninformation: • D-78351 Bodman-Ludwigshafen: Verkehrsamt, Rathaus, Tel. (07773) 930042.
Unterkunft: In *Ludwigshafen:* • *Hotels:* Haus Bodanblick, Tel. (07773) 5541; Gasthaus Traube, Tel. (07773) 5332; Höhengasthof Haldenhof (nach steilem Anstieg siehe Tour 8), Tel. (07773) 5613; Pension/Restaurant zum Hafen, Tel. (07773) 5207; weitere Hotels in Bodman. • *Camping:* See-Ende, Tel. (07773) 5366.
Öffnungszeiten: • *Langenrain:* Bauernmuseum Bodanrück, nach Vereinbarung, Tel. Verkehrsamt Allensbach (07533) 6340.
Karten: Wanderkarte 1:50000, Blatt 10 Hegau/Bodensee; Radwanderkarte 1:100000, Blatt 52 Bodensee.
Verkehrsverbindungen: • *Konstanz:* Bahnverbindung halbstündlich nach Radolfzell, ab dort stündlich nach Lindau und Friedrichshafen, stündlich das Schweizer Seeufer entlang. Zahlreiche Schiffsverbindungen. • *Ludwigshafen:* Stündlich Bahnverbindung nach Friedrichshafen/Lindau und nach Radolfzell mit Anbindung nach Konstanz.
Hinweise: Am Parkplatz bei der Insel Mainau gibt es einige Schließfächer für Fahrradgepäck. Die von Wallhausen zur Marienschlucht verkehrenden Schiffe transportieren keine Fahrräder. Bei der Etappe von Langenrain nach Bodman sind zwei Alternativrouten möglich, die bei Tour 30 beschrieben sind. Bei beiden Alternativrouten geht es jedoch jeweils ein Stück sehr steil und z. T. gefährlich auf Kieswegen bergab.
Von Ludwigshafen aus führt Tour 36 zur Donau.

8 Wein und weite Seeblicke

Ludwigshafen – Sipplingen – Überlingen – Unteruhldingen – Meersburg – Hagnau – Immenstaad – Friedrichshafen

Tourencharakter: Auf dem Bodenseeradweg durch Weinberge bis nach Immenstaad, danach Radweg neben der vielbefahrenen Seestraße. Für den ersten Abschnitt bietet sich die steil ansteigende Panoramastrecke über den Haldenhof als Alternative an.
Länge der Tour: 43 km (mit Alternative 52 km).

Dieser Abschnitt des Bodenseerundwegs führt, wie so mancher andere auch, durch geschichtlich und kulturell interessante Orte wie Meersburg und Unteruhldingen. Leider verläuft der Bodenseeradweg längere Zeit an der vielbefahrenen B31 entlang, so daß sich die Alternativstrecke über den Haldenhof, nicht nur wegen der grandiosen Aussicht, durchaus lohnt. Allerdings müssen wir ca. 200 Höhenmeter überwinden, bevor wir das umwerfende Panorama von der Terrasse des Ausflugsgasthofs Haldenhof genießen können. Auf dieser Strecke bietet sich dem Radler wohl einer der schönsten Blicke auf den Bodensee.

Kurz vor Überlingen liegt in **Goldbach** die kleine *Sylvesterkapelle* auf unserem Weg. Sie birgt in ihrem Inneren die bedeutendsten Fresken neben denen in Oberzell auf der Insel Reichenau.

Überlingen selbst ist geprägt von stattlichen Bürgerhäusern und stellt sich als liebenswertes Städtchen dar. Das *Nikolausmünster,* schon von weitem mit seinen zwei unterschiedlichen Türmen sichtbar, stammt in seinen Ursprüngen aus dem 10. Jh. Nach mehreren Um- und Anbauten präsentiert es sich heute als fünfschiffige Basilika. Im Inneren ist eines der größten plastischen Bildwerke der deutschen Renaissance zu bewundern: der von Jörg Zürn und seinen Mitarbeitern geschaffene Hochaltar, dessen ausdrucksvolle Figuren eine genauere Betrachtung in jedem Fall wert sind. Außer der Kirche sind das gegenüberliegende *Rathaus* und der damit verbundene *Kanzleibau* sehenswert. Das im Reichlin-von-Meldeggschen Patrizierhaus untergebrachte *Städtische Museum,* oberhalb der Kirche gelegen, birgt eine reichhaltige Sammlung von der Gotik bis hin zum Rokoko.

Einen Höhepunkt der Tour stellt sicher das malerische Städtchen **Meersburg** dar. Es ist eines der touristischen Zentren am Bodensee überhaupt, so daß es von Touristen v.a. im Sommer regelrecht überflutet wird und durch die engen Gassen oft kein Durchkommen mehr ist. Bei einer Besichtigung empfiehlt es sich, das Fahrrad in der *Unterstadt* abzustellen. Mit seinen Fachwerkhäusern, den vielen Torbögen, Erkern und Laubengängen bietet Meersburg wirklich eine malerische Kulisse. Das *Alte Schloß,* angeblich die älteste Burg Deutschlands und heute immer noch in Privatbesitz, thront majestätisch über dem ganzen Trubel. Die aus Westfalen stammende Dichterin der Romantik, Annette von Droste-Hülshoff, verbrachte hier ihre letzten Lebensjahre (Droste-Museum). Das mächtige *Neue Schloß* wurde 1741 fertiggestellt und ist vor allem vom See aus schon von weitem sichtbar.

Auf der Weiterfahrt erblicken wir links, pittoresk inmitten von Weinbergen gelegen, die **Marien-Wallfahrtskirche Birnau**. Schon der erste Eindruck sagt uns, daß wir hier vor einem Meisterwerk des Rokoko stehen. Geschaffen von dem Baumeister Peter Thumb, dem Bildhauer und Stukkateur Joseph Anton Feichtmayr und dem Freskenmaler Gottfried Bernhard Goetz verzaubert die schönste Rokokokirche des Bodensees nicht nur durch ihr Äußeres, sondern auch durch ihr prächtiges Inneres. Es ist heute beinahe unvorstellbar, daß nach der Säkularisierung die Kirche zeitweise als Scheune genutzt wurde.

Kulturhistorische Bauten ganz anderer Art erwarten den Besucher im Pfahlbaumuseum **Unteruhldingen**. Die drei rekonstruierten Dorfanlagen, aus der Zeit von 4000 bis 850 v.Chr., bieten Geschichte zum Anfassen.

In **Friedrichshafen** schließt sich die Bodenseeumrundung. Siehe die Beschreibung der Stadt bei Tour 1 (S. 19).

Streckenbeschreibung

Wir beginnen unsere Tour am Bahnhofsgebäude in **Ludwigshafen** und halten uns rechts, queren nach wenigen Metern die Bahnlinie und folgen der Radwegweisung rechts an ihr entlang. Zum Ufer hin sieht man den Hafen und das Zollamtsgebäude, das heute als Rathaus dient. Schon nach wenigen 100 m geht es durch die Bahnunterführung hindurch und links der Bahn weiter. Nach dem Ortsende von Ludwigshafen wird der Seerundweg zunächst rechts und dann links, etwas erhöht auf einer Stützmauer, an der B31 entlanggeführt. Der Blick zum See wird allerdings durch den Straßenverkehr gestört.

Vor **Sipplingen** kommen wir am Modelleisenbahn- und Spielzeugmuseum vorbei. Ab hier führt die Route gut beschildert auf einer Nebenstraße an zahlreichen malerischen Fachwerkhäusern vorbei durch den Ort. Im und nach dem Ort geht es etwas bergauf. Von der kleinen Anhöhe aus bietet sich ein idyllischer Blick zurück auf den Ort mit Kirche und Obstbäumen im Vordergrund und den Bodanrück im Hintergrund. Wir rollen zurück zur B31. Auf einem Radweg folgt man der durch den Fels geschlagenen Trasse. Auch hier lohnt sich ein Blick zurück Richtung Sipplingen. In *Goldbach* liegt die im 7. Jh. erbaute Sylvesterkapelle direkt am Weg. Zur Linken den Westbahnhof, zur Rechten den Stadtpark fahren wir nach Überlingen hinein, immer auf den Turm des Münsters zu, der uns den Weg zum Stadtzentrum weist.

In **Überlingen** radeln wir am kleinen Hafen vorbei auf einem Radstreifen, bis vor der Bahnlinie die Beschilderung nach rechts Richtung Nußdorf weist. Der Radweg führt uns anschließend zwischen See und Bahnlinie entlang, am Seebad und danach am Campingplatz von *Nußdorf* vorbei. Danach folgen noch mehrere Campingplätze, bis wir

Die prachtvolle Schaufassade der Wallfahrtskirche Birnau, wie sie sich vom Bodenseeradweg inmitten von Weinreben bietet. Der spitz aufragende Turm wird beidseitig vom Priesterhaus gerahmt.

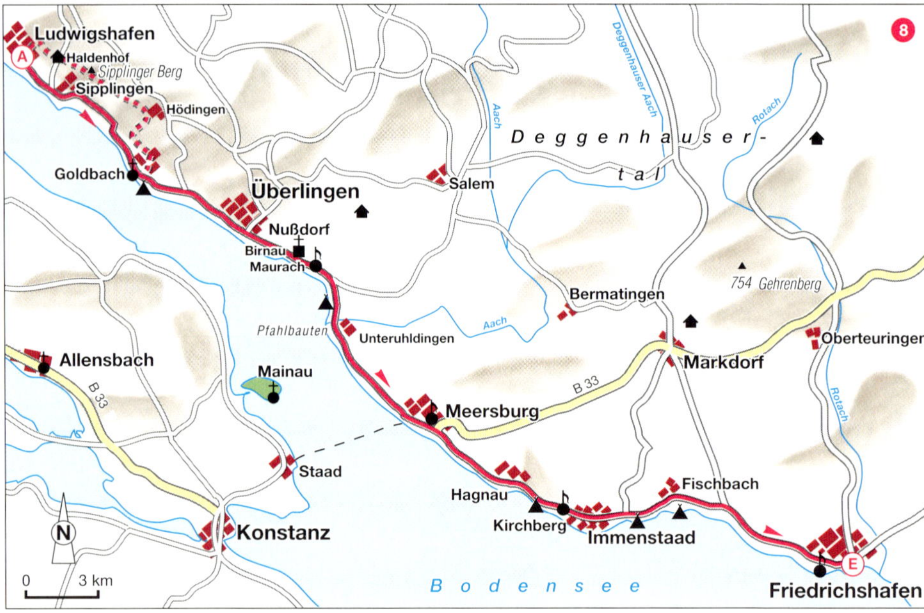

bei *Seefelden* ein kleines Stück weiter landeinwärts fahren und danach direkt beim Pfahlbaumuseum von **Unteruhldingen** herauskommen. Der weitere Weg bis nach Meersburg verläuft etwas eintönig direkt neben der stark befahrenen Seestraße. In Meersburg kommen wir an der Fährstation vorbei in die Altstadt.

Wir verlassen **Meersburg** durch die malerische *Unterstadtstraße,* die sich in der *Uferpromenade* fortsetzt. Unser Weg führt am Grethaus und dem Fährhafen vorbei. Wir gelangen zum beheizten Freibad und setzen unseren Weg durch die Weinberge auf dem Weinkunde- und Panoramaweg fort. Nach ca. 2 km gelangen wir zum direkt am See gelegenen Rebgut Haltnau, einem beliebten Ausflugsziel für Wanderer und Radfahrer. Auf der dortigen Seeterrasse kann man beschaulich einkehren.

Wir erreichen die Außenviertel von **Hagnau**, fahren immer am See entlang in die Altstadt hinein und schließlich am kleinen Jachthafen nach links durch ein Tor des Rathauses. Anschließend geht es rechts weiter, wir kommen an zwei Campingplätzen vorbei. Danach verläuft der Bodenseeradweg wieder an der befahrenen B 31. Gleich nach den Campingplätzen fahren wir direkt am markgräflich badischen Weingut Schloß Kirchberg vorbei, das zu einer Rast einlädt. Neben einer Weinbergführung kann man auch an Degustationen teilnehmen. Vom Weingut hat man einen herrlichen Blick über die Weinberge hinab zum See. Kurz vor Immenstaad sehen wir links das mächtige Schloß Hersberg. Danach führt unser Weg glücklicherweise von der befahrenen Straße weg nach **Immenstaad** hinein. Wir durchqueren den Ort und treffen am Ortsende wieder auf die B 31.

Nach Friedrichshafen fährt man wieder direkt an der stark befahrenen B 31 auf einem Radweg entlang. Dieser Streckenabschnitt gehört zu den häßlichsten des ganzen Sees, leider gibt es keine Alternative. Vor Friedrichshafen sieht man links das Messegelände, auf dem jährlich so bedeutende Messen wie die »Eurobike« stattfinden. Man erreicht Friedrichshafen in der *Schmidstraße,* kann dann nach rechts abbiegen in die *Schloßstraße,* die zum See hinab führt. Die Besichtigung der Schloßkirche, eines der bedeutendsten Bauwerke des oberschwäbischen Hochbarocks, sollte man nicht versäumen. Von ihr aus geht es geradeaus am Kongreßzentrum vorbei zur Seepromenade von **Friedrichshafen.**

Das Innere der Wallfahrtskirche Birnau zählt zu den berühmtesten Schöpfungen des Rokoko. Hier der Blick auf den Hochaltar mit dem Gnadenbild.

Alternative: Ludwigshafen – Haldenhof – Überlingen

Wir verlassen **Ludwigshafen** vom Ortszentrum aus und fahren Richtung Bonndorf. Am Ortsende geht es rechts schon steil bergan. In mehreren Serpentinen erklimmen wir ca. 200 Höhenmeter. Dafür hat man von den verschiedenen Aussichtspunkten wunderbar weitreichende Blicke auf den Bodanrück mit Bodman, einen der schönsten Ausblicke am ganzen Bodensee überhaupt.

Nachdem man die Steigungen durch den Wald überwunden hat, gelangt man auf eine Hochebene, die mit Wiesen und Feldern bestanden ist. Wir biegen nach rechts ab, der Beschilderung Weiherhof/Buohof folgend. Auf diesem kleinen Teerweg fahren wir am Weiherhof vorbei und danach am Waldrand entlang, bis wir die einsam gelegenen *Buohöfe* erreichen. Zuvor bieten sich dem Radler erneut unvergeßliche Ausblicke auf die dunkel bewaldeten Hänge von Bodman mit Frauenberg und der Ruine Altbodman.

Kurz vor den Buohöfen geht links ein ziemlich steiler, aber kurzer Kiesweg (ca. 200 m) hoch in den Wald. Dort verläuft der Weg dann flacher. An der ersten Kreuzung halten wir uns rechts und kommen wieder aus dem Wald heraus. Wir gelangen auf die Teerstraße, die zum **Haldenhof** führt. Dort angelangt, kann man von der Terrasse aus die wahrhaft einmalige Aussicht genießen und sich zur Weiterfahrt stärken.

Vom Haldenhof führen nur Wanderwege weiter, deshalb müssen wir die Straße wieder zurückfahren. Im Wald geht es dann die Teerstraße rechts ab, ein kleines Stück hinauf und wir erreichen das *Pumpspeicherwerk »Sipplinger Berg«*. Von hier aus wird dem Bodensee Tiefenwasser entnommen und nach Stuttgart gepumpt. Am ersten Gebäude zweigt rechts ein Kiesweg ab, den wir durch den Wald immer geradewegs hinabrollen. Nach dem Wald gelangen wir auf eine gekieste Querstraße, der wir nach links Richtung Überlingen/Hödingen folgen. Am Kreuzungspunkt hat man nochmals einen schönen Ausblick auf den Bodensee. Anschließend geht es auf der mit Wiesen bestandenen Hochebene immer geradeaus an einem Parkplatz vorbei. Hinter ihm wenden wir uns nach rechts und radeln geradeaus bis nach *Hödingen.* Dort biegen wir auf der Querstraße rechts ab, fahren durch das Dorf und zweigen wiederum rechts ab. Durch eine stimmungsvolle Streuwiesenlandschaft geht es in leichten Kurven hinab nach Goldbach, dabei liegt der See immer vor uns. Dies ist eine der schönsten Abfahrten zum See; das Panorama, das sich unverdeckt vor dem Radler ausbreitet, ist einmalig. Nachdem wir die B31 überquert haben, geht es im Dorf hinab bis zur Seestraße und zur Sylvesterkapelle. Ab hier verläuft die Tour, wie oben beschrieben, weiter nach **Überlingen** hinein.

Tiefe »Einblicke« in den Weinberg: Das Weingut Kirchberg des Markgrafen von Baden kann mit Führung besichtigt werden.

Nützliche Informationen

Etappen: Ludwigshafen – Sipplingen 5 km; Sipplingen – Überlingen 5 km; Überlingen – Unteruhldingen 10 km; Unteruhldingen – Meersburg 4 km; Meersburg – Hagnau 4 km, Hagnau – Immenstaad 5 km; Immenstaad – Friedrichshafen 10 km. *Alternative:* Ludwigshafen – Haldenhof 8 km (200 m z.T. steiler Anstieg); Haldenhof – Überlingen 11 km.

Touristeninformation: • D-88045 Friedrichshafen: Verkehrsamt, Bahnhofplatz 2, Tel. (07541) 3001-0.

Unterkunft: In *Friedrichshafen:* • *Hotels:* Pension Wurster, Tel. (07541) 72694; Gasthof Rebstock, Tel. (07541) 21694. • *Camping:* Dimmler (in Friedrichshafen), Tel. (07541) 73421; Fischbach, 6 km westlich von Friedrichshafen, Tel. (07541) 42059. • *Jugendherberge:* Tel. (07541) 72404.

Öffnungszeiten: • *Sipplingen:* Modelleisenbahn- und Spielzeugmuseum, Mo.–So. 10–18 Uhr. • *Goldbach:* Sylvesterkapelle, Mi. 14–18 Uhr, sonst ist der Schlüssel gegen Abgabe des Personalausweises im Haus Goldbach 15 bei den Familien Krull oder Wörner erhältlich. • *Überlingen:* Städtisches Museum, April–Okt. Di.–Sa. 9–12.30, So. 10–15 Uhr. • *Unteruhldingen:* Pfahlbauten, April–Okt. täglich 8–18 Uhr, März und Nov. Sa. 9–17 Uhr. • *Meersburg:* Droste-Museum, April–Okt. Mo.–Sa. 10–12.30 und 14–17 Uhr, So. 14–17 Uhr. • *Marktgräflich Badisches Weingut Schloß Kirchberg,* mit Gasthof und Sonnenterrasse, Weinverkauf, jeden Dienstag um 17.30 Uhr Weinbergführung mit Degustationsproben. • *Friedrichshafen:* Städtisches Bodensee-Museum mit Zeppelin-Abteilung, täglich außer Mo. 10–12 Uhr und 14–17 Uhr. Ab 2. Juli 1996 neues Zeppelinmuseum im Hafenbahnhof.

Karten: Wanderkarten 1:50000, Blatt 10 Hegau/Bodensee und Blatt 24 Bodensee-Ost; Radwanderkarte 1:100000, Blatt 52 Bodensee.

Verkehrsverbindungen: • *Ludwigshafen:* Stündlich Bahnverbindung nach Friedrichshafen/Lindau und nach Radolfzell mit Anbindung nach Konstanz. • *Friedrichshafen:* Bahnverbindung stündlich nach Ludwigshafen/Radolfzell und Lindau; gute Schiffsverbindungen.

Oberschwaben und seine Barockstraße

Geographisch weder dem Donaugebiet noch dem Bodensee oder dem Allgäu zugehörig, besitzt dieses Gebiet eine Fülle von eigenen Reizen. Viele kleine Wege führen durch eine sanft-hügelige Landschaft, deren kleinräumige Besiedelung und vielfältige landwirtschaftliche Nutzungen den Reiz dieser Kulturlandschaft ausmachen.

Prägend für dieses Gebiet sind zum einen die vielen kleinen und größeren Seen und Moore, Relikte der Eiszeit, und zum anderem die Wälder und Flüsse. Viele der Seen und Moore stehen heute unter Naturschutz und dienen einer Fülle von Wasservögeln als Brut-, Nist- und Futterplatz. Sogar der Weißstorch ist noch auf einigen Kirchtürmen zu finden. Gleichzeitig finden sich hier zahlreiche anerkannte Kurorte mit Heilquellen oder Moorbädern, wie Saulgau, Aulendorf, Bad Schussenried und Bad Waldsee. Auch den Radfahrer erfreuen die Seen, bieten sie doch oft eine willkommene Gelegenheit, ein kühlendes und erfrischendes Bad zu nehmen.

Die politisch-historische Zuordnung ist in diesem Gebiet durch die wechselvolle Geschichte und die Kleinstaaterei genauso unübersichtlich wie in den anderen Regionen um den Bodensee. Durch das Fehlen einer starken zentralen Macht seit dem Interregnum im 13. Jh. regierten und beherrschten das Gebiet zahlreiche weltliche und geistliche Herren.

Neben den Herren von Montfort waren u.a. die Wolfegger und die Truchsessen von Waldburg in diesem Gebiet heimisch. Auf unseren Touren sehen wir immer wieder Zeugnisse ihres Besitzes, z.B. das Tettnanger Schloß und das Wolfegger Schloß, das heute noch von den Grafen von Wolfegg bewohnt wird. Aber auch mehrere ehemals freie Reichsstädte sind zu finden, wie z.B. Ravensburg, Pfullendorf und Wangen. Ein weiterer Teil dieser Region war im Besitz verschiedener Klöster, von denen die Benediktinerabtei in Weingarten die reichste Schwabens war; daneben sind noch die Zisterzienserabtei in Baindt und die Prämonstratenserabtei in Weißenau bei Ravensburg zu nennen.

An kunsthistorischen Sehenswürdigkeiten herrscht geradezu ein Überfluß, ist dieses Gebiet doch von den Höchstleistungen des oberschwäbischen Barock stark geprägt. Neben so weltbekannten Barockschöpfungen wie der Basilika in Weingarten, der angeblich schönsten Dorfkirche der Welt in Steinhausen oder der Klosterkirche und vor allem der Bibliothek in Bad Schussenried gilt es noch mehrere Kleinode des Barock und Rokoko zu entdecken. Eine ausgewiesene Strecke, die oberschwäbische Barockstraße, führt den Kunstinteressierten zu den wichtigsten Bauten dieser Epoche. Namen wie Zimmermann, Asam, Schmuzer und Feichtmayr haben in diesem Raum Meisterwerke ihres Könnens hinterlassen.

Neben den Kunstwerken soll aber auch der lukullische Genuß nicht zu kurz kommen; das Preisniveau ist günstiger als direkt am See, das Angebot an Speisen meist vielfältiger. Neben den obligatorischen Bodenseefischen wie Felchen oder Kretzer ist hierbei v.a. die Forelle zu nennen, die in den vielen Fischteichen, neben Karpfen und Hecht, gezogen oder in einem der vielen Flüsse und Seen gefangen wird. Daneben gibt es auch viel Wild, hauptsächlich Hirsch und Reh, in allen Variationen. Die traditionelle schwäbische Küche ist mit vielen einfacheren, aber äußerst schmackhaften Gerichten vertreten. Leber sauer oder gebraten, und vor allem Maultaschen in jeglicher Art und Weise, traditionell abgeschmelzt, im Sud oder sogar provençal, mit Knoblauch und frischen Kräutern.

Man kann es sich also richtig gutgehen lassen in diesem Gebiet, das nicht so stark vom Tourismus geprägt ist wie die engere Bodenseeregion und für den Radfahrer wie geschaffen erscheint.

9 Zum Illmensee und über den Höchsten

Friedrichshafen – Urnau – Echbeck – Illmensee – Höchsten – Roggenbeuren – Markdorf – Friedrichshafen

Tourencharakter: Landschaftlich sehr reizvolle, aber etwas anspruchsvolle Tour. Das Deggenhausertal ist etwas befahrener, vom Höchsten geht es ziemlich steil hinab, ansonsten schöne kleine Wege.

Länge der Tour: 79 km.

Zwei romantische Täler bestimmen den Charakter dieser Tour: das Deggenhauser- und das Rotachtal. Tiefe dunkle Nadelwälder sind zu durchqueren und auch einige Anstiege zu bewältigen. Dafür geht es aber vom Höchsten auf wenigen Kilometern fast 300 Höhenmeter nach Wittenhofen hinab.

Auf dieser Strecke erlebt man auch deutlich die Unterschiede der landwirtschaftlichen Nutzung zwischen Bodensee und Oberschwaben: Obstbaumkulturen begleiten uns vor und nach Friedrichshafen, danach dominiert eine Wiesen- und Felderwirtschaft. Vom Bodensee, der auf einer Höhe von 400 m liegt, hat man einen Anstieg von fast 300 Höhenmetern bis zum Illmensee zu bewältigen. Durch das waldreiche und hügelige Gebiet beim **Höchsten**, der mit 837 m bei schönem Wetter eine wunderbare Aussicht bis auf den Bodensee bietet, geht es wieder hinunter nach Friedrichshafen.

Auf halber Strecke treffen wir auf den reizvoll gelegenen **Illmensee**, der ein beliebter Badesee ist. Touristisch ist der gleichnamige kleine Ort gut erschlossen, neben einem Campingplatz gibt es auch mehrere gutbürgerliche Gasthäuser.

An kulturellen Sehenswürdigkeiten ist vor allem die Stadt **Markdorf** zu nennen. Diese brannte zweimal, im 18. und im 19. Jh., beinahe komplett ab. Trotz dieser Katastrophen präsentiert sich das Städtchen in einem mittelalterlichen Gewande: Erhalten blieb das *Alte Schloß*, ein mächtiger turmartiger Bau mit Staffelgiebeln aus dem 14. Jh. Von der einstigen *Stadtbefestigung* sind noch das Untertor, der Hexenturm und das äußere Obertor erhalten. Diese prägen das Stadtbild bis heute. Die *Pfarrkirche St. Nikolaus* ist eine spätgotische Basilika, in deren Inneren eine Mondsichel-Madonna zu besichtigen ist, ferner die von Johann und Joseph Schmuzer stuckierte Marienkapelle.

Streckenbeschreibung

In **Friedrichshafen** fahren wir die Friedrichstraße, an der sich auch das Touristenamt befindet, nach Westen und biegen nach Überqueren der Bahngleise rechts ab in die Werastraße. Auf einem Radweg geht es leicht hinauf und dann immer geradeaus bis nach *Schnetzenhausen*. Dort biegen wir im Ort rechts ab in die Raderacher Straße. Der Weg führt uns durch Obstplantagen, und nach ca. 1,5 km erreichen wir *Unterraderach*. Hier geht es links etwas steil hinauf nach *Raderach*. Dieser Weg ist leider etwas mehr befahren. Kurz vor Raderach verlassen wir aber schon wieder die große Straße und nehmen rechts die Abzweigung in das Dorf. Am Dorfende wenden wir uns rechts und am *Kappelhof* vorbei nach *Unterteuringen*. Hier fahren wir rechts und nach wenigen Metern vor der Brücke über die Rotach links ab. Ein kleiner Weg führt uns durch Obstplantagen am Bach entlang nach *Oberteuringen*. Dort biegen wir erst links und gleich wieder rechts ab Richtung *Bitzenhofen*.

Vor Bitzenhofen unterqueren wir die verkehrsreiche Straße Markdorf – Ravensburg. In Bitzenhofen radeln wir die Dorfstraße entlang und am Ende rechts hoch. Über *Weiler* geht es durch den schattigen Wald bis zum *Sägewerk* von *Fuchstobel*, bei dem wir uns links halten. Nun befinden wir uns wieder im idyllischen Tal der Rotach, in dem wir entlangfahren und in das schöne Dorf von **Urnau** mit einigen gut renovierten Fachwerkhäusern gelangen. Weiterfahrend sehen wir die hochgelegene Kirche von Roggenbeuren vor uns auf der linken Seite. Wir erreichen den Ort *Wittenhofen* beim Gasthof zum Adler, an dem wir rechts abbiegen und dem Dorfbach folgen. Nun geht es leicht ansteigend immer geradeaus durch das *Deg-*

Ländliche Idylle zwischen Wittenhofen und Roggenbeuren im Tal der Deggenhauser Aach.

genhausertal und durch einige Weiler bis nach **Echbeck**. Auf der rechten Seite sieht man die dunkel bewaldeten Hänge des Höchsten. In Echbeck fahren wir geradeaus hoch und dann Richtung Denkingen. Am Ortsende von Echbeck wenden wir uns rechts zum *Illmensee*. Ein Radweg befindet sich gerade im Bau. Bei den *Volzenhöfen* muß man sich entscheiden, ob man geradeaus hinab zum **Illmensee** fährt oder die Tour gleich nach rechts zum **Höchsten** fortsetzt. Badefreunde und Genießer einer gutbürgerlichen Mahlzeit sollten aber den einen Kilometer zum Illmensee und zum gleichnamigen Ort hinabrollen.

Zurück an den Volzenhöfen führt uns eine kleine Straße über *Krumbach* und *Lichtenegg* zum **Höchsten**. Wie der Name schon verrät, ist dieser Berg in diesem Gebiet der höchste. Gekrönt von einem rot-weißen Sendemast, ist er weithin sichtbar. Von der Aussichtsplattform unterhalb des Berges hat man einen weiten Blick bis hin zum Bodensee. Der Berg selbst ist wegen der Sendestation nicht zugänglich.

Vom Höchsten geht es bis nach *Wittenhofen* insgesamt 300 Höhenmeter hinab, teilweise mit starkem Gefälle. Insgesamt ist die Strecke aber nicht zu steil und damit gut zu fahren. Zuerst kommen wir am unterhalb des Höchsten gelegenen Gasthaus vorbei, dann durchquert man *Wahlweiler* und gelangt nach *Atzenweiler*. Hier dürfen wir rechts die Abzweigung nach Wittenhofen nicht verpassen. Von Wittenhofen bis zur Abzweigung nach Roggenbeuren ist dieser Streckenabschnitt mit dem schon gefahrenen identisch. In Wittenhofen fährt man links, am Dorfbach entlang bis zum *Gasthof zum Adler*, an dem man links abbiegt oder eine Brotzeit einlegt, denn das Gasthaus ist für seine Wildspezialitäten berühmt.

Von hier aus sieht man schon die Kirche von **Roggenbeuren** vor sich, auf die man im Tal der Rotach zufährt. Wir biegen rechts hoch zum Ort Roggenbeuren, in dem sowohl die Kirche, als auch das Gasthaus zur Krone einen Besuch wert sind. Ab Roggenbeuren ist der Weg als »Bodensee-Donau-Radweg« ausgeschildert. Am Dorfende, vor dem letzten Haus, geht rechts ein kleiner Weg ab, der erst hinab und dann etwas steiler nach oben zum Wald führt. Im Wald halten wir uns links, und folgen im weiteren der

Beschilderung »Donau-Bodensee-Radweg«. Wir erreichen eine Querstraße, auf der wir nach rechts fahren und *Wendlingen* erreichen. Anschließend geht es angenehm bergab, nur dürfen wir die Abzweigung nach links nicht übersehen. Wir rollen durch ein Villenviertel, das bereits zu **Markdorf** gehört, die Straße immer hinunter und erreichen das Zentrum.

Von Markdorf aus fahren wir erst auf dem Radweg Richtung Friedrichshafen, dann biegen wir links ab, überqueren die vielbefahrene Straße und erreichen *Riedheim*. Dort sehen wir links oben die Hochkreuzkapelle. Von Riedheim bis *Efrizweiler* geht es wieder durch Obstplantagen. In Efrizweiler biegen wir gleich am Anfang links ab, fahren also nicht in das Dorf hinein. Ein kleiner Weg führt uns nach rechts am Waldrand entlang und anschließend kurz durch den Wald nach *Schnetzenhausen*. Dort fahren wir geradeaus, der Beschilderung Friedrichshafen folgend, und erreichen den Bodenseeradweg kurz vor **Friedrichshafen**, auf den wir links einbiegen. Jetzt sind es nur noch ca. 1,5 km bis zur Seepromenade von Friedrichshafen.

Nützliche Informationen

Etappen: Friedrichshafen – Urnau 23 km; Urnau – Echbeck 15 km; Echbeck – Illmensee 5 km; Illmensee – Höchsten 15 km; Höchsten – Friedrichshafen 21 km (dabei geht es insgesamt über 400 m von Friedrichshafen bis zum Höchsten hinauf).
Touristeninformation: • D-88045 Friedrichshafen: Bahnhofplatz 2, Tel. (0 75 41)

Frühmorgendliche Stimmung am Illmensee, einem beliebten Ausflugs- und Badeziel in Oberschwaben.

30010. • D-88636 Illmensee: Fremdenverkehrsbüro im Rathaus, Kirchplatz, Tel. (07558) 408.
Unterkunft: In *Friedrichshafen:* • *Hotels:* Pension Wurster, Tel. (07541) 72694; Gasthof Rebstock, Tel. (07541) 21694.
• *Camping:* Dimmler (in Friedrichshafen), Tel. (07541) 73421; Fischbach, 6 km westlich von Friedrichshafen, Tel. (07541) 42059.
• *Jugendherberge:* Tel. (07541) 72404.
Einkehrmöglichkeiten: • *Wittenhofen:* Gasthaus zum Adler. • *Roggenbeuren:* Gasthof zum Adler mit schönem Biergarten.
Karten: Deutsche Radtourenkarte 1:100000, Blatt 33 Hohenzollern/Bodensee; Radwanderkarte 1:100000, Blatt 52 Bodensee.
Verkehrsverbindung: • *Friedrichshafen:* Bahnverbindung stündlich nach Ludwigshafen/Radolfzell und Lindau; gute Schiffsverbindungen.
Hinweise: Wenn man von Illmensee weiterfahren will, kann man diese Tour mit Tour 12 nach Pfullendorf verbinden. Die Tour kann auch in umgekehrter Richtung gefahren werden, allerdings hat man dann den steilen Anstieg zum Höchsten vor sich.

10 Entlang an Leiblach und Argen nach Wangen und zurück

Lindau – Hergensweiler – Wangen – Kressbronn – Lindau

Tourencharakter: Tour durch sanftes Hügelland vorbei an Degermoos und Degersee auf nahezu ausschließlich asphaltierten Wegen mit geringen Steigungen.
Länge der Tour: 70 km.

Diese Tour führt uns vom See aus 200 Höhenmeter hinauf nach Wangen, dem Herzstück des westlichen Allgäus. Auf dem Weg dorthin radeln wir durch idyllische Weiler mit schmucken Bauernhäusern. Gegen schlechte Witterung sind Giebel und Seitenwände vieler Häuser mit Holzschindeln bedeckt.

Das **Degermoos** ist eine ursprüngliche Moorlandlandschaft und steht unter Natur-

Das mächtige Rathaus und der St.-Martins-Brunnen in der Fußgängerzone von Wangen, die mit ihren Türmen und vielen schönen Bürgerhäusern zu einer längeren Besichtigung einlädt.

schutz. Es bietet vielen selten gewordenen Wasservögeln Brut- und Nistplätze.

Das Stadtbild von **Wangen** prägen die von der Stadtbewehrung erhalten gebliebenen vier Tore. Diese sind teilweise in kräftigen Farben bemalt und mit ihren Aufsätzen, Türmchen und Obergeschossen eine wahre Augenweide. Vor allem das *St.-Martins- oder Lindauer Tor* mit einem spätgotischen Unterbau und darüberliegenden Renaissancegeschossen besticht durch seine reiche Bemalung. Das *Liebfrauentor oder Ravensburger Tor* besitzt vier Ecktürmchen. Gleich neben dem Rathaus steht der als Ratloch bekannte *Pfaffenturm,* durch den man in die Unterstadt gelangt. Der *Rathausplatz* bildet mit der Pfarrkirche St. Martin, dem Rathaus mit seiner barocken Schaufront und dem Pfaffenturm ein romantisches Ensemble. Der in der Unterstadt gelegene *Pulverturm* ist im Vergleich zu den anderen mächtigen Türmen eher schmächtig. Am besten erkundet man die Altstadt von Wangen durch einen ausgedehnten Spaziergang. Immer wieder fallen die wunderbaren schmiedeeisernen Wirtshausausleger auf, die weit in die Straßen ragen. Ein Teil der Stadtmauer blieb erhalten und ist bei der *Eselsmühle,* in der sich auch das *Heimatmuseum* befindet, zu sehen. Ein Anziehungspunkt für literarisch Interessierte ist das *Eichendorff-Museum* (Atzenberg 31) und das *Gustav-Freytag-Museum* (Atzenberg 27). Man sollte nicht versäumen, beim Fidelisbäck am Lindauer Tor den besten Leberkäse weit und breit zu versuchen. Möchte man auch gerne dem Wangener Spruch »in Wangen bleibt man hangen« Folge leisten, so führt unsere Tour doch weiter durch beschauliche Weiler und an Wäldern und Seen zurück nach Lindau.

Streckenbeschreibung

Wir verlassen **Lindau** auf gleichem Wege wie bei der Seeumrundung Lindau – Rorschach (siehe S. 27). Nach dem Strandbad, das außerhalb von Lindau liegt, biegen wir nach etwa 1 km links vom Bodenseeweg ab. Wir queren die Bahnlinie und stoßen auf die Bundesstraße B31, der wir ca. 200 m nach links folgen. Dann nehmen wir den nach rechts abzweigenden Rad- und Fußweg. Es geht nun an einem Sportplatz vorbei, geradeaus durch eine Siedlung und auf einer Brücke über die Autobahn, die rechts in den Pfändertunnel verschwindet.

Bei der nächsten Kreuzung sieht man rechts den Grenzübergang nach Österreich. Wir fahren hier links und die nächste Straße gleich wieder rechts Richtung *Gasthof Waldschenke* (Einkehrmöglichkeit). Auf einer kleinen Teerstraße begleiten wir nun die Leiblach bis *Thumen.* Im Ort geht es nach einer Linkskurve nach rechts und dann geradeaus. Nach ca. 1 km zweigen wir links ab zur B306 (Deutsche Alpenstraße), fahren einige hundert Meter auf dem Radweg nach rechts und verlassen diesen bei der nächsten Einmündung nach links.

Am Wege sehen wir auf der linken Seite die schön gelegene St.-Antonius-Kapelle von 1682. In **Hergensweiler** lohnt die Kirche St. Ambrosius einen Besuch, sie besitzt eine der am besten erhaltenen Barockausstattungen im Landkreis Lindau. Der Hochaltar und die beiden Seitenaltäre sind mit wertvollen Stuckmarmorintarsien verziert.

In Hergensweiler folgen wir nicht der Vorfahrtsstraße, sondern fahren einen kleinen Weg geradeaus weiter und überqueren nach etwa 1 km in *Stockenweiler* die B12. Leicht links versetzt verläuft der Weg zwischen zwei Gehöften hindurch weiter. Zur Rechten erstreckt sich nun das Degermoos und ein kleiner Moorsee. Über *Degetsweiler* kommt man nach *Engelsweiler.* Ab hier ist die Radroute nach **Wangen** ausgeschildert. Hört in Wangen selbst die Beschilderung

Auf dem Weg nach Wangen fahren wir direkt am malerisch gelegenen Schleinsee vorbei.

auf, so braucht man nur immer geradeaus zu radeln, um ins Stadtzentrum zu kommen.

Wir verlassen das Stadtzentrum von Wangen durch das Martinstor oder Lindauer Tor und fahren bis zum Ortsrand auf der B18 Richtung Lindau, bis die beschilderte Radroute R3 rechts abzweigt. Wir folgen der Beschilderung, überqueren die Autobahn und fahren an sanften grünen Hügeln vorbei. Nach der Querung des Flüßchens Untere Argen geht es nach *Schomburg* steil bergan. Der weitere Weg nach *Haslach* ist nicht asphaltiert. Zwischen Haslach und *Neukirch* ist die Beschilderung etwas dürftig, und wir müssen etwas verkehrsreichere Straßen benutzen. Wir verlasssen Haslach Richtung Neukirch und biegen bei der *Hagmühle* rechts ab.

Danach geht unser Weg weiter nach *Unterlangensee,* dort links ab nach *Oberlangensee* und schließlich auf einer landschaftlich sehr reizvollen Straße längere Zeit bergab bis *Langenau;* kurz zuvor queren wir noch einmal die Untere Argen. Hinter Langenau fahren wir am Degersee, am Schleinsee und schließlich an einem Waldgebiet entlang. Wir halten uns immer geradeaus und kommen schließlich nach **Kressbronn.** Nach Überquerung der B31 und der Bahnlinie nehmen wir die nächste Straße nach links. Wir haben nun die Wahl, geradeaus zum Bahnhof zu fahren und den Zug nach Lindau zu nehmen, oder nach Lindau zu radeln. Hierfür nimmt man den Kiesweg Richtung See (Schild), fährt am Strandbad links und den nächsten Weg nach rechts. Man errreicht so den Bodenseerundweg, der in Tour 1 (siehe S. 22) beschrieben ist, und folgt der Beschilderung bis nach **Lindau.**

Nützliche Informationen

Etappen: Lindau – Hergensweiler 12 km; Hergensweiler – Wangen 18 km; Wangen – Neukirch 15 km; Neukirch – Kressbronn 15 km; Kressbronn – Lindau 10 km.

Touristeninformation: • D-88131 Lindau: Verkehrsamt am Hauptbahnhof, Tel. (80 83 82) 26 00 30. • 88239 Wangen im Allgäu: Gästeamt der Stadt Wangen im Allgäu, Im Rathaus, Tel. (0 75 22) 7 42 11.
Unterkunft: • *Hotels in Lindau:* Hotel-Gasthof Köchlin, Tel. (0 83 82) 7 90 37; Inselgraben Tel. (0 83 82) 54 81. • *Camping:* Zech, 5 km östlich von Lindau, Tel. (0 83 82) 7 22 36. • *Jugendherberge:* Neueröffnung für 1996 geplant.
Öffnungszeiten: • *Wangen:* Stadtmuseum in der Eselsmühle mit Käsereimuseum und Darstellung des Mühlengewerbes, April bis Okt. Mi. 10–12 Uhr und 16–18 Uhr, Sa. und So. 10–12 Uhr; Deutsches Eichendorff-Museum, Atzenberg 31, Mi. und Sa. 15–17 Uhr.
Karten: Wanderkarte 1:50 000, Blatt 24 Bodensee-Ost; Deutsche Radtourenkarte 1:100 000, Blatt 33 Hohenzollern/Bodensee.
Verkehrsverbindungen: *Lindau:* Stündliche Bahnverbindungen nach Friedrichshafen/Radolfzell; Hinfahrt nach Wangen bzw. Rückfahrt nach Lindau mit der Bahn möglich.

11 Hopfen und Spargel: An der Argen entlang nach Tettnang und Ravensburg

Kressbronn – Gießenbrücke – Tettnang – Weißenau – Ravensburg

Tourencharakter: Einfache Tour entlang der Argen und durch den Wald nach Tettnang, anschließend die Schussen entlang über kleinere Dörfer und teils durch den Wald bis Ravensburg.
Länge der Tour: 50 km.

Auf geruhsamen und ebenen Wegen führt uns diese Tour an zwei Flüssen entlang über Wiesen und Wälder nach Ravensburg. Zuerst verläuft die Strecke auf einem Kiesweg an der Argen entlang, die uns auch auf manchen anderen Radtouren begleitet. Durch das Hopfenanbaugebiet hindurch gelangen wir nach **Tettnang**, das v.a. durch das Ge-

Der Bau des Neuen Schlosses in Tettnang führte zum Ruin der Grafen von Montfort. Sie mußten deshalb ihren Besitz an die Habsburger abtreten.

schlecht der Montforts bekannt wurde. Zwischen 1260 und 1780 war dieses kleine Städtchen ständige Residenz der Grafen von Montfort-Tettnang.

Die Altstadt von Tettnang betritt man durch das *Torschloß*. In ihm ist das *Montfortmuseum* untergebracht, das die Geschichte des Hauses Montfort und Zeugnisse der Stadtgeschichte enthält. Das *Neue Schloß*, ein mächtiger klassizistischer Bau, entstand, nachdem die Schweden im Dreißigjährigen Krieg die hier stehende mittelalterliche Burg zerstört hatten. Der zweite Bau brannte ab und wurde ab 1753 neu erbaut. Als die Baukosten explodierten, wurden die Herren von Montfort zahlungsunfähig und mußten ihren Besitz an ihren Gläubiger, das Haus Habsburg, abtreten. So kam Tettnang in den Besitz von Österreich. Im Inneren des Neuen Schlosses waren viele namhafte Meister der damaligen Zeit am Werke: der Stukkateur und Bildhauer Johann Anton Feichtmayr, der Maler Andreas Brugger, der die Deckengemälde schuf, und viele andere.

Ab Tettnang begleitet uns die Schussen auf unserem Weg nach **Ravensburg**. Der Name der Stadt leitet sich von der dortigen Veitsburg her, die um 1098 erstmals als »Ravenspurc« erwähnt wurde. Von der *Veitsburg* sind nach einem Brand 1647 nur noch einige Wirschaftgebäude und die Ruine übriggeblieben. Unterhalb der Burgruine erstreckt sich die ehemals freie Reichsstadt. Der frühere Reichtum, der sich besonders in der Ausdehnung der Altstadt zeigt, wurde durch die »Ravensburger Gesellschaft« – eine Handelsgesellschaft – begründet, die durch Tuchhandel seit 1380 zur wirtschaftlichen Blüte der Stadt beitrug. Bis Anfang des 15. Jh.s florierte das Geschäft der Ravensburger Gesellschaft, die Agenturen in Italien und Spanien besaß, dann liefen ihr die Augsburger Fugger und Welser den Rang ab. Ein zweiter tiefer Einschnitt war der Dreißigjährige Krieg, von dessen Folgen sich die Stadt bis zur Inbesitznahme der Württemberger 1810 nicht mehr erholte.

Kennzeichnend für die Altstadt sind die vielen Türme: Der *Blaserturm*, der *Mehlsack*, das Wahrzeichen der Stadt, der *Spitalturm*, der *Wehrturm*, der *Gemalte Turm*. Der langgestreckte und breite Marienplatz im Zentrum der Stadt bezeugt heute noch den ehemaligen Reichtum.

Streckenbeschreibung

Wir fahren von **Kressbronn** aus den Bodenseeradweg Richtung Westen (Langenargen) und orientieren uns dabei an der Beschilderung »Fußweg Langenargen«, der auch für Radfahrer geeignet und erlaubt ist. An den Campingplätzen von *Tunau* und *Gohren* (Schnaid) vorbei erreichen wir die Holzbrücke über die Argen. Gleich danach geht rechts ein Kiesweg an ihr entlang. Ein etwas verstecktes Schild *»Gießenbrücke«* weist uns den Weg. Wir überqueren die Straße nach Langenargen und halten uns anschließend an die Beschilderung nach Oberdorf. Auf unserem Weg kommen wir an der schönen Jugendstilbrücke über die Argen vorbei. Auf der linken Seite sehen wir die weitläufigen Hopfenfelder. Der Tettnanger Hopfen ist weithin berühmt und bekannt. Wir unter-

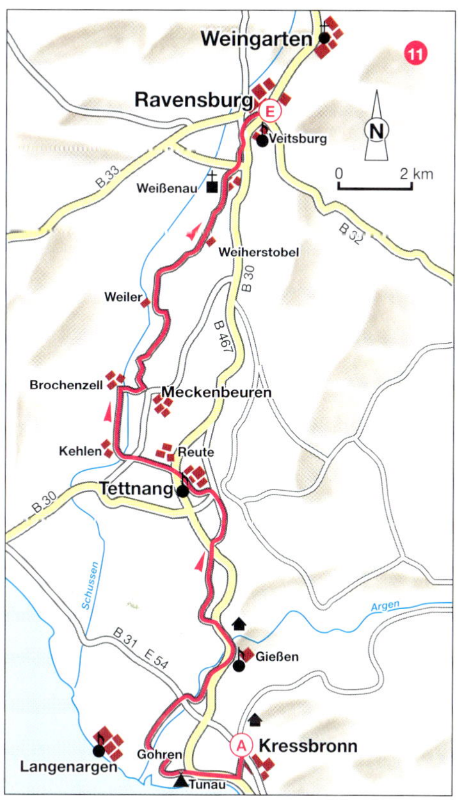

Ausgedehnte Hopfenfelder begleiten den Radler auf seinen Fahrten von Tettnang nach Ravensburg.

queren die B31, kurz danach stoßen wir auf eine Querstraße und fahren rechts über die Brücke. Danach geht es gleich links. Auf der rechten Seite taucht das ehemalige Schloß Gießen auf. Wenn wir an der Gießenbrücke ankommen, fahren wir darüber und sehen schon das *Gasthaus zum Zollhaus* vor uns, in dem wir einen hauseigenen Most und sauren Käs (oder eine andere Brotzeit) probieren können.

Am Gasthaus wenden wir uns nach links zum Tettnanger Wald hin und fahren an der Kreuzung rechts hoch in den Wald Richtung Tettnang. Wir biegen in den *ersten Waldweg*, der auf der linken Seite abzweigt. Auf diesem gelangen wir immer durch den Mischwald bis nach **Tettnang**. Am Ende des Weges geht es links und dann durch eine Unterführung unter der Bundesstraße hindurch. Wir erreichen Tettnang in einem Gewerbegebiet und halten auf die rechts davon verlaufende große Straße zu, auf deren rechter Seite ein Radweg uns bis direkt zum Schloßtor bringt.

Vom *Schloßtor* aus radeln wir die Straße weiter gegen Norden und biegen links ab nach *Reute*. In Reute wenden wir uns nach links und anschließend nach rechts, überqueren zuerst die Schussen und beim Bahnhof die Bahnlinie. Gleich danach geht es rechts ab nach *Brochenzell*. Dort halten wir uns rechts, überqueren wiederum die Schussen und fahren die zweite Straße vor der Bahnlinie links ab. Wir gelangen an *Brugg* vorbei in ein kleines Waldgebiet, danach geht es über die Bahnlinie, und wir erreichen den Weiler *Lohner*, den wir geradeaus durchfahren. Gleich nach dem Ort überqueren wir ein weiteres Mal die Bahnlinie, radeln ein kurzes Stück an der Schussen entlang und stoßen bei Weiler auf eine Querstraße. Hier geht es nochmals über die

Bahnlinie, gleich danach lädt auf der rechten Seite eine *Waldschenke mit Biergarten* zu einem kühlen Trunk ein. Ziemlich genau gegenüber diesem Gasthaus verläuft unser weiterer Weg. Durch den Wald erreichen wir an dessen Ende *Karrer*, wo wir eine Querstraße geradeaus passieren und nochmals ein kleines Stück durch einen Wald fahren. Von *Weierstobel* geht es geradeaus weiter über *Mariatal* und dann am Psychiatrischen Landeskrankenhaus von Weißenau vorbei nach **Ravensburg**. Die letzten Meter bis in das historische Stadtzentrum legen wir auf dem Radweg zurück.

Nützliche Informationen

Etappen: Kressbronn – Tettnang 20 km; Tettnang – Ravensburg 30 km.
Touristeninformation: • D-88069 Tettnang: Rathaus, Montfortplatz 7, Tel. (075 42) 51 00. • D-88212 Ravensburg: Verkehrsamt, Kirchstaße 16, Weingartner Hof, Tel. (07 51) 8 23 02 und 8 23 24.
Unterkunft: • *Hotels in Ravensburg:* Alter Ochsen, Tel. (07 51) 5 20 15; Bayerischer Hof, Tel. (07 51) 5 40 52; Goldene Uhr, (07 51) 3 62 90.
Einkehrmöglichkeiten: • Gasthaus zum Zollhaus bei der Gießenbrücke.
• *Tettnang:* Gasthaus zum Bären.
Öffnungszeiten: • *Tettnang:* Neues Schloß, nur im Rahmen von Führungen zugänglich, vom 1. April bis 31. Oktober 10.30, 14.30 und 16 Uhr, Sonderführungen nach Vereinbarung; Montfortmuseum, im Turmschloß, Mi. und Sa. 14–16 Uhr, So. 10–12 Uhr.
• *Ravensburg:* Städtisches Museum im Vogthaus, Mi.–Sa. 15–17 Uhr, So. 10–12 Uhr und 14–17 Uhr.
Karten: Wanderkarte 1:50 000, Blatt 24 Bodensee-Ost; Radwanderkarte 1:100 000, Blatt 52 Bodensee.
Verkehrsverbindungen: *Kressbronn:* Stündliche Bahnverbindungen nach Lindau und Friedrichshafen/Radolfzell; zusätzlich Schiffsverbindungen. *Ravensburg:* Stündliche Bahnverbindungen nach Friedrichshafen und Bad Schussenried.
Hinweis: Ausgeschildert nach Ravensburg; Verknüpfungen mit den Touren 12 oder 15 möglich.

12 An Illmensee und Pfrunger Ried vorbei nach Pfullendorf

Ravensburg – Illmensee – Pfullendorf

Tourencharakter: Auf kleinen Wegen durch die Riedgebiete von Illmensee und Pfrungen in die historische Stadt Pfullendorf.
Länge der Tour: 45 km.

Auf kleinen und abgelegenen Sträßchen kommt man von Ravensburg zum Illmensee, der sowohl zu einem Bad einlädt als auch zu einer kräftigenden Mittagsmahlzeit. Weiter geht es am Ruschweiler See vorbei über kleine Dörfer bis zur Stadt **Pfullendorf**. Diese präsentiert sich als ein malerisches Städtchen mit vielen Fachwerkhäusern, das zum Verweilen einlädt.

Der Name Pfullendorf leitet sich von »Pfuhl« ab, und bezeichnet den Teil des ehemaligen Stadtgrabens, der im Süden der Stadt lag. Im Zuge der Industrialisierung bzw. des Baus der Eisenbahn wurde dieses Gelände aufgefüllt und der Bahnhof mit seinen Gleisen daraufgebaut. Ein Rest des Stadtgrabens ist noch im Westen erhalten geblieben. Die euphorische Aufbruchsstimmung hat zur wirtschaftlichen Entwicklung Pfullendorfs nur unwesentlich beigetragen, heute verkehren auf der Eisenbahnstrecke nur noch Gütertransporte.

Im Zentrum Pfullendorfs, das im wesentlichen sein altes Erscheinungsbild bewahrt

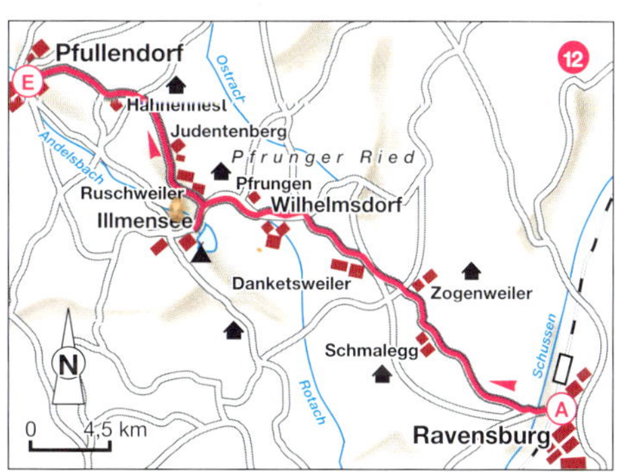

Der Ruschweiler See, in unmittelbarer Nähe des größeren Illmensees gelegen, in frühmorgendlicher Stille.

hat, sind eine Reihe von stattlichen und gut renovierten Fachwerkhäusern zu bewundern. Berühmt und weit über die Grenzen Pfullendorfs hinaus bekannt geworden ist v.a. das *Schoberhaus* von 1317, ein alemannischer Bohlenständerbau, das als eines der ältesten Häuser Süddeutschlands gilt. Die *Pfarrkirche St. Jakob,* deren Turm das Stadtbild prägt, ist eigentlich ein gotischer Bau von 1348, wurde jedoch im Inneren barock umgestaltet. Meinrad von Ow malte die Fresken, den Chor stukkierte Johann Jakob Schwarzmann mit phantasievollen Formen: Kronen, Posaunen, Palmen und Blumengirlanden.

Von der alten Stadtbefestigung Pfullendorfs steht nur noch das 38 Meter hohe *Obere Tor;* mit seinem Torhaus versehen, macht es einen wirklich stattlichen Eindruck. Von der Stadtaußenseite sind auch das Stadtwappen und ein Kreuzigungsrelief noch gut daran erkennbar. An der Straße nach Mengen liegt am Ortsrand auf der rechten Seite die *Wallfahrtskirche Maria Schay,* die zur Zeit renoviert wird. Gleichwohl lohnt sich ein Blick in den Innenraum.

Das Gebiet um den Illmensee sowie das sich nordöstlich anschließende Pfrunger Ried, an dessen Rand diese Tour teilweise verläuft, sind Schöpfungen der Eiszeit.

Streckenbeschreibung

Wir verlassen **Ravensburg** nach Westen über die *Meersburger Straße,* überqueren die Bahnlinie und die Schussen und fahren auf dem Radweg neben der vierspurigen Straße die Anhöhe hoch. Anschließend zeigt ein Wegweiser nach rechts Richtung Wilhelmsdorf/Schmalegg. Der Weg verläuft teils auf einem separaten Radweg, teils, durch einen Strich getrennt, auf der Straße.

In *Schmalegg* radelt man an der Kirche geradeaus vorbei und dann am *Gasthaus zum Kreuz* links. Man erreicht die Sportplätze, und dort weist ein Fahrradschild nach Buttenmühle/Schmuckau.

Anschließend geht es einen Kiesweg hinauf und hinab durch den Wald, vor Zogenweiler erreichen wir eine Querstraße, der wir links nach *Zogenweiler* folgen. Im Ort geht es geradeaus weiter nach *Danketsweiler,* an dessen Ortsende wir links nach *Wilhelmsdorf* abbiegen. Wir kommen in den Ortsteil *Esenhausen,* in dem wir erst geradeaus fahren und am Ende links. An der Hauptstraße von Wilhelmsdorf radeln wir geradeaus und gelangen über *Tafern* nach *Pfrungen.* Dort biegen wir an der Kirche links ab und genießen den Radweg bis nach **Illmensee.**

Von Illmensee aus gibt es zwei Möglichkeiten, nach Pfullendorf zu gelangen. Entweder auf dem Radweg bis Echbeck und dann über Denkingen nach Pfullendorf oder, wie hier beschrieben, über Judentenberg.

Wir fahren von Illmensee Richtung Pfrungen auf dem Radweg auf der linken Seite. Vor *Ruschweiler* geht es links ab, wir kommen am idyllisch gelegenen Ruschweiler See vorbei in den Ort hinein. Dort radeln wir zur Kirche und dann links ab. Der Weg führt uns meist am Waldrand entlang bis nach *Judentenberg*. Vor Judentenberg hat man eine gute Aussicht auf das rechts gelegene Pfrunger Ried, auch Pfullendorf ist bereits in der Ferne erkennbar. Hier geht es hinab nach *Waldbeuren*. Dort biegen wir links auf die Straße ein, überqueren die folgende Straße und fahren in der Ebene des Pfrunger Rieds an *Hahnennest* und *Mettenbach* vorbei. Nachdem wir die Bahnlinie passiert haben, gelangen wir nach ca. 2 km zur *Spitalmühle*, wo es links hinaufgeht. Wir erreichen ein Neubaugebiet und anschließend die große Straße von Pfullendorf, auf der wir uns rechts halten und unterhalb der Altstadt von **Pfullendorf** herauskommen.

Einer der Bauerngärten, die uns beim Radfahren immer wieder begegnen und uns mit ihrer Farbenpracht erfreuen.

Nützliche Informationen

Etappen: Ravensburg – Illmensee 25 km; Illmensee – Pfullendorf 20 km.
Touristeninformation: • D-88630 Pfullendorf: Kultur- und Verkehrsamt im Rathaus, Kirchplatz 1, Tel. (075 52) 251 60.
• D-88212 Ravensburg: Verkehrsamt, Kirchstraße 16, Weingartner Hof, Tel. (07 51) 823 02 und 823 24.
Unterkunft: • *Hotels in Pfullendorf:* Adler, Tel. (075 52) 920 90; Stadtblick, Tel. (075 52) 60 03; Krone, Tel. (075 52) 921 70.
Öffnungszeiten: • *Wilhelmsdorf:* Museum für bäuerliches Handwerk und Kultur (Museum Schleshorn), 1. und 3. So. im Monat 14–17 Uhr; Naturschutz-Zentrum »Pfrunger-Burgweiler Ried«, Riedweg 3, So. und an Feiertagen 10–17 Uhr.
Karten: Wanderkarte 1:50 000, Blatt 22 Saulgau/Ravensburg; Deutsche Radtourenkarte 1:100 000, Blatt 33 Hohenzollern/Bodensee.
Verkehrsverbindung: • *Pfullendorf:* Keine Bahnanbindung. • *Ravensburg:* Stündliche Anbindungen nach Friedrichshafen und Bad Schussenried.
Hinweis: In Pfullendorf beginnen die Touren 13, 32 und 39.

13 Nach Bad Schussenried

Pfullendorf – Ostrach – Saulgau – Bad Schussenried

Tourencharakter: Leicht hügelige Tour durch Getreidefelder und Wälder; von Saulgau bis Bad Schussenried beschildert als »Bodensee-Donau-Radweg«.

Länge der Tour: 45 km.

Verläuft die Tour zuerst nördlich des Pfrunger Rieds durch Wiesen und Wälder bis Ostrach, so bilden die Sehenswürdigkeiten von Sießen und Saulgau den kulturellen Schwerpunkt der folgenden Wegstrecke.

Die äußerlich schlichte vierflügelige **Klosteranlage von Sießen**, nur wenige Kilometer vor Saulgau, wurde von den Baumeistern Franz Beer und Christian Thumb von 1716 bis 1722 errichtet. Die Kirche, äußerlich genauso schlicht wie die Klosteranlage, birgt in ihrem Inneren eine Überraschung. Ein heller und festlicher Raum empfängt den Besucher. Die Kirche wurde von Dominikus Zimmermann entworfen, und auch die Stukkaturen des Frührokoko stammen von ihm und seinem Bruder Kaspar. Im Sießener Kloster, das heute von Franziskanerinnen geleitet wird, ist ein Töchterinstitut untergebracht und ein Seminar für Volksschul- und Handarbeitslehrerinnen.

Der einzige Überrest der Stadtmauer von Saulgau ist dieses kleine Stück mit dem »Katzentürmle«, das früher als Gefängnis diente.

Von Sießen sind es nur wenige Kilometer bis **Saulgau**, einer kleinen und ruhigen Stadt. Bereits im Jahre 819 urkundlich erwähnt, gehörte Saulgau von 1299 bis 1806 zu den fünf Donaustädten Vorderösterreichs. Von der Stadtbefestigung blieb nur der spätgotische Katzenturm mit einem Rest der Stadtmauer erhalten. Die Kirche mit ihrem weithin sichtbaren Turm ist eine gotische Basilika um 1400. In der Stadt sind noch mehrere alte Bürgerhäuser zu sehen, das älteste gleich neben der Kirche, ein Fachwerkhaus mit spätgotischer Untergeschoß-Laube.

Bad Schussenried, ebenfalls ein kleines Städtchen wie Saulgau, aber häufiger von Touristen frequentiert, ist Ausgangs- und Endpunkt mehrerer Touren. Weithin bekannt ist Bad Schussenried vor allem durch den barocken Bibliothekssaal im ehemaligen *Prämonstratenserkloster.* Dieses betritt man durch das Torhaus, die ehemalige Klosterkirche, jetzt *Pfarrkirche St. Magnus,* liegt dann direkt dahinter. Sie geht auf eine dreischiffige romanische Pfeilerbasilika zurück. Als die Schweden sich vom Bodensee zurückzogen, zündeten sie das Langhaus der Kirche an; ab 1710 wurde es barock umgestaltet. Das Ergebnis ist beeindruckend: die Feierlichkeit der Romanik ist noch zu spüren, gleichzeitig wirkt der Barock nicht aufgesetzt. Ein Meisterwerk dieser Kirche ist ohne Zweifel das *Chorgestühl,* eine überwältigende Schöpfung der Schnitzkunst aus Nußbaumholz, geschaffen in den Jahren 1715 bis 1718 von Georg Anton Machein aus Überlingen. Gekrönt wird das Gestühl von den Figuren der Heiligen und Seligen des Prämonstratenserordens. Von den Klo-

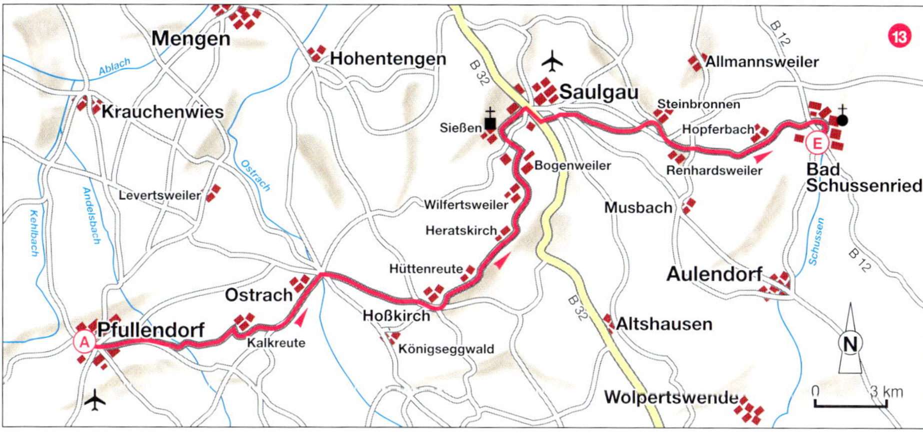

sterbauten wurde nur der Nordtrakt ausgeführt. Dieser birgt den berühmten *Bibliothekssaal,* ein Meisterwerk des Barock, der auf jeden Fall einen ausführlichen Besuch lohnt.

Streckenbeschreibung

Wir beginnen unsere Tour unterhalb des Rathauses von **Pfullendorf** und fahren die große *Konrad-Heilig-Straße* nach links. Nach wenigen hundert Metern, kurz bevor wir die Bahnlinie erreichen, geht links die Straße *Mühlensteigle* ab. Auf dieser gelangen wir zur *Spitalmühle,* dort wenden wir uns nach rechts. Wenn der Weg über die Bahnlinie nach rechts weiterläuft, fahren wir geradeaus und gelangen in ein kleines Waldstück. Danach kommen wir nach *Kalkreute.* Hier geht es erst rechts und an der Kapelle dann gleich wieder links Richtung Spöck. Dort biegen wir links nach Ostrach und im Ort angelangt an dem sehr empfehlenswerten *Gasthof zum Hirsch* rechts die Hohenzollernstraße hinab.

An deren Ende geht gegenüber die Straße weiter Richtung Hoßkirch/Altshausen. Leider muß man auf dieser größeren Straße einen kurzen Anstieg bewältigen, dann fährt man immer geradeaus Richtung Hoßkirch. Eine kleine Alternative besteht darin, daß man rechts nach *Unterweiler* abbiegt und anschließend über *Oberweiler* wieder hoch zur Straße nach Hoßkirch gelangt. Von da aus verläuft ca. 1 km ein Radweg bis *Hoßkirch.* Wir durchqueren Hoßkirch und wenden uns an dessen Ende links in Richtung Heratskirch. Anschließend erreicht man *Hüttenreute,* das mit dem Gasthof Hirsch aufwartet, in dem es erlesene selbergemachte Beerenweine zu verkosten gibt. Danach geht es weiter nach *Heratskirch.* Von dort aus gelangen wir nach *Wilfertsweiler,* wo wir am Ortsanfang links abbiegen, in den Wald hochfahren und dann am Waldrand rechts nach *Bogenweiler* kommen. Dort steht *Kloster Sießen* schon angeschrieben. Um es zu erreichen, überqueren wir die Straße Ostrach/Saulgau.

Vom Kloster führt ein kleiner lauschiger, mit Birken bestandener Weg an der Martinskapelle vorbei durch ein kleines Tal bis nach **Saulgau**. Hier überqueren wir die Bahnlinie und gelangen in die Altstadt von Saulgau, die heute Fußgängerzone ist. Wir orientieren uns an der B 32 Richtung Süden, bei der folgenden Kreuzung geht es links ab nach Bad Buchau und Bad Schussenried. Ab hier ist unser Weg wieder ausgeschildert als »Bodensee-Donau-Radweg«. Wir radeln an der *Friedhofskapelle* vorbei und gleich danach rechts in ein kleines Sträßchen in Richtung Lampertsweiler/Aulendorf.

Nach ca. 1,5 km auf diesem kleinen Teerweg müssen wir uns links zur unterhalb gelegenen Straße wenden, die wir geradeaus überqueren. An der kleinen Baumgruppe halten wir uns dann links. Am Waldrand biegen wir links ab und erreichen *Steinbronnen.* Dort fahren wir rechts auf die Hauptstraße und bis zu einem Sandsteinkreuz auf der linken Seite, an dem die *Bierstetterstraße* einmündet. Durch das Sägewerk hindurch geht es hoch bis zur Querstraße, auf der wir uns nach rechts wenden und so nach *Rennertsweiler* gelangen, dessen imposanten Kirchturm wir schon vor uns liegen sehen. In Rennertsweiler radeln wir ca. 100 m auf der großen Straße nach links, dann zweigt der Weg rechts ab nach Hopferbach. Vor Hopferbach kommen wir noch durch den Weiler *Schwemme,* bei dem wir wieder eine Straße überqueren müssen. In einem Laubwald geht es zuerst hinauf und dann hinab bis nach *Hopferbach.* Im Ort halten wir uns links, am Ortsende steht schon **Bad Schussenried** angeschrieben, wohin es noch 4 km sind.

Nützliche Informationen

Etappen: Pfullendorf – Ostrach 12 km; Ostrach – Saulgau 17 km; Saulgau – Bad Schussenried 16 km.
Touristeninformation: • D-88630 Pfullendorf: Kultur- und Verkehrsamt im Rathaus, Kirchplatz 1, Tel. (0 75 52) 2 51 60.
• D-88348 Saulgau: Verkehrsamt im Rathaus, Tel. (0 75 81) 42 68.
• D-88427 Bad Schussenried: Städtische Kurverwaltung, Georg-Kaes-Straße 10, Tel. (0 75 83) 94 01 71.
Unterkunft: • *Hotels in Bad Schussenried:* Gasthaus Linde, Tel. (0 75 83) 22 34; Bären, Tel. (0 75 83) 13 95.
Karten: Wanderkarte 1:100 000, Blatt 22 Saulgau/Ravensburg; Deutsche Radtourenkarte 1:100 000, Blatt 33 Hohenzollern/ Bodensee.
Öffnungszeiten: • *Bad Schussenried:* Bibliothekssaal im früheren Prämonstratenserkloster, April–Okt. täglich 10–12 Uhr und 14–17 Uhr, Nov.–März Mo.–Fr. 14–16 Uhr, Sa., So. und feiertags 10–12 Uhr und 14–16 Uhr; Bierkrugmuseum »Trinkkultur aus 5 Jahrhunderten« Di.–So. ab 10 Uhr, Mo. Ruhetag.
Verkehrsverbindungen: Gute Bahnanbindung von *Bad Schussenried* Richtung Friedrichshafen und Ulm.
Hinweise: Von Saulgau bis Bad Schussenried Beschilderung »Radwanderweg Donau–Bodensee«. In Bad Schussenried beginnen die Touren 14 und 16.

14 Pausbäckige Engel und goldene Girlanden: Barock zwischen Bad Schussenried und Ravensburg

Bad Schussenried – Otterswang – Aulendorf – Altshausen – Hatzenturm – Weingarten – Ravensburg

Tourencharakter: Einfach zu fahrende Tour an vielen Sehenswürdigkeiten des oberschwäbischen Barock vorbei nach Ravensburg.
Länge der Tour: 50 km.

Diese Tour steht, wie auch die folgende, ganz im Zeichen des oberschwäbischen Barock. Bei unserer Fahrt quer durch Oberschwaben von Bad Schussenried nach Ravensburg orientieren wir uns an den Vorgaben der offiziellen »Oberschwäbischen Barockstraße«. So können die Höhepunkte der barocken Baukunst kaum verfehlt werden. Dazu gehören die beeindruckende Dorfkirche St. Oswald in Otterswang, die mächtige Schloßanlage des Deutschen Ordens in Altshausen und die weltberühmte Basilika in Weingarten.

Schon wenige Kilometer nach Bad Schussenried fällt unser Blick auf die von weitem sichtbare *Dorfkirche* von **Otterswang** mit dem hohen schlanken Kirchturm. Sie wurde 1779, am Ende der Rokokozeit, fertiggestellt. Die Fresken stammen von Meinrad von Ow, dem Sigmaringer Freskenmaler. Die Kirche vermittelt einen sehr festlichen und lichten Gesamteindruck.

Von Otterswang sind es nur 3 km bis **Aulendorf**. Dort erwartet uns kein Barockjuwel, aber eine interessante *Schloßanlage* aus verschiedenen Bauepochen. Der Südteil des Schlosses gehört zu einer mittelalterlichen

Im Garten des ehemaligen Deutschordensschlosses von Altshausen steht »Die Geburt der Isis«, eine moderne Plastik der Diane von Württemberg.

Burg, der mit einer klassizistischen Fassade versehene, zur Straße gelegene Nordtrakt entstand 1740/41. Sehenswert ist auch der beschauliche Innenhof mit seinen Arkaden. Das Schloß wird zur Zeit vollständig saniert und ist deshalb nicht zugänglich. Zusammen mit der *Pfarrkirche St. Martin* bildet es eine markante Baugruppe. St. Martin ist durch verschiedene Kunststile geprägt: gotische Netzgewölbe und Kreuzrippen, ein im Barock stuckiertes Mittelschiff. Die südlich angebaute *Sebastianskapelle* dient als Grablege der Herren von Königsegg. Beachtenswert ist dort das Grabdenkmal auf der linken Seite der Kapelle, das Graf Berchtold und seine Gattin Kunigunde zu seiten des Gekreuzigten kniend darstellt.

Kleine Nebenstraßen führen uns durch liebliche Weiler direkt zum ehemaligen Deutschordensschloß von **Altshausen**. Hier wurde einer der berühmtesten Universalgelehrten des Mittelalters geboren und auch bestattet: Hermann der Lahme, der als Mönch auf der Reichenau tätig war. Der westliche Flügel der *Schloßanlage* ist auch heute noch von der katholischen Linie des Hauses von Württemberg bewohnt. Die Schloßkirche (heute Pfarrkirche St. Michael)

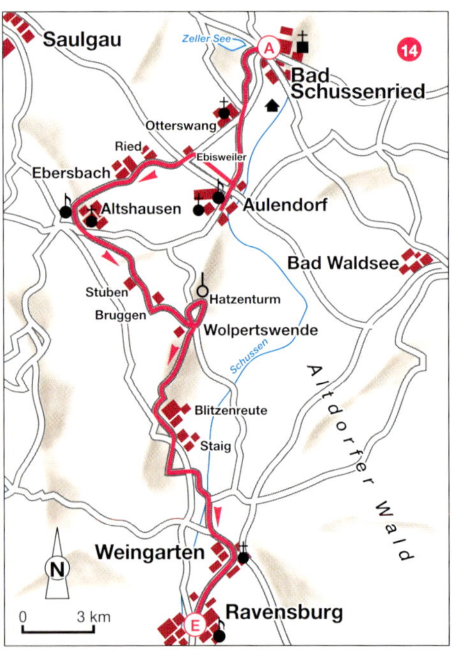

gehört zu den ältesten Teilen der Schloßanlage, die gotische Pfeilerbasilika wurde Mitte des 18. Jh.s barockisiert.

Kurz nach Wolpertswende stoßen wir in dem gleichnamigen Weiler auf den sogenannten **Hatzenturm**. Baugeschichtlich stellt dieser eine sogenannte Motte dar, eine für das frühe Mittelalter typische Burgform, die auf einem künstlich aufgeschütteten Hügel errichtet wurde. Der Hatzenturm präsentiert sich mit seinen mächtigen Mauern aus unbehauenen Steinen und seinem quadratischen Grundriß als wehrhafter Burgfried. Die Herren von Wolpertswende, Wolfeggsche Ministeriale, ließen ihn zu Anfang des 12. Jh.s errichten.

Nach diesem kurzen Ausflug in das Mittelalter erreichen wir nun eine der beeindruckendsten Bauten des Barock: die Basilika von **Weingarten**. Sie ist nicht nur die größte Deutschlands, sondern auch eine barocke Schöpfung europäischen Rangs. Mit ihren Ausmaßen von 102 m Länge und 66,75 m Kuppelhöhe ist sie in etwa halb so groß wie der Petersdom zu Rom.

Die Welfenfürstin Judith schenkte dem dazugehörigen Benediktinerkloster 1094 eine Heilig-Blut-Reliquie, die schnell zum Ziel einer Wallfahrt wurde. Das Kloster blühte und gedieh und wurde im 13. Jh. reichsfrei. Als ehemals reichstes Kloster Schwabens wurde es 1803 säkularisiert, jetzt beherbergt es wieder eine Benediktinerabtei. Die heutige Kirche wurde 1715 von Franz Beer begonnen und von Donato Giuseppe Frisoni aus Ludwigsburg vollendet. Im Inneren überwältigt zuerst der harmonische Raumeindruck. Die Stuckarbeiten von Franz Schmuzer, die Fresken des noch jungen Cosmas Damian Asam und die gewaltige Rokokokanzel des Weingartners Fiedel Sporer, die förmlich um den Pfeiler herumdrapiert ist, bestimmen das Bild. Auch das kunstvolle Chorgestühl des Joseph Anton Feichtmayr verdient unsere Beachtung. Die berühmte Gabler-Orgel, hervorragend eingepaßt in die Empore, ist eine der größten und klangvollsten Deutschlands. Wenn möglich, sollte man nicht versäumen, eines der berühmten Orgelkonzerte zu besuchen.

Die Heilig-Blut-Reliquie, die hinter Glas im Altar am Choreingang liegt, ist Anlaß für den bekannten *Blutritt* von Weingarten. Er findet alljährlich am Freitag nach Christi Himmelfahrt statt; es nehmen mehrere tausend Reiter daran teil. Dabei fällt in der Nacht auf den Freitag die Sperrstunde in Weingarten, da Teilnehmer während der ganzen Nacht ankommen. Um 4 Uhr am Blutfreitagmorgen wird die erste Hl. Messe gefeiert, um 7 Uhr beginnt dann die Prozession. Mit den Reitern in Frack und Zylinder, den Fahnen und Standarten und den prächtig herausgeputzten Pferden, begleitet von Musikkapellen, ist der Blutritt ein beeindruckendes Schauspiel.

Die prächtige Rokokokanzel mit den ausdrucksstarken Engelsfiguren in der Basilika von Weingarten ist eine der Meisterleistungen des Rokoko.

Streckenbeschreibung

Vom Kloster in **Bad Schussenried** fährt man zur Verkehrsinformation und anschließend in die *Schulstraße*, die in die Zellerstraße übergeht. An der Kurparkklinik vorbei kommt man zum *Café am Zellersee*, das man rechts liegenläßt. Ein kleiner Weg führt zum Waldrand hin und biegt dort links ab (gut ausgeschildert). Wir erreichen nach wenigen Kilometern **Otterswang** mit der sehenswerten Barockkirche St. Ottilie.

Nach **Aulendorf** verläuft ein Radweg an der rechten Seite der Straße entlang. Wenn wir in Aulendorf noch keine Rast einlegen wollen, biegen wir am Ortsanfang rechts nach Ebisweiler ab. Nach ca. 200 m weist die Radbeschilderung nach rechts und führt uns am Verlag Edito Cantor vorbei wieder auf die Straße nach Ebisweiler. Nach einem Anstieg bietet sich dem Radler ein reizvoller Rundblick über Wiesen, Wälder und die unterhalb gelegenen kleinen Dörfer.

In *Ebisweiler* biegt man gleich links ab, ein Kiesweg führt weiter bis zur Querstraße. Diese überqueren wir und fahren weiter über *Laubbronnen* nach *Ried*, wo es ebenfalls geradeaus weitergeht und wir schließlich *Ebersbach* erreichen. Zwischen Ebersbach und **Altshausen** gibt es auf der rechten Straßenseite einen Radweg. Schon von weitem sehen wir die lange Klostermauer, den Kirchturm des Klosters sowie die direkt am Radweg gelegene Orangerierotunde.

Am *Toreingang des Klosters* biegen wir links ab. Am Ende der breiten Straße überqueren wir die Bahnlinie, wenden uns gleich nach links und fahren parallel zur Bahnlinie am Sägewerk vorbei. Danach überqueren wir eine Straße und radeln geradeaus in den Wald hinein. Wir erreichen *Stuben;* dort geht es im Ort zuerst links und dann rechts. Nach einem kleinen Waldstück folgen wir links dem Weg nach *Bruggen*, durch das wir geradeaus hindurch nach *Wolpertswende* gelangen. Dort biegen wir gleich links ab zum **Hatzenturm**. Auf diesem Weg hat man nach rechts eine wunderbare Sicht bis hin zu den Alpen. Der Hatzenturm selbst, den man auf eigene Gefahr besteigen kann (Eingang rechts des unterhalb gebauten Hauses), bietet an klaren Tagen eine noch umfangreichere Aussicht auf den Bodensee und die Alpen. Vom Hatzenturm fahren wir auf die unterhalb gelegene Straße. Dort biegen wir rechts ab und fahren wieder zurück nach *Wolpertswende*. Im Ort folgen wir nicht der Beschilderung nach Ravensburg, sondern wenden uns zur

Pfarrkirche St. Wolfgang, an deren rechter Seite der Weg nach Blitzenreute beginnt. Auf dieser hochgelegenen Straße hat man wiederum einen weitreichenden Panoramablick. Der Weg verläuft geradeaus über *Niedersweiler* und *Oberspringen* nach *Blitzenreute.* Dort biegen wir am Ortsanfang an der *großen Linde* nach links in die Raiffeisenstraße ein. An deren Ende geht es links ab Richtung *Biegenburg.* Ein Radweg führt unter einer mächtigen Pappelallee entlang. Man erreicht eine Villensiedlung, anschließend geht es mit 18 % Gefälle steil hinab. An der folgenden Querstraße wenden wir uns nach rechts und folgen vor dem Bach der ausgeschilderten Radbeschreibung.

Man erreicht die vielbefahrene Straße Weingarten–Altshausen (B 32), überquert diese mit aller gebotenen Vorsicht und fährt geradeaus weiter. An der nächsten Querstraße biegen wir nach links und treffen wiederum auf die stark befahrene B 32, an der wir wenige 100 m nach rechts fahren und dann nochmals überqueren. Gegenüber fahren wir auf einem Kiesweg nach *Niederbingen.* Im Ort orientiert man sich an der Fahrradbeschilderung, die unter dem Durchlaß hindurch, danach über eine Bachbrücke und gleich rechts in die *Binninger Straße* weist. Es geht links an einem Gehöft vorbei, anschließend rechts in den *Öschweg* und an einer Kapelle vorbei weiter bis zur breiten *Ettishofer Straße.* Auf deren rechter Seite verläuft ein Radweg, auf dem wir nach links Richtung Basilika fahren und dann in die *Niederbinger Straße* rechts abbiegen. Genau gegenüber beginnt die *Schussenstraße,* auf der wir nach ca. 200 m rechts zur Basilika abbiegen. Von **Weingarten** führt ein ausgeschilderter Radweg bis zur Altstadt von **Ravensburg**.

Nützliche Informationen

Etappen: Bad Schussenried – Aulendorf 6 km; Aulendorf – Altshausen 12 km; Altshausen – Hatzenturm 12 km; Hatzenturm – Weingarten 15 km; Weingarten – Ravensburg 5 km.

Touristeninformation: • D-88427 Bad Schussenried: Städtische Kurverwaltung, Georg-Kaes-Straße 10, Tel. (07583) 940171. • D-88212 Ravensburg, Verkehrsamt, Kirchstaße 16, Weingartner Hof, Tel. (0751) 82302 und 82324.

Unterkunft: • *Hotels in Ravensburg:* Alter Ochsen, Tel. (0751) 52015, Bayerischer Hof, Tel. (0751) 54052, Goldene Uhr, (0751) 36290.

Öffnungszeiten: • *Ravensburg:* Städtisches Museum im Vogthaus, Mi.– Sa. 15–17 Uhr, So. 10–12 Uhr und 14–17 Uhr.

Karten: Wanderkarte 1:50000, Blatt 22 Saulgau/Ravensburg; Deutsche Radtourenkarte 1:100000, Blatt 33 Hohenzollern/Bodensee.

Verkehrsverbindungen: *Bad Schussenried* und *Ravensburg* liegen an der Bahnstrecke Friedrichshafen – Ulm und sind gut angebunden.

Hinweise: Diese Tour kann man mit der folgenden an zwei Tagen fahren, und erlebt dabei viele Höhepunkte des oberschwäbischen Barock. In Ravensburg beginnt auch Tour 12 nach Pfullendorf.

15 Entlang der Schussen zur schönsten Dorfkirche der Welt

Ravensburg – Weingarten – Baindt – Bad Waldsee – Steinhausen – Bad Schussenried

Tourencharakter: Leicht hügelige, landschaftlich sehr abwechslungsreiche Tour zu weiteren Schöpfungen des oberschwäbischen Barock.

Länge der Tour: 48 km.

Auch diese Tour ist geprägt von den weltberühmten Schöpfungen der barocken Baukunst. Diesmal führt uns der Weg auf kleinen Nebenstraßen durch die abwechslungsreiche Hügellandschaft Oberschwabens von Ravensburg zurück nach Bad Schussenried. Die größte Basilika Deutschlands, die Klosterkirche in **Weingarten**, stellt den Auftakt dieser kunsthistorischen Tour dar (Beschreibung siehe Tour 14, S. 78 f.).

Aber auch die Klosteranlage von **Baindt**, nur wenige Kilometer von Weingarten entfernt gelegen, lohnt einen Besuch. Von der seit 1376 reichsunmittelbaren Zisterzienserabtei ist die einstige Größe nur noch zu erahnen. Erhalten geblieben sind der Südtrakt, einige Wirtschaftsbauten, der Pfarrhof und das Gästehaus. Die Pfarrkirche geht auf das 13. Jh. zurück. Sehenswert ist v.a. das ausdrucksvolle Pestkreuz im linken Seitenschiff aus dem 14. Jh.

Auf dem Weg nach Bad Waldsee genießen wir die Stille der Wälder. Abgeschieden von der Welt bietet sich dem Radler das waldige Tal des Schussentobel an. Haben wir schließlich **Bad Waldsee** erreicht, verlocken viele Gasthäuser zur verdienten Einkehr. Der Name der Stadt Waldsee geht nicht, wie man vermuten würde, auf die umgebenden Wälder zurück, sondern stammt von Walchen, Wälschen oder Welschen und bezeichnet die Fremden, wahrscheinlich die mit der keltischen Restbevölkerung vermischten Alemannen, die sich hier nie-

Die »schönste Dorfkirche der Welt« in Steinhausen bei Bad Schussenried thront imposant und weithin sichtbar über den wenigen Bauernhäusern des kleinen Orts.

derließen. Bad Waldsee gehörte wie andere Städte Oberschwabens bis 1806 zu Vorderösterreich. Die Altstadt liegt zwischen dem Schloßsee und dem Stadtsee, die doppeltürmige *Barockkirche* prägt deren Stadtbild. Innen wirkt v.a. der mächtige Hochaltar von Dominikus Zimmermann mit seltenen Scagliola-Stuckarbeiten (Stuckmarmorintarsien). Im linken Seitenschiff ist das überlebensgroße vergoldete Bronzeepitaph des Truchsesses Georg I. von Waldburg zu bewundern. Es stellt eine der bedeutendsten Plastiken der Frührenaissance im deutschen Südwesten dar. In der Stadt ist das gotische *Rathaus* mit dem festlichen Fassadengiebel eindrucksvoll. Als einziger Überrest der Stadtbefestigung blieb nur das *Wurzacher Tor* im Südosten der Altstadt erhalten. Das *Wasserschloß*, aus einer früheren Wasserburg hervorgegangen, beherbergt heute eine Management-Schule und ist nicht zugänglich.

Letzter Höhepunkt der Tour ist die Barockkirche in **Steinhausen**. Die »schönste Dorfkirche der Welt« hat man sie genannt. Genau diese Worte bestimmen den ersten Eindruck, wenn man die Kirche, hoch aufragend aus den wenigen Häusern des Dorfs Steinhausen, vor sich sieht. Erschaffen von Dominikus Zimmermann, der auch die Wieskirche erbaute, stellt sich die Steinhausener Kirche als erstes Zeugnis einer sogenannten Freipfeilerhalle auf ovalem Grundriß in Deutschland dar. In den Stukkaturen werden Fauna und Flora lebendig: Akelei, Dahlie, Glocken- und Sonnenblume, Spechte, Biene und Heuschrecke, die Schwalbe mit Jungen im Nest, Schmetterlinge und Schnecken lassen sich in den Stukkierungen entdecken.

Streckenbeschreibung

Wir verlassen **Ravensburg** durch das *Frauentor* und fahren auf dem gutausgeschilderten Radweg bis nach **Weingarten.** Am Verkehrs- und Touristenamt am Münsterplatz radeln wir vorbei in die *Heinrich-Schatz-Straße*. Dieser folgen wir nach Norden und weiter in die *Bahnhofstraße*, die sich in der *Baienfurter Straße* fortsetzt. An deren Ende geht es links, und schon sieht man die Radbeschilderung. Ab Trauben kann man durchgängig den Radweg benützen. Wir erreichen **Baindt**, fahren die Straße lang und folgen ihr nach links hinab. Will man die Kirche von Baindt besichtigen, muß man an dieser Stelle geradeaus die Gartenstraße und dann die Thumstraße hoch zur Kirche nehmen.

Sonst folgen wir der Straße nach links, gelangen zu einem Kreisverkehr, an dem wir uns nach links *Richtung Sulpach* wenden und die B 30 unterqueren. Wir nehmen rechts die alte Dorfstraße, die durch Sulpach hindurchführt, und kommen wieder auf die größere Straße, auf der wir uns nach rechts wenden und gleich danach zwei Gehöfte erreichen. Dort geht rechts ein Kiesweg, die *Kümmerazhoferstraße*, ab, der zum Wald führt. Am Waldanfang zweigt links der beschilderte *Kiesweg nach Mochenwangen* ab. Dieser verläuft schnurgerade durch den

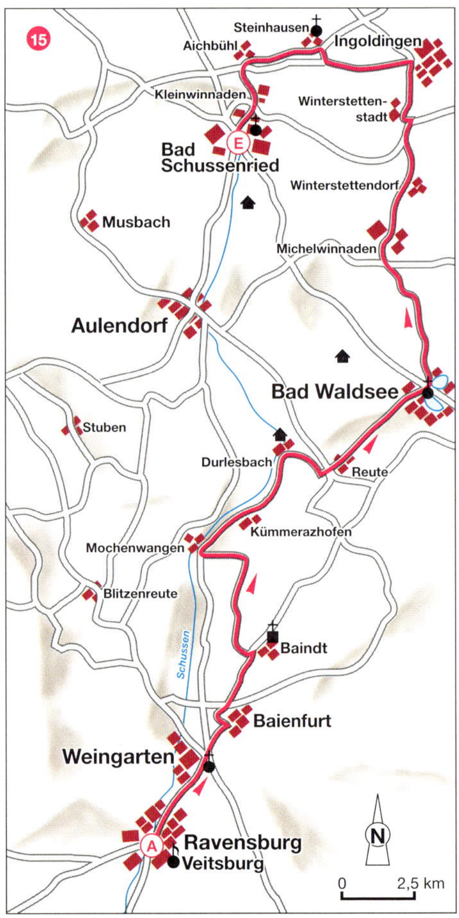

Das Innere der Rokokokirche von Steinhausen mit Blick auf die Orgelempore. Deutlich sichtbar ist das freitragende Pfeilerschema.

schönen Wald. Beim Abenteuerspielplatz fahren wir links und dann gleich wieder rechts und noch vor der Eisenbahnbrücke nochmals rechts. Auf einem Kiesweg radelt man parallel zur Bahnlinie im einsamen Tal des Schussentobel ca. 10 km bis nach *Durlesbach.* Dort steht links, vor dem ehemaligen Bahnhof, eine Schmalspurlok mit zwei Wagen. Dahinter geht es rechts Richtung Reute. In *Reute* fährt man immer geradeaus und an der Kirche zur Guten Beth vorbei.

Anschließend führt ein Radweg auf der rechten Straßenseite bis nach Bad Waldsee. Im Wohngebiet fahren wir geradeaus den Reuteweg weiter, bis wir in **Bad Waldsee** auf die querlaufende Aulendorferstraße treffen. Hier biegen wir rechts ab, folgen der großen Straße, bis es links nach Michelwinnaden abgeht. Wir radeln unter der Bahnunterführung hindurch und die *Steinacher Straße* nach oben. Die Straße verläuft geradeaus über *Steinach* und *Lenatsweiler* bis nach *Michelwinnaden.* Dort überqueren wir die Straße und fahren an der Leonardskapelle weiter bis *Winterstettendorf.* Hier geht es im Ort rechts und dann gleich links der Beschilderung *Winterstettenstadt* nach, welches trotz seines Namens nur unwesentlich größer als sein Namensvetter ist. In Winterstettenstadt kommt man an der ehemaligen Schenkenburg vorbei zur Kirche und wendet sich dort links hinab zur Bahnunterführung. Anschließend geht es durch den Wald hinauf nach *Ingoldingen.*

Von Ingoldingen nach **Steinhausen** muß man leider die große Straße nehmen. Schon von weitem sehen wir die größte und wahrscheinlich auch schönste Dorfkirche der Welt. Wir fahren an der Kirche vorbei hinab und dann links bis *Aichbühl.* Nach Aichbühl überquert man die große Straße, gegenüber führt ein Weg nach Kleinwinnaden. Dort geht es dann nach rechts, über die Umgehungsstraße von Bad Schussenried und geradeaus weiter, bis man mitten im Zentrum von **Bad Schussenried**, beim Gasthof zur Linde, herauskommt.

Nützliche Informationen

Etappen: Ravensburg – Weingarten 4 km; Weingarten – Bad Waldsee 20 km; Bad Waldsee – Steinhausen 18 km; Steinhausen – Bad Schussenried 6 km.
Touristeninformation: • D-88339 Bad Waldsee: Städtische Kurverwaltung und Gästeamt, Ravensburger Straße 1, Tel. (075 24) 94 13 42 und 94 13 41; • D-88427 Bad Schussenried: Städtische Kurverwaltung, Georg-Kaes-Straße 10, Tel. (075 83) 94 01 71.
Unterkunft: • *Hotels in Bad Schussenried:* Gasthaus Linde, Tel. (075 83) 22 34; Bären, Tel. (075 83) 13 95.
Karten: Wanderkarte 1:50 000, Blatt 22 Saulgau/Ravensburg; Deutsche Radtourenkarte 1:100 000, Blatt 33 Hohenzollern/Bodensee.
Öffnungszeiten: • *Weingarten:* Alemannenmuseum: Mi. und Sa. 15–17 Uhr, So. 10–12 und 15–17 Uhr. • *Bad Schussenried:* Bibliothekssaal, täglich 10–16 Uhr.
Verkehrsverbindungen: Von Ravensburg bestehen stündliche Bahnverbindungen nach Friedrichshafen und Bad Schussenried.
Hinweise: Diese Tour kann zusammen mit Tour 14 (Bad Schussenried – Ravensburg) als Rundtour des Barock gefahren werden. Außerdem beginnt in Bad Schussenried Tour 16.

16 Durch Höll und Tal nach Wangen

Bad Schussenried – Kürnbach – Bad Waldsee – Wolfegg – Kißlegg – Wangen

Tourencharakter: Landschaftlich sehr reizvolle Tour durch die Wiesen- und Waldlandschaft des Westallgäus, mit schönen Blicken auf das Bergpanorama der Alpen.
Länge der Tour: 64 km.

Boten die beiden vorausgegangenen Touren dem Radler die Höhepunkte barocker Baukunst in all ihren prächtigen Ausformungen, so prägt die hügelige Wiesen- und Waldlandschaft diese Tour. Abgelegene Nebenstrecken führen uns in eine idyllische Landschaft, die typisch für das Allgäu ist: Wiesen und Felder, Kuhweiden, Waldstücke und Gehöfte bestimmen das Bild. Stets ist im Hintergrund das mächtige Bergpanorama der Alpen gegenwärtig.

An zwei Freilichtmuseen führt der Weg vorbei: am Kreisfreilichtmuseum in Kürnbach bei Bad Schussenried und am Bauernhausmuseum in Wolfegg.

Das Kreisfreilichtmuseum liegt im Örtchen **Kürnbach** und ist eines der bedeutendsten in Baden-Württemberg. Mit rund um das 1664 erbaute strohgedeckte Kürnbachhaus angeordneten Bauten aus fünf Jahrhunderten vermittelt das Freilichtmuseum einen umfassenden Einblick in die traditionellen Hausformen Oberschwabens. Auch das ländliche Handwerk ist durch eine Seilerwerkstatt und eine Schuhmacherwerkstatt vertreten. Ein Baummuseum mit über 200 alten heimischen Apfel-, Birnen- und Zwetschgensorten, die heute vom Aussterben bedroht sind, sowie zwei Bauerngärten machen ländliche Entwicklung und Kultur anschaulich.

Nach **Bad Waldsee** (Beschreibung siehe Tour 15, S. 81 f.) verlassen wir die sanfte, idyllische Landschaft des Westallgäus und tauchen in eine waldige, wildromantische Gegend ein. Zwischen engen Tälern und

Die einsam gelegene Thalmühle mit Fischteichen auf dem Weg nach Kißlegg. Dieser Streckenabschnitt überrascht durch seinen eher alpinen Charakter.

rauschenden Bächen radeln wir durch die Weiler Tal, Bainders und Höll bis Wolfegg.

Nach dem Bauernhausmuseum von **Wolfegg**, das aus 13 historischen Gebäuden besteht und auch eine Ausstellung »Droben im Oberland« über Arbeit, Alltag und Feste um 1900 zeigt, erreichen wir den Ort. Vermittelte das Schloß von Wolfegg mit den schmucklosen Ecktürmen von unten noch einen wenig ansprechenden Eindruck, so überrascht die *Schloßanlage* vom Dorfplatz aus mit einem eindrucksvollen Portal und einer rosengesäumten Auffahrt. Das Schloß, ein mächtiger Renaissancebau, ist nicht mehr zugänglich. Der berühmte Rittersaal kann nur noch im Rahmen von musikalischen Aufführungen (Festspiele im September) besichtigt werden. Die danebenliegende Schloßkirche, um 1740 neu erbaut, beeindruckt durch ein gewaltiges Deckenfresko von Franz Joseph Spiegler. Die Kirche birgt in ihrem Inneren auch die Gruftkapelle der Fürstlich Waldburg-Wolfegg-Waldseeschen Linie, in der linken Chorseitenkapelle sind mehrere gutausgearbeitete Bildgrabmäler zu besichtigen. Außen befinden sich am Chorturm zwei Sandsteindenkmäler: für den Erbauer der Stiftskirche, Truchseß Jakob, auf der linken Seite, und für Graf Ferdinand Ludwig, den Neuerbauer der Kirche, auf der rechten. Im ehemaligen Stalltrakt des Schlosses ist das Automobilmuseum von Fritz B. Busch untergebracht, das mehr als 200 Oldtimer beherbergt.

Der Ort **Kißlegg** überrascht dadurch, daß er alles doppelt besitzt, zwei Schlösser und zwei Seen. Das hochgiebelige *Alte Schloß* aus dem 16. Jh. birgt im Inneren ein wohl einmaliges *Besenmuseum.* Im *Neuen Schloß,* 1721–1727 errichtet, in dem sich auch das Verkehrsamt befindet, ist jetzt das *Museum Expressiver Realismus* untergebracht. Kißlegg ist wie Wolfegg durch Kurbetrieb geprägt. Eine Reihe von Gasthäusern stärkt den Radler für die letzte Etappe nach Wangen.

Streckenbeschreibung

Wir beginnen unsere Tour beim Kloster in **Bad Schussenried** und radeln in südlicher Richtung nach Bad Waldsee auf einem Radweg zum außerhalb gelegenen *Bahnhof.* Vor dem Bahnhof, der kurz vor Kürnbach liegt, geht es rechts über die Bahnlinie, gleich danach links und wieder rechts in die *Alte Straße.* Dort biegen wir erst links in den *Griesweg* und dann rechts ab. Hier sehen wir schon die Bauernhäuser des Freilichtmuseums von **Kürnbach** vor uns. Wir fahren vom Parkplatz nach links zur *Kasse im Hir-*

Die blumengeschmückte Auffahrt zum Neuen Schloß von Kißlegg, einem mächtigen Renaissancebau, der leider nicht zu besichtigen ist.

tenhaus und an diesem vorbei geradeaus weiter an der Bahnlinie entlang bis *Enzisweiler*. Anschließend führt der Weg durch ein kleines Waldstück, und wir gelangen nach *Hervetsweiler*. Gleich danach treffen wir auf eine Querstraße, der wir nach rechts folgen und auf der wir bis *Wattenweiler* fahren. Dort biegen wir genau gegenüber der Kapelle rechts ab und kommen in den Weiler *Hagnaufurt*, in dem wir uns links halten. Durch Wiesen führt der Weg weiter, bis er nach ca. 1 km rechts zu einem Waldstück abbiegt. Am Wald vorbei erreichen wir eine größere Querstraße. Auf dieser radeln wir nach rechts durch *Michelwinnaden* hindurch immer geradeaus über *Lenatsweiler*, *Steinenberg* und *Rengats* bis nach **Bad Waldsee**, wo wir mitten im Zentrum herauskommen.

Vom Schloß von Bad Waldsee aus fahren wir Richtung Bergatreute. Wir kommen am Friedhof vorbei und gleich nach dem Friedhof rechts sieht man auch schon die Radbeschilderung. Es geht die nächste Straße rechts ab und anschließend nach links, *Richtung Wolpertsheim*, (Beschilderung Wolfegg 17 km). Ein etwas schlechterer Kiesweg führt uns am Wald entlang und am Waldende links hinab. Von hier aus hat man einen atemberaubenden Blick auf die Gehöfte und die malerisch auf einem Hügel gelegene Kapelle von Volkertshaus. Wir erreichen den Weiler *Arisheim*, biegen dort zuerst nach rechts und dann nach links und kommen so nach *Ankenreute*, wo wir uns rechts nach *Gwigg* wenden. Die Beschilderung zeigt vor dem Dorfende die *alte Straße nach Bergatreute* an. Dort fahren wir zur Kirche hin (Richtung Wolfegg), biegen links und vor dem *Gasthaus zum Adler* rechts ab, zwischen Sportplatz und Gasthaus hindurch. Anschließend kann man eine landschaftlich einmalige Strecke genießen, die man hier in diesem Gebiet gar nicht vermutet hätte. Es wird sehr alpin; kleine enge Täler mit rauschenden Bergbächen und viel Wald auf den Höhen begleiten den Radler. Vor dem Weiler *Tal* geht es mit 13% Gefälle hinab, wir erreichen beim *Fischweiher* die Talmühle, wenden uns nach rechts und rollen am Bach hinab nach *Bainders*. In Bainders, das auch nur aus wenigen Häusern besteht, biegen wir vor der Bachbrücke links in einen Kiesweg ab. Im Tal der Wolfegger Ach geht es entlang bis Höll. Nach diesem Schrecken lockt die Gastwirtschaft zur Einkehr (erst ab 14 Uhr geöffnet). Wir fahren weiter hinauf und erreichen die Querstraße. Hier orientieren wir uns rechts am Bach entlang. Links oben sehen wir schon die beiden massiven Ecktürme des Schlosses von Wolfegg. Wir erreichen den Ort *Wassers* und biegen hier links hinauf nach **Wolfegg**. Vor dem Ort liegt an der linken Straßenseite das Bauernhausmuseum von Wolfegg, in dem sich auch ein Fischereigasthaus befindet.

Auf dem zentralen Platz von Wolfegg angelangt, sehen wir schon links die Schloßkirche und das danebenliegende Schloß. Rechts geht es am *Gasthof zur Post* vorbei weiter nach *Rötenbach*. An der schon außerhalb gelegenen kleinen Loretokapelle mit Kreuzweg vorbei fahren wir auf einer wenig befahrenen Straße, so daß man die wundervollen Ausblicke auf das vor uns liegende Westallgäu genießen kann. In Rötenbach halten wir uns erst rechts und biegen vor der Kirche, wie ausgeschildert, links ab Richtung Speck. Wir kommen am Weiher von *Premen* vorbei und gelangen nach *Speck*. Dort fahren wir links der Beschilderung Ganzenbühl nach. Auch hier hat man wieder einen weiten Blick bis zu den entfernten Alpen. Der Weg führt uns hinab, dann ein kurzes Stück durch den Wald, und in *Unterriedgarten* halten wir uns links Richtung Kißlegg. Wir sehen dann malerisch zu unseren Füßen **Kißlegg** liegen. Die Kirche und das Alte Schloß zur Rechten und der Zeller See im Vordergrund prägen das äußerst idyllische Ortsbild. Wir nehmen die linke Abzweigung, fahren so am See entlang bis zur Querstraße, auf der wir nach rechts in das Zentrum von Kißlegg gelangen.

Am Neuen Schloß vorbei geht es rechts hoch zum *Alten Schloß* und gleich danach rechts hinab. Anschließend führt auf der linken Seite ein kleiner Teerweg hoch Richtung Bärenweiler/Schlingsee. Wir fahren am kleinen *Schlingsee* vorbei und dann an der Bahnlinie entlang. Rechts taucht schon die Kirche von Bärenweiler auf, die leider nicht zugänglich ist.

Wir überqueren die Bahnlinie und biegen gleich danach links ab *Richtung Au.* Nun liegen auf unserem Weg nur noch Einödhöfe. Wir fahren bis vor den Hof von *Fischreute*, bei dem es links abgeht. Wenige Meter danach steht mitten in der Wiese ein großes steinernes Denkmal, welches an eine Notlandung des Grafen Zeppelin erinnert: »Hier landete am 17. Januar 1906 in Sturm und Not der Bezwinger der Lüfte Graf Zeppelin.« Kurz danach kommt man auf eine Querstraße, auf der man rechts abbiegt und immer geradeaus weiterfährt. Auch hier kommt der Landschaftsfreund auf seine Kosten: Mehrmals bieten sich ihm unvergeßliche Panoramablicke auf das Allgäu und die Alpenkette. Vor Wangen überquert man die Argen, anschließend geht es am Sägewerk von *Beutelsau* links vorbei, die Straße steigt leicht an, und man erreicht **Wangen**. Dort fährt man immer geradeaus, bis man bei einer Ampel eine große Querstraße erreicht. Hier halten wir uns links, überqueren die Bahnlinie und rollen gleich danach rechts hinab in die *Ravensburger Straße* und kommen direkt beim Ravensburger Tor heraus.

Nützliche Informationen

Etappen: Bad Schussenried – Bad Waldsee 20 km; Bad Waldsee – Wolfegg 17 km; Wolfegg – Kißlegg 13 km; Kißlegg – Wangen 14 km.
Touristeninformation: • D-88427 Bad Schussenried: Städtische Kurverwaltung, Georg-Kaes-Straße 10, Tel. (07583) 940171. • D-88353 Kißlegg: Im Neuen Schloß, Tel. (07563) 18131. • D-88239 Wangen im Allgäu: Gästeamt der Stadt Wangen im Allgäu, Im Rathaus, Tel. (07522) 74211.
Unterkunft: • *Hotels in Wangen im Allgäu:* Romantik-Hotel Alte Post, Tel. (07522) 4014; Blaue Traube, Tel. (07522) 6627; Hotel Mohren-Post, Tel. (07522) 21076.
Öffnungszeiten: • *Kürnbach:* Kreisfreilichtmuseum, geöffnet von April bis Anfang November, April, Okt. und Nov. werktags 10–17 Uhr, So. und feiertags 11–17 Uhr, Mai-Sept. werktags 9–18 Uhr, So. und feiertags 11–18 Uhr. • *Wolfegg:* Bauernhausmuseum, täglich außer Mo., 1. April bis 31. Okt. 10–17 Uhr, 15. Juni–15. Sept. 10–18 Uhr; Automobilmuseum Wolfegg am Schloß: 15. März–15. Nov., täglich 9–12 und 13–18 Uhr, So. 9–17 Uhr, während der Wintermonate nur So. 9–17 Uhr, letzter Einlaß jeweils eine Dreiviertelstunde vor Schließung. • *Kißlegg:* Museum Expressiver Realismus (Malerei im 20. Jahrhundert) im Neuen Schloß, Palmsonntag bis Buß- und Bettag täglich außer Mo. 10–17 Uhr.
Karte: Deutsche Radtourenkarte 1:100000, Blatt 33 Hohenzollern/Bodensee.
Verkehrsverbindungen: *Bad Schussenried* und *Wangen* sind stündlich von Lindau aus zu erreichen.
Hinweise: Gut beschilderter Weg »Donau-Bodensee-Radweg«. In Wangen beginnen die Touren 17 und 18. Der zweite Abschnitt von Tour 10 führt zum See.

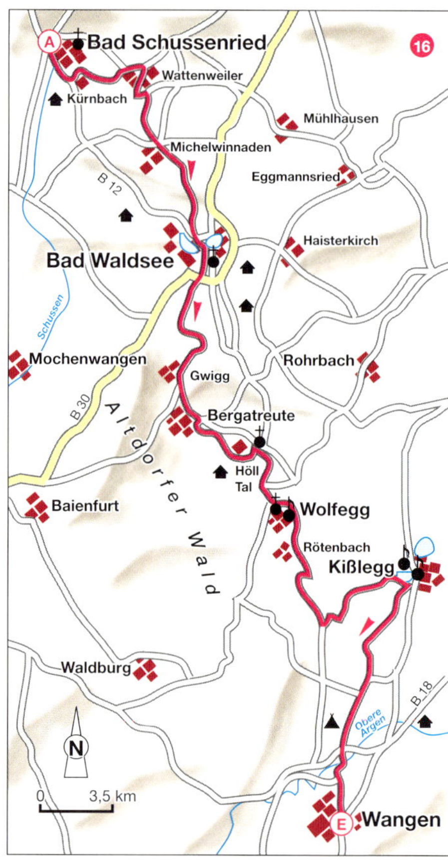

Das Allgäu und der Bregenzerwald

Im Osten grenzt der Bodensee an das Allgäu und an den Bregenzerwald. Die hier beschriebenen Touren erschließen jeweils nur einen kleinen Ausschnitt dieser beiden landschaftlich und historisch recht unterschiedlichen Regionen, berücksichtigen jedoch die eng mit dem übrigen Bodenseeraum verflochtenen Teilbereiche.

Die Landschaftsbezeichnung **Allgäu** geht auf den Begriff »Albgau« zurück, der erstmals 817 urkundlich erwähnt wurde. Er bezeichnete damals nur ein relativ kleines Gebiet in der Umgebung von Oberstdorf und Sonthofen und wurde erst allmählich auf das heutige südliche Schwaben und die angrenzenden Gebiete in Baden-Württemberg ausgedehnt. Über die exakte Grenze ist man sich nicht einig.

Bereits um 500 v.Chr. wird der Allgäuer Raum von den Kelten besiedelt. Sie werden um die Zeitenwende von den Römern unterworfen, deren Herrschaft die Alemannen mit dem Durchbruch durch den Limes im Jahr 260 n.Chr. beenden. Die Alemannen werden wiederum von den Franken besiegt, erhalten jedoch ein eigenes Herzogtum im fränkischen Reich der Karolinger und Merowinger. In diesem Zeitraum erfolgt die Christianisierung vom Kloster St. Gallen aus.

Im Zeitraum vom 10. bis 12. Jh., unter der Herrschaft der Staufer und der Welfen, werden die Städte Wangen, Isny und Leutkirch gegründet. Sie sind Tochterrechtsstädte, d.h., das Stadtrecht von Lindau oder Überlingen wird auf sie übertragen. Nach dem Tod des letzten Staufers Konradin in Neapel im Jahr 1268 beginnt die territoriale Zersplitterung des Allgäus. Hoher und niederer Adel, Bischöfe, Klöster und Reichsstädte werden die neuen Herren von Kleinststaaten, die erst unter Napoleon reorganisiert werden.

Die Bauern um Eglofs (zwischen Wangen und Isny) und auf der Leutkircher Heide sind z.T. schon ab dem 12. Jh. freie Bauern. Sie sind befreit von Leibeigen- und Grundherrschaft und verfügen über eine eigene Gerichtsbarkeit. Nachdem sie sich als Teil des »Allgäuer Haufens« bei den Bauernkriegen vom Januar bis Juli 1525 beteiligen, verlieren sie zum Teil ihre Privilegien.

Seit der Mitte des 19. Jh.s ändert sich die Allgäuer Landschaft aufgrund des wirtschaftlichen Wandels. Mit dem aus der Schweiz und den Niederlanden importierten Fachwissen wird mit der Käseproduktion (Emmentaler und Limburger) in größerem Stil begonnen. Zahlreiche Äcker werden zu Wiesen umgewandelt, aus dem blauen Allgäu des Flachsanbaus wird das grüne Allgäu der Milchwirtschaft, wie wir es heute kennen.

Bereits seit dem 16. Jh. und insbesondere im 18. Jh. entstehen die für das Allgäu so charakteristischen Einödhöfe, die aus den Weilern herausgelöst werden. Man verspricht sich von einem mitten in den Feldern liegenden Hof eine Arbeitsersparnis und bessere Erträge. Manche schöne Strecke für das Fahrradfahren, d.h. kleine Straßen ohne Verkehr, verdanken wir dieser Besonderheit der Siedlungsstruktur.

Der **Bregenzerwald** galt lange Zeit als menschenleere Wildnis. Erst im 10. Jh. lassen die Grafen von Bregenz den Urwald von Kolonisten roden, die hauptsächlich aus dem schweizerischen Wallis stammen. Wie in den benachbarten Schweizer Gebieten um Appenzell bilden sie eine freie Landsgemeinde mit eigener Verfassung und repräsentativer Demokratie. Aufgrund der Unzugänglichkeit des Bregenzerwaldes sind sie dem Zugriff des Landesherrn entzogen.

Erst in der ersten Hälfte des 19. Jh.s beginnt ein verstärkter Wegebau. Nach dem Bau der Bregenzerwaldbahn bis Bezau in den Jahren 1900–1912 verbessert sich die Erschließung ganz entscheidend. Das Straßennetz in seiner heutigen Form entsteht im wesentlichen erst nach dem Zweiten

Weltkrieg. Diese lange Abgeschiedenheit ist sicherlich einer der Gründe dafür, daß man noch zahlreiche äußerst reizvolle und ursprüngliche Bauernhäuser vorfindet.

Der Bregenzerwald ist Teil des österreichischen Bundeslandes Vorarlberg. Mit seiner Hauptstadt Bregenz liegt es ganz im Westen Österreichs, also weit entfernt von der Hauptstadt Wien. Die Sprache und die Bevölkerung sind eher alemannischen Ursprungs, wie in der benachbarten Schweiz. Mit ihr teilt das Bundesland das Rheintal, während es mit Tirol nur durch den Arlbergpaß verbunden ist. Kein Wunder, daß sich die Vorarlberger mehr zur Schweiz hingezogen fühlen als zu Österreich und daß sich in einer Volksabstimmung nach dem Ersten Weltkrieg 81 Prozent für die Aufnahme von Verhandlungen über einen Anschluß an die Schweiz aussprachen. Immerhin gibt es nun ein eigenes Bundesland Vorarlberg.

Sowohl das Allgäu als auch der Bregenzerwald sind bergige Gegenden. Während die Touren im Allgäu jedoch häufig auf einer Hochebene verlaufen und die zahlreichen, meist asphaltierten Wege zwischen den Einödhöfen gut für die Touren genutzt werden können, sind im Bregenzerwald größere Anstiege kaum zu vermeiden und in den für das Radfahren günstigen Flußtälern ist zuweilen die Benutzung stärker befahrener Straßen erforderlich.

Von der Siggener Höhe blickt man wie von einem Balkon auf die sich südlich ausbreitende Alpenkette.

17 Zum Balkon des Allgäus

Wangen – Kißlegg – Leutkirch – Siggen – Wangen

Tourencharakter: Mäßig bergige Rundtour auf ruhigen asphaltierten Wegen zum Städtchen Leutkirch und zum Aussichtspunkt Siggener Höhe.

Länge der Tour: 70 km.

Die Tour führt uns auf kleinen asphaltierten Straßen durch eine leicht hügelige Hochebene, zunächst über Kißlegg zur ehemaligen freien Reichsstadt Leutkirch und weiter nach Siggen mit seinem einzigartigen Panorama auf die Alpenkette. Nach dem etwas längeren Anstieg hinter Wangen sind kaum mehr größere Anstrengungen zu befürchten. Das sehenswerte **Kißlegg** ist bei Tour 16 (siehe S. 86) bereits beschrieben.

Leutkirch liegt am Ostrand der Leutkircher Heide an der Eschach, am Fuß des sogenannten Hohen Berges. Seine Geschichte reicht bis zu den Kelten zurück. Der befestigte Markt erhält 1293 das Lindauer Stadtrecht und ist damit bis zur Neuordnung der Gebiete unter Napoleon freie Reichsstadt.

Von der ehemaligen Stadtbefestigung sind nur noch der Bockturm und, zusammen mit einem kleinen Abschnitt Stadtmauer, der Pulverturm erhalten. Er beherbergt das »*Museumsstübele*« (Heimatmuseum). Gleich in seiner Nähe befinden sich die »*Kanzlei*«, ein

Gebäude aus dem Jahr 1617, und das den Marktplatz dominierende, 1749–1751 neu errichtete *Rathaus*. Sein Inneres zeichnet sich durch die Stuckdecken (v.a. im Ratssaal) des Landsbergers Johannes Schütz aus, der ein Schüler von Dominikus Zimmermann war. Von Schütz stammen auch die Stuckarbeiten im etwas außerhalb gelegenen *Schlößchen Hummelsberg* und im dazugehörigen Gartenhaus bzw. Teehäuschen, das zu den schönsten Gebäuden der Stadt gehört. Weiterhin sehenswert ist das *Kornhaus* und die katholische *Pfarrkirche St. Martin*. Sie wird schon im 9. Jh. erwähnt, ihre heutige Gestalt geht jedoch auf einen im Jahr 1519 vollendeten spätgotischen Neubau zurück. Beachtenswert ist insbesondere das feine Netzgewölbe mit seinen Schlußsteinen.

Streckenbeschreibung

Das Bahnhofsgebäude in **Wangen** verlassend, halten wir uns links und radeln am Güterbahnhof vorbei bis zur Hauptstraße. Wir biegen links in sie ein, überqueren die Bahnlinie und zweigen gleich danach rechts ab in Richtung *Beutelsau*. Wir bleiben die nächsten 8 km auf dieser nach Kißlegg führenden Straße, die Bestandteil des Donau-Bodensee-Radwegs und der Radroute R5 ist. Ihr folgend, queren wir die Untere Argen, kommen unter der Autobahn hindurch und überwinden eine längere Steigung (bis zu 10%). Oben angekommen, bietet sich beim Blick zurück ein erstes Panorama auf die Alpenkette. Danach geht es zum Teil eben, zum Teil etwas bergauf durch den Wald.

Etwa 1 km nach der Abzweigung nach Weihern verlassen wir die Hauptstraße, indem wir beim hölzernen Bushaltehäuschen das auf 6 t begrenzte Sträßchen nach *Sommersried/Fischreute* geradeaus fahren, entsprechend der blauen Donau-Bodensee-Radweg-Beschilderung. Kurz vor Fischreute erinnert das Zeppelin-Denkmal an den »Bezwinger der Lüfte«, der hier 1906 notlanden mußte. Nach etwa 2 km auf dem kleinen Sträßchen trennen sich der R5 und der Donau-Bodensee-Radweg. Wir nehmen hier den Donau-Bodensee-Radweg nach links

Die ehemalige freie Reichsstadt Leutkirch konnte ihr mittelalterliches Stadtbild bewahren.

Richtung *Au/Lautersee*. Schließlich treffen wir auf eine größere Straße, in die wir rechts einbiegen. Wir queren auf ihr die Bahnlinie und fahren gleich nach links den kleinen Weg an ihr entlang weiter. Gemäß der Beschilderung geht es dann links hinab, am Zeller See vorbei und schließlich nach links auf der Hauptstraße nach **Kißlegg** hinein.

Gleich bei der Ortseinfahrt kommt man am Alten Schloß vorbei. In der Ortsmitte folgt man zunächst der abbiegenden Vorfahrtsstraße nach rechts, radelt vorbei an den schönen Häuserreihen und verläßt die Hauptstraße, indem man geradeaus weiterfährt. Bei der kurz darauf folgenden Abzweigung biegt man links nach *Emmelhofen* ab, nimmt den an der Straße entlangführenden Radweg bis dorthin und zweigt in der Ortsmitte gemäß der Radwegweisung rechts nach Leutkirch ab. Entsprechend der ausgewiesenen Route gelangt man über *Haslach, Menslings* und *Kebach* nach *Herrot*. Vor und hinter Herrot geht es etwas bergauf. Für die Mühe wird man mit einem Panorama auf den Ellerazhofener Weiher und das schön gelegene Willerazhofen belohnt.

Wenn unser Weg in eine größere Straße einmündet, halten wir uns rechts, bleiben auf der Straße bis *Weipoldshofen,* biegen nach etwa weiteren 500 m hinter dem Ort links ab und kommen unter der Bahnlinie hindurch nach *Heggelbach,* wo wir gleich beim Ortseingang nach rechts in das Anlieger-frei-Sträßchen abzweigen. Den Ort hinter uns lassend, queren wir die Autobahn, radeln links der Bahnlinie weiter und überqueren eine Umgehungsstraße. Danach halten wir uns links parallel zu ihr, nehmen die nächste, auf 6 t begrenzte kleine Straße nach rechts in Richtung Kirche und überqueren den Bach. Es geht dann kurz nach rechts und wieder nach links durch ein Gewerbegebiet. Bei der Bushaltestelle stoßen wir auf eine größere Straße, in die wir nach rechts einbiegen. Wir überqueren die Bahnlinie, fahren halb links auf einer Brücke über die Eschach und gleich danach rechts durch die Tempo-30-Zone Richtung Stadtmitte. Schließlich sehen wir einen Torbogen, durch den wir in die Altstadt von **Leutkirch** hineinkommen. Nach dem Torbogen geht es rechts, am Feuerwehrhaus vorbei, dann links der Einbahnstraße nach bis zum Kornhaus mit seinem auffallenden Treppenaufgang und schließlich rechts am Gasthaus Krone vorbei – so gelangen wir zur *Marktgasse* und zum *Marktplatz.*

Zurück nach Wangen fährt man, vom Marktplatz her kommend, die Marktgasse bis zum Eiscafé, dort links durch einen Torbogen hindurch, mit schönem Blick auf die Treppen zur Spitalgasse hinauf. Nach dem Torbogen geht es nach rechts hinaus und zweimal links zur Hauptstraße *(Obere Vorstadtstraße)* neben der Eschach entlang. Bei der Kreuzung folgt man dem Wegweiser nach Isny über den Fluß und biegt bei der *Blaichstraße* erneut rechts ab. Dort sind zwei Radwegweiser. Man radelt gemäß dem blauen Schild des Donau-Bodensee-Radwegs über die Bahnlinie und auf einer für den Autoverkehr verbotenen Straße bis zu einem Schulgebäude. Beim säulenförmigen Kunstwerk mit den drei Händen hält man sich links. Man kommt an einem großen Parkplatz vorbei und trifft schließlich am Ortsende auf eine Informationstafel über die gesamten Radrouten.

Wir wählen den Radweg R6 nach *Herlazhofen* und nähern uns von nun an wieder der Alpenkette, die bei föhnigem Wetter ein schönes Panorama bietet. Vor dem Ort queren wir geradewegs die Hauptstraße und folgen im Ort weiterhin dem R6, zunächst geradeaus und dann beim Pfarrstadel nach links, in Richtung Moorbad. Bei der ersten folgenden Gabelung nehmen wir ebenfalls den Weg zum Moorbad, bei der nächsten zweigt der Weg zum Moorbad rechts ab, wir setzen die Tour jedoch geradeaus fort und kommen nun auf einem Kiesweg durch den Wald. Sobald wir ihn verlassen, treffen wir auf eine Teerstraße, in die wir nach rechts hinauf einbiegen.

Im Weiler *Winnis* fahren wir geradeaus in Richtung Wangen. Weiter auf der Route T1 geht es nach *Winterazhofen,* und dort links ab in Richtung *Merazhofen.* In *Uttenhofen* zweigen wir beim Kreuz, noch vor dem Bach, links ab in das kleine, nicht beschilderte Sträßchen. Es führt zunächst links, dann rechts am Bach entlang und stößt auf eine Hauptstraße, in die wir links einbiegen. Vor der Brücke über die Untere Argen bie-

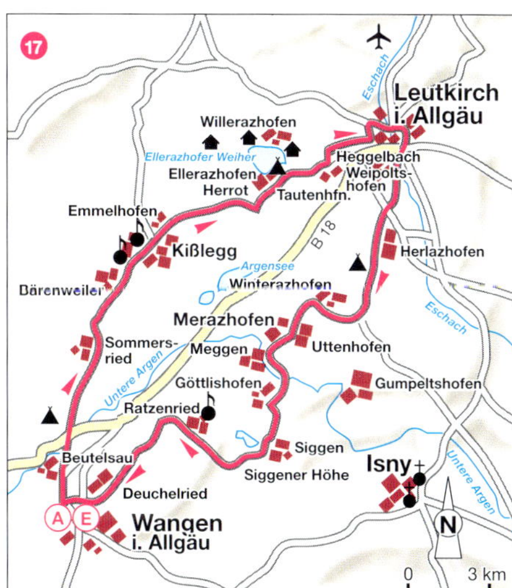

gen wir links in das kleine, nicht beschilderte Sträßchen ein. Wenn man hier auf der Hauptstraße geradeaus über die Brücke fährt, kann man einen kurzen Abstecher zum *Gasthaus Löwen* unternehmen. Es hat zwar eine knappe Speisekarte, dafür aber eine sehr ursprüngliche Wirtsstube.

Auf dem kleinen Sträßchen radeln wir an der Unteren Argen entlang, während nach links laufend kleine Straßen zu Bauernhöfen abzweigen. Auf der ersten Brücke zur Rechten überqueren wir den Fluß, kreuzen die parallel zu ihr verlaufende Hauptstraße und fahren kurze Zeit stark bergan nach *Bliderazhofen.* Bei der kommenden Abzweigung halten wir uns links, bei der nächsten rechts in Richtung *Göttlishofen.* Südwärts blickt man erneut auf die Berge. In Göttlishofen queren wir um 20 m nach links versetzt die Hauptstraße und folgen der Wegweisung nach **Siggen**. Dort biegen wir bei der Kreuzung gegen Ende des Ortes rechts ab nach Ratzenried (erst am Ortsausgang angeschrieben). Schon nach wenigen Metern sehen wir zur Rechten einen malerisch gelegenen See mit Ort und Dorfkirche im Hintergrund. Es geht nun etwas bergauf, bis wir den Höhepunkt der Tour erreichen: die *Siggener Höhe* mit 722 m ü. M. Bei klarem Wetter bietet sich uns ein überwältigendes Panorama vom Hochvogel in den Allgäuer Alpen bis zum Säntis im Appenzeller Land. Der Dunst nördlich des Säntis verrät die Lage des Bodensees. Auf einer Panoramatafel sind alle wichtigen Gipfel vermerkt.

Wir setzen unsere Tour nach *Ratzenried* fort. Dort geht es gleich zu Beginn des Ortes rechts hinab und dann an Kirche, Schloß und Biergarten vorbei auf der Hauptstraße in Richtung Wangen weiter. Das Schloß stammt ursprünglich aus dem 14. und 15. Jh. und ist heute im Besitz des Humboldt-Instituts. Etwa 500 m nach dem Ort zweigt im Wald eine kleine Straße nach Deuchelried ab. Man radelt auf ihr durch den Wald und über einige Bauernhöfe immer geradeaus hinab. In *Deuchelried* biegt man bei der Kirche links ab in das Anlieger-frei-Sträßchen, fährt auf der größeren Straße geradeaus weiter über die Stadtgrenze nach **Wangen** hinein und trifft schließlich auf die von Leutkirch herführende B18. Hier geht es nach links hinab bis zur großen Kreuzung mit Ampel, dort rechts, dann noch einmal rechts ab bis zum Bahnübergang, den man vom Beginn der Tour her kennt. Entsprechend biegt man vor ihm links ab zum Bahnhof.

Im Allgäu schufen die sich zurückziehenden Gletscher zahlreiche kleine Seen. Hier ein Weiher bei Siggen.

Nützliche Informationen

Etappen: Wangen – Kißlegg 24 km (Anstieg ca. 100 m); Kißlegg – Leutkirch 12 km; Leutkirch – Siggen 21 km; Siggen – Wangen 13 km.
Touristeninformation: • D-88353 Kißlegg: Im Neuen Schloß, Tel. (0 75 63) 1 81 31.
• D-88239 Wangen im Allgäu: Gästeamt der Stadt Wangen im Allgäu, Im Rathaus, Tel. (0 75 22) 7 42 11.
Unterkunft: • *Hotels in Wangen im Allgäu:* Romantik Hotel Alte Post, Tel. (0 75 22) 40 14; Blaue Traube, Tel. (0 75 22) 66 27; Hotel Mohren-Post, Tel. (0 75 22) 2 10 76.
Öffnungszeiten: • *Leutkirch:* Museumsstüble im Pulverturm Mi. 15–18 sowie So. 10–12 und 14–17 Uhr.
Karte: ADFC-Radtourenkarte 1:150 000, Blatt 25 Bodensee/Schwäbische Alb.
Verkehrsverbindungen: *Kißlegg* und *Wangen* sind mit dem Allgäu-Schwaben-Takt der Deutschen Bahn zu erreichen.
Hinweise: In Wangen beginnt Tour 18. Der zweite Abschnitt von Tour 10 führt zum See.

18 Zu den Kurorten Isny und Oberstaufen

Wangen – Eisenharz – Isny – Grünenbach – Zell – Genhofen – Oberstaufen

Tourencharakter: Mäßig bergige Tour auf größtenteils ruhigen Straßen durch das grüne Hügelland des Allgäus.

Länge der Tour: 47 km.

Die Tour führt ohne allzu mühsame Anstiege von Wangen aus durch die grüne Hügellandschaft des Allgäus über den heilklimatischen Kurort Isny zum Schrothkurort Bad Oberstaufen.

Isny ist nicht nur Kurort, sondern auch eine Stadt mit großer Vergangenheit: Bereits im 3. Jh. n. Chr. gibt es ein römisches Kastell. Im 8. und 9. Jh. ist die Gegend um Isny Lehen des Klosters St. Gallen, 1096 wird ein von Hirsau aus besiedeltes Benediktinerkloster gegründet, um das herum sich eine Siedlung entwickelt, die bald das Marktrecht erhält. Rudolf von Habsburg verleiht ihr 1281 das Lindauer Stadtrecht. Auf der Grundlage der Leinwandweberei und des Leinwandhandels gelangt die Stadt zu Ansehen und Reichtum. Sie beliefert die Ravensburger Handelsgesellschaft, die Niederlassungen in ganz Europa hat, und unterhält auch eigene Kontore im In- und Ausland. So kann sich die Stadt 1365 aus den Waldburger Besitzrechten freikaufen und wird kurz darauf freie Reichsstadt. 1531 wird auf Ratsbeschluß die Reformation eingeführt. Im Dreißigjährigen Krieg wird die Stadt von einem Großbrand heimgesucht und von den Schweden verwüstet. Als sich die Stadt langsam erholt, werden zahlreiche Bürgerhäuser errichtet und die Kirchen erneuert. Die Bauten aus dieser Zeit geben der Stadt ihr barockes Gepräge.

Von der mittelalterlichen Stadtbefestigung sind das östlich gelegene *Espantor* und das nördliche *Wassertor* erhalten. Im Wassertor befindet sich das Heimatmuseum, u.a. mit Exponaten zum Flachsanbau, zur Leinwandweberei und zum Leinwandhandel. Der aus dem 16. Jh. stammende *Blaserturm* am Marktplatz diente früher als Feuerwachturm. Der verheerende Großbrand von 1631 konnte jedoch nicht verhindert werden. Ihm fiel auch das alte Rathaus zum Opfer, das nicht wieder aufgebaut wurde. Statt dessen errichteten die Bürger dort eine Hallengalerie und kauften schließlich 100 Jahre später drei Patrizierhäuser, die zum heutigen *Rathaus* umgebaut wurden. Der Hauptbau in der Mitte ist das sogenannte Albrechtsche Haus, das dem letzten großen Isnyer Handelsherrn gehörte. Es wurde 1682–1687 von ihm renoviert und erhielt zu dieser Zeit seine frühbarocke Innenausstattung.

Die *Kirche St. Georg und St. Jakob* ist die Nachfolgerin der früheren Klosterkirche. Der Bau stammt im wesentlichen aus der Mitte des 17. Jh.s. Etwa 100 Jahre danach wurde die barocke Innenausstattung ergänzt und damit einer der schönsten Kirchenräume im Westallgäu geschaffen. Die benachbarte *Nikolaikirche* geht auf die erstmals 1288 errichtete Pfarrkirche zurück. Sie wurde um 1640 von Grund auf erneuert und beherbergt im zweiten Stock der Sakristei die Bibliothek. Der Raum wurde 1465 als wissenschaftliche Handbibliothek für die Prädikantenstelle (Prediger) eingerichtet und ist sowohl einer der schönsten Räume in Isny als auch eine der am besten erhaltenen Prädikantenbibliotheken. Sie umfaßt etwa 1800 Bände, davon 1200 aus der Zeit vom 15. bis zum 17. Jh. und 70 z.T. wesentlich ältere Handschriften.

Oberstaufen wurde bereits 868 urkundlich erwähnt, erhielt aber erst 1453 Marktrecht. Im Vergleich zu Isny hat es kaum kulturelle Sehenswürdigkeiten zu bieten. In der Umgebung finden sich jedoch zwei interessante Sakralbauten. Zum einen die *Kapelle St. Bartholomäus* in **Zell** mit einem Langhaus aus dem 14. und einem Chor aus dem 15. Jh. Beachtenswert sind vor allem die Fresken mit Motiven aus dem Marienleben, dem Weltgericht etc. Die *Kirche St. Stephan* in **Genhofen** ist ein einfacher spätgotischer

Mit seinen zahlreichen Einödhöfen bietet das Allgäu dem Radler eine Fülle kleiner und kleinster asphaltierter Straßen.

Bau, um 1500. Die Besonderheit der Kirche ist die 1567–1605 erfolgte Ausmalung mit Themen bäuerlicher Ornamentik im Stil alpenländischer Schablonenmalerei wie Rauten, Zinnen, Flecht- und Dreieckssterne, Hakenkreuze und Kreuze, Wappen der Montfort sowie die ungelenken bildlichen Darstellungen von Jagdszenen etc.

Streckenbeschreibung

Vom Bahnhof in **Wangen** aus rollt man die Bahnhofstraße hinab bis zur nächsten Hauptstraße. Man quert sie etwa 30 m nach rechts versetzt und kommt, das Fahrrad durch die Einbahnstraße schiebend, durch das Martinstor zum Rathaus. Es geht durch den Torbogen beim Rathaus hindurch und dann immer geradeaus weiter, bis man zur Oberen Argen gelangt. Dort hält man sich rechts, überquert den Fluß beim nächsten Steg, radelt geradeaus, den Rottberger Weg nach rechts, dann links hinaus zur Hauptstraße und schließlich dort rechts auf dem Radstreifen bis zur großen Kreuzung mit Ampel. Hier biegt man links ab in Richtung Isny/Kempten. Nach einigen 100 m auf der vielbefahrenen Straße wird auf den linksseitigen Radweg verwiesen. Bei der Abzweigung nach Gießen/Empfing folgt man der Route R 2 nach links über die Obere Argen und nach der Brücke nach rechts Richtung Gießen.

Dort, wo der Radwanderweg R 2 nach rechts abzweigt, bleiben wir zunächst auf dem Donau-Bodensee-Radweg, der geradeaus der Hauptstraße folgt. Es geht etwas bergauf, etwas bergab, meist am Bach entlang. Beim Weiler *Gießen* überqueren wir ihn gemäß der Wegweisung nach Eglofs und fahren gleich hinter der Brücke wieder links, der Radroute *Hochberg/Laidraz/Schnaidt* nach. Es geht nun vorwiegend bergauf durch den Wald, an grünen Wiesen und Bauernhöfen vorbei, immer geradeaus. In *Schnaidt* zweigen wir rechts ab. Mittlerweile können wir uns an den Wegweisern nach Eisenharz orientieren. So biegen wir in die von Eglofs kommende, etwas breitere Straße nach links ein. In **Eisenharz** radeln wir kurze Zeit auf der Hauptstraße nach rechts Richtung Isny/Wangen und zweigen dann links ab in

Richtung Neutrauchburg, wie es auch die blaue und grüne Radwegweisung empfehlen. Im Ort laden gleich mehrere Gasthäuser zu einer Rast ein.

Wir fahren auf der asphaltierten Straße durch den Wald und biegen dann rechts in eine größere Straße ein. Auf dem weiteren Weg folgen wir dem grünen Fahrradsymbol durch *Oberried* und *Neutrauchburg* mit seinem frühklassizistischen Schloß. Rechts sehen wir schon die Türme des etwas tiefer liegenden **Isny**. Kurz vor Isny biegen wir bei der Bushaltestelle rechts ab in den Rotmoosweg und lassen damit die etwas monotone und vielbefahrene Straße hinter uns. Wir radeln ihn entlang in Richtung Stadtzentrum, dann geradeaus durch eine Siedlungsstraße und noch ein Stück auf der Hauptstraße, bis nach rechts die Wegweisung zum Stadtzentrum erfolgt. Durch das Wassertor fährt man in die Altstadt hinein und sieht links die Nikolai- und die St.-Georgs-Kirche. Geradeaus weiter kommt man zum Rathaus und Blaserturm. Dort geht es rechts ab zum Espantor. Nach der Tordurchfahrt geht es nach links, der alten Stadtbefestigung nach, quer über die Hauptstraße nach Wangen Richtung Kreiskrankenhaus, und damit weiter um den Graben bis zur Straße nach Kempten. Dort fahren wir nach rechts in die vielbefahrene Straße ein; nach einigen 100 m gibt es einen Radweg.

Nachdem wir die letzten Häuser hinter uns gelassen haben, nehmen wir den Wolfbühler Weg nach rechts und orientieren uns von nun an den Wegweisern nach *Wolfbühl*. Auf einem ruhigen Teersträßchen radeln wir im Wald leicht bergauf. Wir treffen schließlich auf die Route mit dem grünen Fahrradsymbol und fahren nach rechts in den Ort hinein. Ab hier folgen wir der Radroute nach *Oberstaufen/Maierhöfen* immer geradeaus, bis wir im Wald auf eine Gabelung treffen, wo zwei alternative Routen nach Oberstaufen angeboten werden. Wir nehmen die Route nach rechts über Maierhöfen und bleiben somit auf der asphaltierten Straße. Sobald wir den Wald verlassen, sehen wir zur Linken das schön gelegene *Maierhöfen.* Wir kommen rechts am Dorfkern vorbei, indem wir immer geradeaus weiterfahren (zunächst in Richtung »Haus Iberg«), und treffen schließlich auf eine Hauptstraße, in die wir nach rechts einbiegen.

Auf ihr gelangen wir nach **Grünenbach**, wo ein schöner Biergarten am Weg zur Rast einlädt. Es geht auf der Hauptstraße geradeaus durch den Ort, bis wir nach links in Richtung Harbatshofen abzweigen. Im Verlauf der Straße mündet von rechts die Straße aus Schönau ein, wir fahren jedoch geradeaus. Bei der nächsten Gabelung geht es rechts ab in Richtung Oberstaufen, dann auf einer Brücke über die Bahngleise und gleich nach der Brücke links ab in den Wirtschaftsweg an der Bahn entlang. Auf ihm geht es mit bis zu 15% Gefälle hinab in das Tal der Oberen Argen, die wir bereits von Wangen her kennen. Wir überqueren den Fluß und fahren nun zwischen ihm und der Bahnlinie immer geradeaus weiter durch *Unter- und Oberthalhofen.* Schließlich quert der Weg die Bahnlinie. Wir bleiben nun östlich von ihr, bis wir das etwas höher gelegene **Zell** mit seiner St.-Bartholomäus-Kapelle erreichen.

In Zell setzt man den Weg geradeaus weiter nach *Buflings* fort. Dort biegt man rechts ein in die Hauptstraße, überquert auf ihr die Bahnlinie und zweigt bei der folgenden Gabelung links ab in Richtung **Genhofen**. Es geht weiter bergauf, immer geradeaus in den Ort hinein, bis man nach der Bushaltestelle in der Ortsmitte nach links zur St.-Stephans-Kirche fährt. In Richtung **Oberstaufen** radelt man auf dem gleichen Weg zurück bis zur Kreuzung am Ortseingang, dort nach rechts und dann immer geradeaus weiter, zunächst westlich an der Bahn entlang und dann ins Ortszentrum. Der Bahnhof befindet sich östlich des Ortszentrums.

Nützliche Informationen

Etappen: Wangen – Eisenharz 12 km (ca. 150 m Anstieg); Eisenharz – Isny 9 km; Isny – Grünenbach 10 km; Grünenbach – Zell 9 km; Zell – Genhofen 3 km; Genhofen – Oberstaufen 4 km.

Touristeninformation: • D-88239 Wangen im Allgäu: Gästeamt der Stadt Wangen im Allgäu, Im Rathaus, Tel. (075 22) 742 11. • D-87534 Oberstaufen: Kurverwaltung, Schloßstr. 8, Tel. (083 68) 930 00.

Unterkunft: • *Hotels in Oberstaufen:* Pension Lingg, Tel. (083 68) 369; Bettina, Tel. (083 68) 16 64; Staufenblick, Tel. (083 68) 930 50; Kurhotel am Rathaus, Tel. (083 68) 20 40.

Öffnungszeiten: • *Isny:* Heimatmuseum, beim Verkehrsamt erfragen Tel. (075 62) 984 110.

Karten: • Kompass-Wanderkarte 1:50 000, Blatt 187 Isny/Wangen; ADFC-Radtourenkarte 1:150 000, Blatt 25 Bodensee/Schwäbische Alb.

Verkehrsverbindungen: • *Wangen* ist stündlich von Lindau aus mit der Bahn zu erreichen. • *Oberstaufen* liegt an der Bahnlinie Lindau – Immenstadt – München mit Zweistundentakt.

Hinweis: In Oberstaufen beginnt Tour 19.

19 Durch den Bregenzerwald ins Rheintal

Oberstaufen – Hittisau – Alberschwende – Dornbirn – Bregenz

Tourencharakter: Mäßig bergige Tour auf zum Teil stärker befahrenen Straßen im Bregenzerwald und über ruhige Schotterwege im Rheintal.

Länge der Tour: 65 km.

Die Tour führt, angesichts des bergigen Terrains, auf relativ ebenen Straßen durch den erst spät erschlossenen und besiedelten Bregenzerwald. Verkehrsreiche Straßen lassen

Hinter Lingenau überquert man die Bregenzer Ach, die sich tief in den Bregenzerwald eingegraben hat.

sich nicht immer vermeiden. Vor Alberschwende führt auf einer Strecke von ca. 4 km kein Weg (bzw. nur ein Paß mit 1140 m Höhe) an der stark befahrenen B 200 vorbei. Im Rheintal geht es dann auf den beschaulichen Wegen des Rheintalradweges zum See nach Bregenz. Die Rheintalebene ist zwar stark zersiedelt und durch Verkehrswege zerschnitten, aber dennoch gibt es zahlreiche naturnahe Riedgebiete und schließlich den beruhigenden Blick auf die sie begrenzenden Berge, ohne sich zu ängstigen, daß es bergauf geht.

Hittisau ist der Hauptort des Vorderen Bregenzerwaldes. In der Umgebung gibt es gleich mehrere gedeckte Holzbrücken. Die älteste des gesamten Bregenzerwaldes befindet sich in der Kummenbergschlucht.

Dornbirn entstand erst 1901 durch den Zusammenschluß von vier Dörfern, die der Stadt auch heute noch einen ländlichen Charakter verleihen. Das heutige Zentrum ist von der 1640 vollendeten klassizistischen *Kirche St. Martin* beherrscht. Gleich in ihrer Nähe finden wir das Wahrzeichen Dornbirns: das *»Rote Haus«*. Es wurde 1634 erbaut und ist ein typisches Rheintalhaus, ein reich verzierter Holzbau mit gemauertem Sockel. Etwa 4 km entfernt ist die *Rappenlochschlucht:* Die Dornbirner Ach hat sich hier 60 m tief in den Felsen gegraben, ein Wasserfall stürzt 120 m in die Tiefe.

Die Hauptstadt Vorarlbergs, **Bregenz**, ist bei Tour 2 (siehe S. 23 ff.) beschrieben.

Streckenbeschreibung

Vom Vorplatz des Bahnhofs in **Oberstaufen** aus fahren wir zunächst nach links bis zur Hauptstraße Richtung Immenstadt, in die wir rechts einbiegen. Bereits nach wenigen 100 m geht es gleich wieder nach links in Richtung Weißach/Aach. Das Straßengewirr hinter uns lassend, rollen wir in weiten Kurven hinab zur *Weißach* und zum gleichnamigen Ort. Wir bleiben auf der etwas mehr befahrenen Straße Richtung Dornbirn/Aach, die nun in einiger Entfernung vom Flüßchen in Richtung *Aach* und österreichische Grenze verläuft.

Gleich nach dem Grenzübergang nehmen wir die links abzweigende asphaltierte Straße und fahren hinauf zum Dorf *Riefensberg*, durchqueren es und setzen die Fahrt geradeaus nach Hittisau fort. Wir bewegen uns nun auf einer ruhigen Straße in einiger Höhe über dem Tal mit schönem Blick zur Weißach. Vor Hittisau überqueren wir auf einer großen Brücke die Bolgenach und rollen anschließend etwas bergab. Wir bleiben auf der gleichen Straße, die nach einem kurzen Anstieg in die von Oberstaufen herführende Hauptstraße mündet. Dort und bei der nächsten großen Abzweigung halten wir uns links, um in das Ortszentrum von **Hittisau** zu gelangen. Der Ort liegt in einer ausgedehnten Talebene.

Beim Marktplatz fahren wir nach rechts in Richtung Dornbirn. Es geht nun zunächst sanft hinab nach *Lingenau* und dann steiler bergab bis zur kühn geschwungenen Brücke über die Bregenzer Ach. Auf ihr bietet sich ein imposanter Blick auf den ca. 50 m tiefer liegenden Fluß und die alte Straße mit einer Holzbrücke. Nach der Panoramapause auf der Brücke geht es einen Teil der herabgerollten Höhenmeter wieder hinauf nach *Müselbach*, wo wir nach rechts in Richtung Dornbirn/Bregenz in die stark befahrene B200 einbiegen. Auf ihr geht es weiterhin leicht bergauf bis Alberschwende. Beim Blick nach rechts auf die benachbarten Hänge ist leicht nachvollziehbar, wie einst die einzelnen Hofstellen mit ihren Wiesen zunächst als Rodungsinseln im Wald entstanden sind. In **Alberschwende** gibt es zumindest einen Radstreifen. Wir sollten nicht versäumen, am Kirchplatz die 1000 Jahre alte Linde zu sehen.

Am Ortsende fährt man die B200 nach links in Richtung Dornbirn und läßt damit den Hauptverkehr in Richtung Bregenz hinter sich. Das relativ ruhige Sträßchen ist zunächst eben und führt dann mit geringem Gefälle leicht bergab durch einen Wald, bis die Rheintalebene mit dem Ort Schwarzach im Vordergrund sichtbar wird. Sobald es steiler bergab geht und die Straße parallel zum Tal verläuft, wird auch **Dornbirn** sichtbar. Der Wegweisung in die Stadtmitte folgend, rollen wir zunächst auf einem Radstreifen in Richtung Zentrum, bleiben jedoch an der Kreuzung bei der Firma Hämmler-Textilwerke auf der Straße diesseits der Bahnlinie. Etwa 300 m vor dem Bahnhof fahren wir, dem Wegweiser folgend, nach links auf den Turm der Martinskirche zu.

Zur Weiterfahrt starten wir am »Roten Haus«, fahren zunächst die letzten 200 m zurück, die wir gekommen sind und biegen bei der Ampel nach links ab. Wir radeln ca. 500 m immer geradeaus, bis wir rechts die Brücke über die Dornbirner Ach sehen. Wir überqueren sie und nehmen den Rad- und Fußweg auf dem Uferdamm nach rechts. Den von Alleebäumen gesäumten Kiesweg fahren wir etwa 2 km am Fluß entlang, bis wir die Autobahn sehen. Hier quert eine Straße, der wir nach rechts über den Fluß folgen. Auf der anderen Seite biegen wir gleich nach links in den asphaltierten Rad- und Fußweg ein, der nun als Radroute beschildert ist.

Sobald dieser Radweg auf die Autobahn trifft, fahren wir zunächst geradeaus weiter und unter der Autobahn hindurch, d.h., wir folgen nicht der Radwegweisung nach Haselstauden. Auf der anderen Seite der Autobahn ist dann auch der Rheintalradweg nach Lauterach/Wolfurt beschildert. Dem asphaltierten Weg folgend, überqueren wir einen Kanal nach rechts. Der Verkehrsverein Dornbirn hat hier Tafeln mit Informationen zur Ökologie im Rheintal aufgestellt. Wie beschildert, fahren wir später ein Stück auf

Die Bauernhöfe im Bregenzerwald sind mit Holzschindeln verkleidet und fügen sich harmonisch in die Landschaft ein.

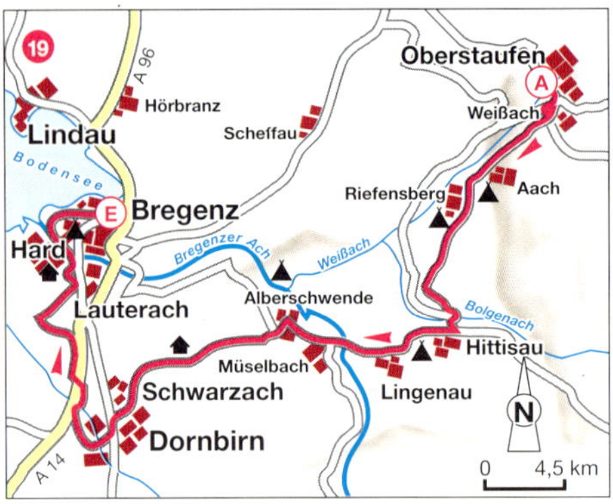

dem Radstreifen der querenden Straße nach links und biegen dann rechts ab zum Lauteracher Ried. Kurz vor *Lauterach* sehen wir auf der linken Seite einen See mit Bademöglichkeit. Die zweite Erfrischung können wir uns in einem ruhigen Gartenrestaurant gönnen, das bald nach den ersten Häusern auf der linken Seite erscheint.

Etwa 300 m nach diesem Gartenrestaurant biegen wir in die Weingartenstraße nach links ein. Mit einem kleinen Versatz nach links und dann nach rechts geht es über einen kleinen gekiesten Rad- und Fußweg und über eine schmale Siedlungsstraße geradeaus weiter, bis wir auf die Unterfeldstraße treffen. Wir fahren nach links in sie hinein, unter der Bahnlinie hindurch und bei der nächsten Hauptstraße (Harderstraße) nach rechts. Nach wenigen 100 m sehen wir erneut eine Bahnunterführung. Etwa 200 m vor ihr quert man die Straße und fährt auf dem Rad- und Fußweg auf der linken Seite bis zur Bahnlinie hoch und schließlich nach links an ihr entlang. Nach weiteren 300 m quert man nach links versetzt eine Straße, fährt nach rechts erneut zur Bahnlinie hinauf und überquert an ihrer Seite die Bregenzer Ach. Gleich nach der Brücke radeln wir den Rad- und Fußweg nach links am Fluß entlang, unter der B 202 hindurch und kommen schließlich zur Mündung der Bregenzer Ach in den Bodensee. Hier geht es rechts am See entlang. Der weitere Weg nach **Bregenz** durch das Mehrerauer Ried, an Campingplatz, Yachthäfen und Seebühne vorbei, ist gut ausgeschildert. Der Bahnhof befindet sich direkt an der Seepromenade; der Radweg führt direkt daran vorbei.

Nützliche Informationen

Etappen: Oberstaufen – Hittisau 18 km (Anstieg ca. 100 Höhenmeter vor Riefensberg); Hittisau – Alberschwende 12 km; Alberschwende – Dornbirn 12 km; Dornbirn – Bregenz 23 km.
Touristeninformation: • D-87534 Oberstaufen: Kurverwaltung, Schloßstr. 8, Tel. (0 83 68) 9 30 00. • A-6900 Bregenz: Verkehrsamt, Anton Schneiderstr. 4 a, Tel. (0 55 74) 43 39 1–0.
Unterkunft: In *Bregenz:* • *Hotels:* Pension Vevi, Gasthaus Lamm, Tel. (0 55 74) 7 17 01; Kinz, Tel. (0 55 74) 42 92; Bodensee garni, Tel. (0 55 74) 42 30 0-0; Krone, Tel. (0 55 74) 4 21 17. • *Camping:* Seecamping Bregenz, Tel. (0 55 74) 3 18 95-96. • *Jugendherberge:* Tel.(0 55 74) 4 28 67.
Öffnungszeiten: *Bregenz:* Siehe Tour 2, S. 28.
Karte: ADFC-Radtourenkarte 1:150 000, Blatt 25 Bodensee/Schwäbische Alb.
Verkehrsverbindungen: • *Oberstaufen* liegt an der Bahnlinie Lindau – Immenstadt – München mit Zweistundentakt. • *Bregenz:* Bahnhof mit Halt von internationalen Zügen.
Hinweis: In Bregenz beginnen die Touren 20 und 21.

20 Rund um den Pfänder

Bregenz – Eichenberg – Pfänder – Scheidegg – Weiler – Bregenz

Tourencharakter: Rundtour mit langem steilem Anstieg zum Pfänder hinauf, der auch mit der Seilbahn bewältigt werden kann, sonst mäßig bergig. Imposante Aussicht vom Pfänder auf den See

Länge der Tour: 60 km.

Der Aufstieg zum Pfänder ist lang und steil. Nur geübte Radler mit einer guten Gangschaltung werden ihn genießen können. Je nach Andrang von Fahrgästen kann jedoch das Fahrrad mit der Seilbahn mitgenommen

Eine mächtige Eiche am Weg nach Scheidegg.

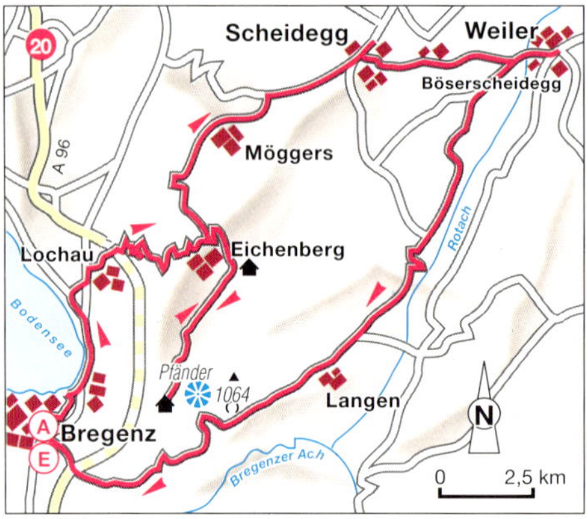

werden. Ist man erst einmal auf der Höhe des Pfänders, geht es vorwiegend bergab durch die baum- und wiesengrüne Landschaft des Allgäus und des Bregenzerwaldes. Die Tour verläuft ausschließlich auf asphaltierten Straßen. Die Strecke von Fischanger (vor Langen) bis Bregenz ist etwas verkehrsreicher, aber da es nach Bregenz bergab geht und man auch als Radler relativ schnell fährt, wirkt sich der Autoverkehr weniger störend aus.

Der **Pfänder** ragt mit seinen 1064 m Höhe etwa 700 m über den See hinaus und ist der klassische Aussichtsberg am Bodensee. Eine moderne Seilbahn, zahlreiche Wanderwege und eine schmale, wenig befahrene Fahrstraße führen zum Aussichtspunkt hinauf. Bei gutem Wetter und vor allem am Wochenende herrscht auf der Bergstation ein großer Trubel. Dafür genießt man ein herrliches Panorama auf die Alpen und natürlich auf den See. Äußerst interessant ist der Blick auf das Mündungsgebiet des Rheins, der Tag für Tag neue Schottermassen in den See einbringt.

Scheidegg ist ein bekannter Kur- und Wintersportort. Er wurde erstmals im 12. Jh. urkundlich erwähnt. Sehenswert sind die 1797/98 errichtete *Pfarrkirche St. Gallus* und zahlreiche *Bauernhäuser* mit zum Teil blütenbunten Bauerngärten. Der Erholungs- und Luftkurort **Weiler** wurde bereits 894 in einer St. Gallener Urkunde genannt und zählt damit zu den ältesten Pfarreien im westlichen Allgäu. Die *Pfarrkirche St. Blasius* wurde 1795–1800 an der Stelle einer aus dem 14. Jh. stammenden Kirche erbaut. Im Fachwerkbau des ehemaligen Gasthauses zum Löwen ist das *Westallgäuer Heimatmuseum* untergebracht. Das dreigeschossige *Rathaus* sowie die um den Marktplatz gruppierten Gebäude aus dem 17. und 18. Jh. sind ebenfalls beachtenswert.

Streckenbeschreibung

Man verläßt **Bregenz** auf dem Seerundweg in Richtung Lindau. Rechtzeitig vor dem Bahnhof *Lochau* überquert man die Bahnlinie und fährt einige hundert Meter auf der B 190 Richtung Lindau weiter. Beim Bahnhof biegt man nach rechts in die Bahnhofstraße ein und fährt sie entlang, bis man auf eine querende Straße stößt. Dort geht es zuerst nach links und dann gleich wieder nach rechts, dem Wegweiser nach Eichenberg folgend. Ab jetzt geht es im Wald immer steil bergan mit Steigungen bis zu 12 %. An einigen Stellen bietet sich ein herrlicher Ausblick auf den Bodensee mit der Insel Lindau. In **Eichenberg** hat man zwei Drittel des Aufstiegs zum Pfänder geschafft. Hier kann man beruhigt im Gasthof beim Ortseingang das Panorama auf der Terrasse genießen.

Etwa 1 ½ km nach Eichenberg zweigt nach rechts die Straße zum Pfänder ab, geradeaus geht es weiter in Richtung Scheidegg. Wer also auf den Abstecher zum Aussichtspunkt hinauf keinen Wert legt, fährt hier geradeaus weiter. Zum **Pfänder** geht es im Wald auf einer schmalen Teerstraße zunächst noch einmal sehr steil bergauf, dann vorbei an Gehöften und Wiesen mal etwas bergab, mal etwa bergauf, immer Richtung Sendemast.

Auf demselben Weg (für alle, die mit der Bahn aufgestiegen sind: von der Bergstation die Straße in Richtung Norden) gelangen wir wieder zurück bis zur Abzweigung (nach der längeren Abfahrt) und fahren nun nach rechts Richtung Scheidegg. Eine gewisse Zeit radeln wir auf einer Panoramastraße mit Blick auf den See nach links. Wir kommen an einer imposanten alten Eiche vorbei, lassen den Ort Möggers rechts liegen und halten uns bei der Einmündung der von Hohenweiler heraufführenden Straße rechts Richtung **Scheidegg**. Nach 2 km sehen wir die ersten Häuser des schmucken Bergdorfes. In der Ortsmitte zweigen wir vor der Kirche rechts ab und rollen über *Böserscheidegg* nach **Weiler** hinab. Dort geht es gleich nach dem Ortseingang nach links zum Ortszentrum mit seinen prächtigen Häusern.

Wir verlassen Weiler zunächst auf derselben Straße, auf der wir gekommen sind, fahren am Ortsende jedoch geradeaus Richtung Langen bzw. Bregenz. Von nun an kann man sich immer an der Wegweisung nach Bregenz orientieren. Bis kurz vor *Langen* radeln wir auf einer relativ ruhigen Straße und genießen schöne Ausblicke auf die Allgäuer und Vorarlberger Berglandschaft. Je mehr wir uns Bregenz nähern, desto verkehrsreicher wird die Straße. Wenige Kilometer hinter Langen beginnt die Abfahrt zum Bodensee, bei der wir auch einen 300 m langen Tunnel durchfahren. Nach **Bregenz** hinein rollen wir auf der Kennelbachstraße immer geradeaus, bis wir auf die B190 treffen. In diese biegen wir nach rechts ein und gelangen auf ihr hinab zum Stadtzentrum.

Nützliche Informationen i

Etappen: Bregenz – Eichenberg 6 km (Anstieg ca. 450 m); Eichberg – Pfänder 9 km (Anstieg ca. 250 m; steile Anstiege erfordern gute Kondition und Gangschaltung, *Alternative:* Aufstieg mit der Pfänderbahn, nur wenn Platz in der Kabine ist); Pfänder – Scheidegg 17 km; Scheidegg – Weiler 7 km; Weiler – Bregenz 21 km (wegen ca. 300 m in einem beleuchteten Tunnel ist ein funktionierendes Licht ratsam).

Touristeninformation: • A-6900 Bregenz: Verkehrsamt, Anton Schneiderstr. 4a, Tel. (05574) 43391-0.

Unterkunft: In *Bregenz:* • *Hotels:* Pension Vevi, Gasthaus Lamm, Tel. (05574) 71701; Kinz, Tel. (05574) 4292; Bodensee garni, Tel. (05574) 42300-0; Krone, Tel. (05574) 42117. • *Camping:* Seecamping Bregenz, Tel. (05574) 31895-96. • *Jugendherberge:* Tel. (05574) 42867.

Öffnungszeiten: *Bregenz:* Siehe Tour 2, S. 28. • *Weiler:* Westallgäuer Heimatmuseum, April–Mitte Oktober Di. und Do. 13.30–16 Uhr, Mi. 9.30–12 Uhr und 13.30–16 Uhr, Sa. und So. 9.30–12 Uhr.

Karte: Radwanderkarte 1:100000, Blatt 52 Bodensee.

Verkehrsverbindungen: • *Bregenz:* Bahnhof mit Halt von internationalen Zügen.

Hinweis: In Bregenz beginnt Tour 21 nach Appenzell.

Das stattliche »Gasthaus Traube« in Weiler mit einem Kopf des Kaisers Augustus davor.

Die Kantone Appenzell, St. Gallen und Thurgau

Das Schweizer Hinterland des Bodensees liegt in den Kantonen Appenzell, St. Gallen und Thurgau. Appenzell wird von dem durch Napoleon geschaffenen Kanton St. Gallen vollständig umschlossen, der vom Rheintal und Bodenseeufer bis zum Zürichsee reicht. Zum Bodensee hin liegen die alten St. Galler Stiftsgebiete Fürstenland und Toggenburg. Westlich davon reicht der Kanton Thurgau von Bischofszell bis zum südlich von Stein am Rhein liegenden Frauenfeld. Landschaftlich ähnelt das Hügelland mit grünen Wiesen und Wäldern dem süddeutschen Voralpenland.

Der Name **Appenzell** (1071 »Abbacella« nach lat. »abbatis cella«, Zelle des Abtes) stand früher nur für den Ort Appenzell selbst und bezeichnet seit dem 14. Jh. das heutige Kantonsgebiet, das erst etwa im 7. Jh. besiedelt wurde. Schon im 12. Jh. gab es Ansätze zur Bauernfreiheit. Der Konflikt mit dem St. Galler Grundherrn, dem Abt Kuno von Stoffeln, führte schließlich zum Zusammenschluß der bäuerlichen Gemeinwesen in den Appenzeller Freiheitskriegen. Sie verteidigten bei den Schlachten am Vögelinsegg (1403) und Stoss (1405) erfolgreich ihre Freiheit. 1513 wurde Appenzell als dreizehnter Ort in die Schweizer Eidgenossenschaft aufgenommen.

In der Reformationszeit blieben die sechs inneren Rhoden (Steuerbezirke und militärische Einheiten) katholisch, während die sechs äußeren zum reformierten Glauben wechselten. Die Konflikte führten schließlich 1597 zur Spaltung: Appenzell blieb der Hauptort von Appenzell-**Innerrhoden**, in **Außerrhoden** ist seitdem Herisau der Verwaltungssitz, die Landsgemeinde tagt abwechselnd in Trogen und Hundwil. Während sich im bäuerlich und katholisch gebliebenen Innerrhoden die Baufreudigkeit weiterhin in barocken Klöstern, Kapellen und Pfarrhäusern ausdrückte, begünstigte der auf der Handweberei beruhende wirtschaftliche Aufschwung in Außerrhoden den Bau stattlicher Bürgerhäuser, in denen sich die rivalisierenden Patriziergeschlechter selbst darstellten. Darüber hinaus schlug sich der neue Reichtum in zahlreichen, eher nüchternen klassizistischen Sakralbauten nieder. Gleich in mehreren Orten, so in Appenzell (1560), Gais (1780) und Heiden (1838), zerstörten Dorfbrände die typischen Holzhäuser und führten zu einem stilistisch relativ einheitlichen Wiederaufbau.

Ungeachtet der unterschiedlichen Entwicklung ist beiden Halbkantonen das Festhalten an alten Traditionen gemeinsam. Dies zeigt sich zum einen in den gepflegten Bürger- und Bauernhäusern. Zum anderen kommen auch heute noch einmal im Jahr die stimmfähigen Bürger auf dem jeweiligen Landsgemeindeplatz zusammen, um in direkter Demokratie über wichtige Zukunftsinvestitionen abzustimmen. Bei diesem basisdemokratischen Verfahren waren allerdings bis vor kurzem die Frauen ausgeschlossen. Erst im Jahre 1989 führte das progressivere Außerrhoden mit eigenem Beschluß das Frauenstimmrecht ein, während Innerrhoden vom Bundesgericht in Bern zwei Jahre später erst dazu gezwungen werden mußte.

Die Stadt und der Kanton **St. Gallen** erhielten ihren Namen vom irischen Wandermönch St. Gallus, der hier eine Kirche errichtete, aus der das berühmte Benediktinerkloster hervorging. Während der karolingischen Renaissance im 9. Jh. erlebte das Kloster gemeinsam mit dem Kloster auf der Reichenau seine Blütezeit in Wissenschaft und Kunst, die bis zum 12. Jh. andauerte. Nach heftigen Krisen überstand der als geistliches Fürstentum reorganisierte Klosterstaat die Wirren der Glaubenskriege und erfreute sich einer zweiten prosperierenden Phase im Barock. Die heutige Klosteranlage stammt im wesentlichen aus dieser Zeit.

Um das Kloster herum entwickelte sich die Stadt St. Gallen, die 1180 reichsfrei wurde. Mit Konstanz, Schaffhausen und Überlingen gründete sie den ersten schwäbischen Städtebund. Die vom Handel lebenden Städte hofften, mit dem Bündnis den Landfrieden sichern und Freiheitsrechte gegenüber dem Adel verteidigen zu können. Die Leinwandherstellung gewann zunehmend an Bedeutung. Bereits 1353 erstritten sich die Weber in St. Gallen eine Zunftverfassung. Gemeinsam mit den Appenzellern wandte sich die Stadt gegen das Kloster und folgte dem reformierten Glauben Zwinglis. Bis ins 20. Jh. hinein blieb die Leinwand- und Stickereiindustrie wichtigster Wirtschaftszweig. Ihr Zusammenbruch in den dreißiger und vierziger Jahren kam einer Katastrophe gleich: Der Export ging auf ein Sechzehntel zurück.

Unter den Franken erstreckte sich der Verwaltungsbezirk **Thurgau** vom Bodensee bis südlich des Vierwaldstätter Sees. Eine besondere Blüte erlebte der heutige Kanton im Mittelalter. Unter der Herrschaft der Kyburger, einem 1264 ausgestorbenen Adelsgeschlecht mit Stammsitz in Kyburg südlich von Winterthur, und unter den sie beerbenden Habsburgern erbaute der hohe und der niedere Adel zahlreiche Burgen und Klöster. Wie in Südfrankreich erlangte der Minnesang zu dieser Zeit große Bedeutung.

1460 wurde das Gebiet von den Eidgenossen erobert. Der Friede nach dem Schwabenkrieg und die Reformation brachten für den Bischof von Konstanz den Verlust der letzten Rechte am Thurgau mit sich. Die zunächst erfolgreiche Ausbreitung der Reformation Zwinglis von Zürich aus fand jedoch nach der die Glaubenskriege beendenden Schlacht von Kappel im Jahre 1531 ein Ende. So konnte sich eine katholische Minderheit weiter behaupten und erbaute, inspiriert vom süddeutschen Barock, zahlreiche Kirchen. Unter Napoleon wurde der Kanton in den heutigen Grenzen geschaffen. Er ist heute weitaus mehr durch Industrialisierung geprägt als Appenzell und St. Gallen.

Alle drei Kantone sind landschaftlich äußerst reizvoll. Während man im Thurgau meist ohne große Steigungen die Flüsse entlangradeln kann, sind im Hinterland des Bodensees, in St. Gallen und Appenzell, größere Anstiege häufig nicht zu vermeiden. Eine ganz entscheidende Hilfe für weniger trainierte Radler bietet jedoch das dichte Eisenbahnnetz. Die Fahrradmitnahme ist problemlos und üblich, so daß die Bahn häufig als Aufstiegshilfe dienen kann. Die Züge verkehren meist im Stundentakt, so daß in der Regel keine langen Wartezeiten in Kauf genommen werden müssen.

Grüne Hügel und ursprüngliche Bauernhöfe prägen die Landschaft rund um Appenzell.

21 Vom Rheintal in die Appenzeller Berge

Bregenz – Lustenau – Kriessern – Eichberg – Appenzell

Tourencharakter: Im Rheintal ebene und ruhige Wege entlang dem Rhein. Sehr steiler und ausgedehnter Anstieg vor Appenzell, der auch mit der Bahn bewältigt werden kann.

Länge der Tour: 50 km, beim Anstieg mit der Bahn nur 40 km.

Die Tour führt durch das landschaftlich sehr reizvolle Rheindelta und das Rheintal, das links und rechts von alpinen Bergen eingerahmt wird. Die günstige Verkehrslage und das ebene Terrain boten einerseits ideale Bedingungen für die Ansiedlung von Industrie und den Bau von Verkehrswegen. Andererseits finden sich trotzdem zahlreiche geschützte und naturbelassene Bereiche, vor allem Feuchtgebiete. Nach Appenzell hinauf begibt man sich in einen der schönsten Flecken des Voralpenlandes mit Sicht auf den etwa 2500 m hohen Säntis im Süden.

Das Ziel der Tour ist die Kantonshauptstadt **Appenzell**. Die heutige Dorfanlage geht auf den Wiederaufbau nach dem großen Brand von 1560 zurück und hat sich ihren ländlichen Charme bewahrt. Das Dorfzentrum ist größtenteils für den Autoverkehr gesperrt, so daß man beim Betrachten der Häuserfassaden kaum gestört wird. Die beeindruckendste Straße ist die *Hauptgasse*. Hier drängen sich die mit Blumen geschmückten bemalten Holzhäuser mit den typischen geschweiften Giebeln und verzierten Schildern eng zusammen, eine wahre Freude für jeden Fotografen.

Am östlichen Ende der Hauptgasse steht die katholische *Pfarrkirche St. Mauritius* über dem Ufer der Sitter. Turm, Chor und spätgotische Krypta stammen aus dem Jahr 1513, das klassizistische Langhaus wurde 1823 neu gebaut. In der Kirche bewahrten die Appenzeller lange Zeit die in den Schlachten erbeuteten Banner auf. Daneben steht das nach dem Dorfbrand im spätgotischen Stil aus Stein neuerbaute *Rathaus*. Die Fassade ist mit Fresken bemalt, die den Auszug der Appenzeller und die erfolgreiche Heimkehr nach der Schlacht von Stoss (östlich von Gais) darstellen. Im Inneren befindet sich das *Museum Appenzell* mit der Sammlung des historischen Vereins. Folgt man der Hauptgasse in westlicher Richtung, stößt man auf den Landsgemeindeplatz. Er war früher der Versammlungsort für den gesamten Kanton, seit der Spaltung kommen hier jeden letzten Sonntag im April die Stimmbürger des Teilkantons Innerrhoden zusammen.

Weiter der Hauptgasse nach Westen folgend, gelangt man zum *Kapuzinerkloster Mariä Lichtmeß* mit der 1688 erbauten Kirche. Biegt man beim Rathaus in der Hauptgasse nach Süden ab, kommt man zum *»Schlösschen«*, einem repräsentativen Patrizierhaus. Daran schließt sich das *Kapuzinerinnenkloster Maria der Engel* mit 1620 im Spätrenaissancestil erbauter Klosterkirche an.

Etwa 10 km von Appenzell entfernt in **Stein/Außerrhoden** befindet sich das *Appenzeller Volkskundemuseum* mit Schaukäserei und Webstühlen. Der Weg dorthin wird bei Tour 22 beschrieben. Für den Museumsbesuch sollte man einen halben Tag ansetzen.

Nach all den kulturellen Genüssen soll unser Gaumen nicht darben. An Restaurants und Speisewirtschaften herrscht wahrlich kein Mangel. Neben dem berühmten Appenzeller Käse und dem weniger bekannten Appenzeller Pantli, eine Art viereckiger kleiner Salami, lockt kräftige Bergbauernkost und eine Stange Bier.

Streckenbeschreibung

Von der Seepromenade in **Bregenz** aus folgen wir zunächst dem Bodenseerundweg in Richtung Schweiz, wie in Tour 2 (siehe S. 23ff.) beschrieben. Nach der Überquerung des *Neuen Rheins* auf der B 202 fahren wir jedoch gleich nach der Brücke rechts hinab, nach wenigen Metern sofort wieder links unter der Bundesstraße hindurch und schließlich auf einem asphaltierten Weg am Uferdamm den neuen Rhein entlang (Radwegweisung nach Lustenau).

Bei der nächsten Straßenbrücke überqueren wir den Rhein und radeln auf der anderen Uferseite weiter flußaufwärts. Der weitere Weg führt unter einer Eisenbahnbrücke und später einer Straßenbrücke hindurch. Zur Linken sehen wir nun die Häuser von **Lustenau**. Da es entlang des Uferdamms keine Möglichkeit zur Einkehr gibt, sind uns die Hinweisschilder zum Gasthof Krünele oder zum Restaurant »Zum Rathaus«, einschließlich Angabe des Ruhetages, ein willkommener Hinweis.

Nach einer weiteren Brücke über den Neuen Rhein in der Nähe von Widnau verläßt die Radroute den Neuen Rhein und führt durch die »Naturlandschaft Alter Rhein/Lustenau«. Auf einigen Tafeln werden die ökologischen Besonderheiten und die hier heimischen Pflanzen- und Tierarten erläutert. Eine Vielzahl von Vogelstimmen begleitet uns auf der Fahrt an einem See und an verlandeten Uferbereichen vorbei.

Wir folgen weiter dem Rheintalradweg entlang dem Alten Rhein und orientieren uns zunächst an der Radwegweisung nach Hohenems. Beim *Grenzübergang Schmitterbrücke* geht es kurzzeitig nach links und dann wieder nach rechts, bis sich der Rheintalradweg gabelt. Hier wählen wir die Route nach Hohenems/Feldkirch. Bis zur Einreise in die Schweiz geht es nun immer in Richtung Feldkirch. Es folgt ein kurzes Wegstück entlang der Autobahn, schließlich kommen wir zum Zollamt Hohenems.

Nach dem Götzner Hof führt der Weg etwas weiter vom Rhein weg. Hier beginnt der Altarm des Rheins, dem wir zuletzt meist gefolgt sind. Er wird nur über Grund- und Regenwasser gespeist. Man überquert zweimal den Koblacher Kanal, radelt kurz vor *Mäder* an einigen Fabrikgebäuden vorbei und schließlich unter einer Straßenbrücke hindurch. Direkt nach ihr nehmen wir den Steg über den Kanal nach links und fahren steil hoch zur Brücke. Auf ihr überqueren wir den Rhein und zugleich die Grenze zur Schweiz. Ein letztes Mal sehen wir auf dieser Tour den großen Fluß aus der Nähe.

Im Ort **Kriessern** folgen wir der Wegweisung nach Altstätten. Wer den Anstieg in die Berge mit der Bahn vorzieht, fährt weiter bis Altstätten zum Bahnhof, nimmt den Zug bis

Appenzell zieht den Urlauber mit seinen wundervoll bemalten Holzhäusern in den Bann.

Gais und radelt entweder wie in Tour 22 (siehe S. 114) beschrieben nach Appenzell oder steigt dort um und fährt mit der Bahn dorthin.

Wer mit dem Fahrrad hochfährt, biegt nach etwa 2 km Fahrt in Richtung Altstätten links in eine kleine asphaltierte Straße ein. Da sie nicht beschildert ist, muß man nach dem Ortsende von Kriessern achtgeben. Nach der Brücke über den Schweizer Binnenlandkanal, wo auch rechts eine Straße nach Marbach abzweigt, ist sie die erste asphaltierte Straße auf der linken Seite. Auf ihr fahren wir immer geradeaus, überqueren eine Bahnlinie und eine größere Straße und kommen schließlich nach **Eichberg**. Dort treffen wir wieder auf eine größere Straße, der wir 100 m nach rechts folgen, bis nach links die Straße nach Appenzell abgeht.

Während die gesamte bisherige Tour in der Rheintalebene verlief, geht es nun bergauf, zunächst innerhalb der Ortschaft, dann in steilen Kehren im Wald bis *Hölzlisberg*. Dort lädt ein Landgasthof mit Aussicht auf das Rheintal zu einer Pause ein. Hier kann

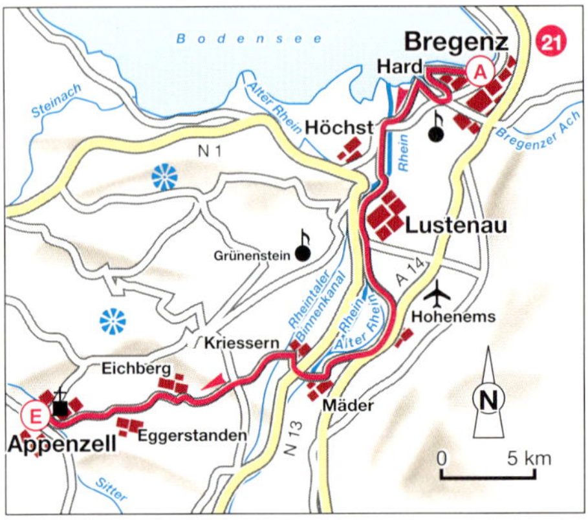

man stolz auf das schon Geleistete hinabblicken. Nicht weniger steil setzt sich das nun schmale Sträßchen fort. Es führt uns an einem erfrischenden Brunnen vorbei durch einen beeindruckenden Wald. Sobald die Bäume es zulassen, eröffnet sich uns ein herrlicher Blick auf die Appenzeller Berglandschaft. Schließlich läßt die Steigung nach. Es geht auf einer ebenen Straße vorbei an *Eggerstanden*. Vom Rheintal sind wir etwa 500 Höhenmeter aufgestiegen, ab hier geht es nun bergab in Richtung Appenzell.

Kurz vor unserem Ziel mündet das schöne Sträßchen in die Hauptstraße nach St. Gallen. Wir fahren gemäß der allgemeinen Beschilderung nach Appenzell auf ihr wenige 100 m nach rechts, biegen nach links ab, nach wenigen 100 m noch einmal und rollen hinab in das Ortszentrum. Nachdem wir die Sitter überquert haben, treffen wir direkt auf die Hauptgasse, die schönste Straße in **Appenzell.** Gleich links kommt man im Hotel Garni Adler gut unter.

Nützliche Informationen

i

Etappen: Bregenz – Lustenau 17 km; Lustenau – Kriessern 14 km; Kriessern – Eichberg 7 km; Eichberg – Appenzell 19 km (steiler Aufstieg ca. 500 m, erfordert gute Kondition und Gangschaltung); *Alternative:* Aufstieg mit der Bahn von Altstätten nach Gais (verkehrt im Stundentakt, Dauer 20 Min.) und weiter gemäß Tour 22, siehe S. 114.
Touristeninformation: • CH-9050 Appenzell: Touristeninformation, Hauptgasse, Tel. (071) 879641.
Unterkunft: In *Appenzell:* • *Hotels:* Adler, Tel. (071) 871389; Krone, Tel. (071) 871321; Taube, Tel. (071) 871149; Appenzell, Tel. (071) 87 42 11. • *Camping:* Camp Eischen in Appenzell-Kau, 3 km südlich von Appenzell (Anstieg von Appenzell 200 m), Tel. (071) 871497; Touristenlager Hof, Tel. (071) 872210.
Öffnungszeiten: • *Appenzell:* Museum Appenzell im Rathaus, April–Okt. täglich 10–12 und 14–17 Uhr, Nov.–März Di.–So. 14–16 Uhr. • Stein (Außerrhoden): Appenzeller Volkskundemuseum, April–Okt. So. 10–18, Mo. 13.30–17, Di.–Sa. 10–12 und 13.30–18 Uhr, Nov.–März So. 10–18 Uhr, Mo.–Sa. geschlossen.
Karte: Velokarte 1:60000, Blatt 4 St. Gallen/Appenzell/Liechtenstein.
Verkehrsverbindungen: • *Bregenz:* Bahnhof mit Halt von internationalen Zügen. • *Appenzell* wird im Stundentakt von St. Gallen und Altstätten (in Gais umsteigen) aus von den Appenzeller Bahnen bedient.
Hinweise: Appenzell ist Ausgangspunkt für eine Rundtour nach St. Gallen (Tour 22). Über Wattwil und Wil kann die Tour in mehreren Tagen zum See zurück fortgesetzt werden (Touren 24, 25 und 26).

22 Durch die Appenzeller Dörfer nach St. Gallen

Appenzell – Teufen – St. Gallen – Speicher – Trogen – Gais – Appenzell

Tourencharakter: Relativ bergige Tour durch die Appenzeller Dörfer zum kulturellen Höhepunkt St. Gallen. Aufstieg von St. Gallen bis Speicher wahlweise mit der Trogenbahn.

Länge der Tour: 44 km, beim Aufstieg mit der Bahn nur 38 km.

Auf Nebenstraßen radeln wir durch die grünen Hügel des Alpenvorlandes vorbei an prächtigen und ursprünglichen Bauernhäusern hin zu den malerischen Appenzeller Dörfern des Kantons Appenzell-Außerrhoden und schließlich nach St. Gallen, ehemals eines der wichtigsten geistigen Zentren des christlichen Abendlandes. Das Gesicht der Dörfer wird im wesentlichen von Bauten geprägt, die aus der wirtschaftlichen Blütezeit der Stickereimanufakturen im 18. und 19. Jh. stammen.

In **Teufen** sind dies vor allem die reformierte Kirche, die in den Jahren 1776–1778 von Johann Ulrich Grubenmann erbaut wurde, und das Pfarrhaus, das dem berühmten Baumeister lange Zeit als Wohnsitz diente. Ihm ist ein Museum gewidmet, in dem seine Modelle und Bilder zu sehen sind. Ebenfalls sehenswert ist das 1837–1840 erbaute Gemeindehaus und das Schulhaus sowie die Fabrikantenhäuser Nummer 168 und 169.

Der Landsgemeindeplatz in **Trogen** beeindruckt durch sein Zusammenwirken von herrschaftlichen Steinhäusern, traditionellen Holzhäusern und der frühklassizistischen Fassade der 1779–1781 von Grubenmann erbauten Kirche. In ihrem Innern überraschen die bei einer klassizistischen Kirche ungewohnten Rokokostukkaturen und Deckengemälde. Die meisten der Bauten rund um den Platz wurden von der Familie Zellweger in Auftrag gegeben, die durch ihren Erfolg im weltweiten Leinwandhandel zu Ansehen und Reichtum gelangte. Die

Blick auf Speicher, ein Appenzeller Dorf mit Kirche und Häusern im dort weitverbreiteten klassizistischen Stil.

Häuser stammen aus der Zeit zwischen 1727 (Hotel Krone) und 1805 (Rathaus). Die alte Dorfgasse im Oberdorf ist ebenfalls sehenswert.

Die einzigartige Dorfanlage von **Gais** entstand im wesentlichen nach dem großen Dorfbrand von 1780 unter Mitwirkung des Gaiser Baumeisters Conrad Johann Langenegger. Der Dorfplatz bietet mit Bürgerhäusern und Kirche ein geschlossenes Bild. Die klar und regelmäßig angeordneten Fensterreihen werden von den geschwungenen Giebeln aufgelockert.

Der Höhepunkt der Tour: Das *Stift St. Gallus und Otmar,* die ehemalige fürstliche Benediktinerabtei in **St. Gallen**, gehört zu den kulturell bedeutendsten Stätten im gesamten Bodenseeraum. Der ursprüngliche Begründer, der irische Wandermönch Gallus, soll im Jahre 612 seinen Lehrer Columban nach Italien begleiten, erkrankt jedoch und muß in Arbon bleiben. Wieder genesen, zieht er sich ins Steinachtal zurück. Der Legende nach stört ihn ein Bär in seiner ersten Nachtruhe. Gelassen befiehlt er ihm, Holz zu sammeln und das Feuer nachzulegen. Der Bär gehorcht und zieht sich schließlich weiter in die Berge zurück. Seitdem ziert ein Bär das Wappen von St. Gallen. Von Historikern wird diese Legende auch als Metapher für die Urbarmachung des Landes gesehen. Gallus baut für sich eine Zelle und ein Bethaus. Nach und nach gesellen sich weitere Glaubensbrüder hinzu. Sie errichten eine Kapelle, in der er nach seinem Tod anno 650 beigesetzt wird. Siebzig Jahre später wird ein einheimischer Priester namens Otmar vom Bischof von Konstanz zum Abt bestimmt und gleichzeitig die Benediktinerregel eingeführt. Dank kaiserlichem Schutz wird das Kloster schließlich zunehmend unabhängig von Konstanz und erlebt in den Jahren 800 bis 1200 eine erste Blütezeit. Kunst und Wissenschaft sind von europäischem Rang. Um 800 verfassen die Mönche hier das älteste bekannte Schriftwerk in deutscher Sprache: den Deutschen Abrogans bzw. das Keronische Glossar, ein lateinisch-althochdeutsches Wörterbuch. Das erste Mal wird das Vaterunser in deutscher Sprache formuliert. Im Hochmittelalter verstricken sich die St. Gallener Äbte zunehmend in die Reichspolitik. Kriegerische Auseinandersetzungen mit den Habsburgern und den rebellischen Appenzellern besiegeln den weiteren Abstieg. Anfang des 15. Jh.s gibt es im Kloster nur noch einen schriftunkundigen Abt und einen Mitbruder. Nach dem Konstanzer Konzil werden die Klöster auch für Nichtadelige geöffnet. Dem Bäckerssohn aus dem Allgäu, Abt Ulrich Rösch, gelingt es gegen Ende des 15. Jh.s, das Kloster neu zu ordnen. Die von ihm geplante Umsiedelung nach Mariaberg bei Rorschach wird jedoch von der Stadt gewaltsam verhindert. Obwohl nach der Reformation die Bewohner von Stadt und weiten Teilen des klösterlichen Gebietes zum reformierten Glauben übertreten, erfährt das Kloster schließlich einen neuen Aufschwung, Ende des 17. Jh.s sind wieder 70 Mönche im Kloster.

1755 erhält Peter Thumb den Auftrag zur Errichtung der heutigen *Stiftskirche,* die die Bauten des früheren östlichen Gallusmünsters und der westlichen Otmarskirche ersetzt. Nur die dem heiligen Otmar geweihte Hallenkrypta unter dem heutigen Westchor bleibt aus frühmittelalterlicher Zeit erhalten. Der Neubau erhält einen rechteckigen Grundriß mit östlicher Doppelturmfassade und querschiffartig heraustretender Mittelrotunde mit Kuppel. Die Gestaltung des Innenraumes im Barock- und Rokokostil wird um 1768 beendet. Auch die übrigen Klostergebäude werden um diesen Zeitraum errichtet. Der geschwungene Rokokoraum der *Stiftsbibliothek* gehört zu den schönsten in der Schweiz. In ihr werden heute über 2000 alte Handschriften, darunter 15 besonders kostbare irische Manuskripte, die Handschrift B des Nibelungenlieds, etwa 1700 Wiegen- und Frühdrucke sowie etwa 100000 Buchbände aufbewahrt. Sie ist damit eine der reichhaltigsten Handschriftenbibliotheken Europas. In Schaukästen können einige der kostbaren Bücherseiten bewundert werden. Im Jahr 1805 hebt der Große Rat des Kantons St. Gallen das Kloster auf. 1836 wird St. Gallen Sitz eines Bischofs, die Kirche wird entsprechend in den Rang einer Kathedrale erhoben.

Nördlich und westlich des Klosterbezirks entwickelt sich die *Stadt St. Gallen.* Sie erhält 1170 das Marktrecht und begründet ihren zunehmenden Wohlstand auf die Leinwandherstellung und den damit verbundenen Handel. Ungeachtet der Nähe des mächtigen Klosters propagiert der Humanist Joachim von Watt (genannt Vadian, 1484–1551) erfolgreich den reformierten Glauben in der Stadt. Sein Geburtshaus befindet sich in der am ursprünglichsten erhaltenen Gasse, der Hinterlauben (Haus zum goldenen Apfel, Nr. 8). In der Marktgasse hat ihm die Stadt ein Bronzedenkmal gesetzt. Wohlstand und Bürgerstolz dokumentieren sich in den reichgeschmückten Patrizierhäusern. Besonders auffallend sind die meist hölzernen, zwei- oder mehrgeschossigen Erker. Bemerkenswert sind insbesondere das *Haus zum Greif* (Gallusstraße 22) mit geschnitztem Barockerker mit Löwen, Putten und Motiven des alten Testaments aus dem Jahr 1680, das *Haus zum Pelikan* mit Reliefs, in denen die Erdteile Europa, Asien, Amerika und Afrika zu erkennen sind, aus dem Jahr 1707 (Schniedgasse 4), sowie die Jugendstilhäuser in der Multergasse. Ebenfalls sehenswert das *Stadthaus* (Gallusstraße 14), das bereits 1589 erbaut wurde. Zur Geschichte der Stadt St. Gallen kann man im *Historischen Museum* (Museumstraße 50) und im *Textilmuseum* (Vadianstraße 2) Interessantes erfahren.

Streckenbeschreibung

Von der Hauptgasse in **Appenzell** aus fährt man am Rathaus und der St.-Mauritius-Kirche vorbei über die Sitter und nimmt gleich nach der Brücke den Rad- und Fußweg nach links, am Fluß entlang. Sobald man auf die Hauptstraße trifft, quert man auf ihr wiederum die Sitter, fährt an ihr entlang bis zu einer Ampelkreuzung, wo man nach rechts Richtung Haslen/Teufen abbiegt. Auf dieser Straße bleibt man bis Teufen. Sie verläuft größtenteils eben, führt an zahlreichen Appenzeller Bauernhäusern vorbei und eröffnet ein schönes Panorama auf das Tal der Sitter.

Wer das Appenzeller Volkskundemuseum in Stein besuchen möchte, zweigt etwa einen halben Kilometer vor Haslen nach links ab und fährt auf dem Sträßchen zur Sitter

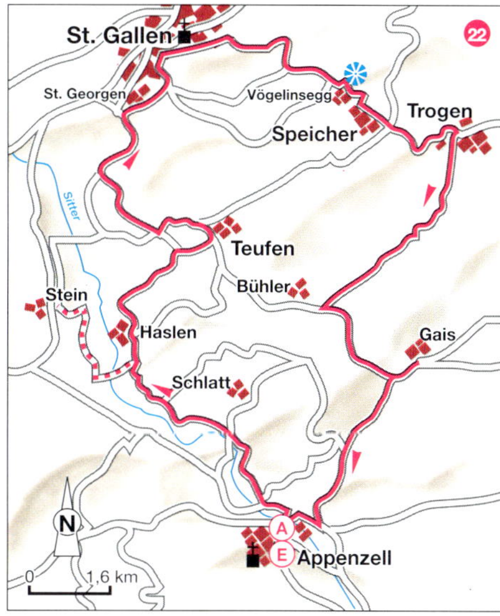

hinab, quert sie und nimmt die Straße nach rechts Richtung Stein.

Weiter auf dem Weg nach St. Gallen kommen wir durch *Haslen*. Die katholische Pfarrkirche Maria Hilf mit einem Gnadenbild von 1650 liegt direkt an der Straße.

Nach der Ortseinfahrt in **Teufen** fahren wir bei der ersten großen Kreuzung geradeaus in Richtung Trogen, bei der zweiten nach rechts in die Hauptstraße und gleich nach links zum Ortszentrum. Wir kommen am Bahnhof vorbei und können nun immer links an den Bahngleisen entlangradeln. Die Bahnlinie führt wie eine Straßenbahn mitten durch den Ort, vorbei an den zahlreichen sehenswerten Gebäuden.

An der Bahnlinie geht es weiter nach St. Gallen. Sobald sie die Straße quert, folgen wir der Wegweisung nach *St. Georgen* nach rechts in die Demutstraße. Nach etwa 1 km biegen wir in die erste größere Querstraße, die St. Georgener Straße, nach links ein. Sie bringt uns steil hinab direkt ins Stadtzentrum zum Klosterbezirk. An einigen Stellen genießt man einen guten Überblick über die Altstadt von **St. Gallen**. Da die St. Georgener Straße nicht geradeaus verläuft, muß man bei den Abzweigungen aufpassen. Sie wendet sich nach ca. 300 m nach rechts und nach weiteren 300 m in einer Spitzkehre nach links. Schließlich trifft man auf die Moosbruggstraße und kommt auf ihr zum *Spisentor*, durch das man in die Altstadt und zum Klosterbezirk fährt.

Bei der nächsten Etappe nach Trogen steigt die Straße ständig leicht an und überwindet so ca. 300 Höhenmeter. Man verläßt das Stadtzentrum durch das Spisentor, nimmt die dem Tor gegenüberliegende Linsebühlstraße und biegt wie die Straßenbahngleise nach rechts in die Speicherstraße ein. Der gesamte weitere Weg nach Trogen verläuft neben ihnen. Auf der etwas verkehrsreichen Straße gibt es einen Radweg. Je mehr man an Höhe gewinnt, desto schöner wird die Aussicht. Den vorerst höchsten Punkt der Tour erreichen wir beim *Vögelinsegg*. Neben Stoss fand hier die zweite bedeutende Schlacht der Appenzeller Freiheitskriege statt, in der die Appenzeller das österreichische Heer besiegten. Vom Hotel Höhenblick aus genießen wir einen herrlichen Ausblick auf das klassizistische Ensemble mit Kirche und die sie umgebenden Gebäude in Speicher und bei klarem Wetter bis zum Bodensee.

Wer seine Kräfte schonen möchte, kann ab dem Spisentor mit der Trogenbahn herauffahren, sollte aber hier, zwei Stationen vor Speicher, bei der Station Vögelinsegg aussteigen, um den Ausblick nicht zu versäumen.

Vom Vögelinsegg rollt man hinab, überquert die Trambahngleise und kann sich nun die 1808–1810 von Conrad Johann Langenegger erbaute reformierte Kirche von **Speicher** aus der Nähe ansehen. Entlang den Geleisen kommt man zum Bahnhof **Trogen**, nach weiteren 500 m stößt die Straße direkt auf den Landsgemeindeplatz. Am besten läßt man ihn bei einem Schluck Wein vor dem Hotel Krone sitzend auf sich wirken.

Direkt vom Landsgemeindeplatz zweigt ein schmales Sträßchen nach Gais ab. Auf diesem radeln wir erst einmal 1½ km relativ steil bergauf und erreichen mit ca. 1050 Höhenmetern den höchsten Punkt der Tour. In einem schönen Tal geht es nun lange Zeit bergab bis *Bühler*, wo beachtliche Bürgerhäuser und die reformierte Kirche besichtigt werden können. Wir stoßen auf die von St. Gallen und Teufen kommende Hauptstraße und die Bahnlinie von St. Gallen über Gais nach Appenzell. Dort fahren wir nach

Der Landsgemeindeplatz in Trogen ist umgeben von prächtigen Gebäuden der Kaufmannsfamilie Zellweger.

links den Radweg entlang der Hauptstraße in gemächlicher Steigung das Tal hinauf.

Kurz hinter einem Fabrikgebäude zur Rechten kann man auf einem Fußweg neben dem am Weg entlangfließenden Bach unter der Straße hindurchfahren und rechts der Bahnlinie die Tour fortsetzen. Die letzten Meter zum Dorfplatz in **Gais** geht es dann auf der Hauptstraße in Richtung Altstätten. Den äußerst bemerkenswerten Dorfplatz kann man bei einem Abendessen im Freien sitzend von einem der beiden Lokale am Platz aus genießen. Der Radler darf hier ruhig kräftig essen, denn der Rückweg nach Appenzell ist nicht mehr anstrengend.

Es geht zunächst wenige Meter die Straße zurück, auf der wir gekommen sind, und dann gemäß der Wegweisung auf der Hauptstraße nach **Appenzell**. Das Säntis-

Massiv zeigt sich hier von seiner schönsten Seite, und nach einem Stück auf der Ebene geht es kräftig bergab.

Nützliche Informationen

Etappen: Appenzell – Teufen 11 km (ohne möglichen Abstecher nach Stein zum Volkskundemuseum); Teufen – St. Gallen 8 km; St. Gallen – Speicher 8 km (300 m flacher Anstieg erfordert Ausdauer; *Alternative:* Aufstieg mit der Trogenbahn von St. Gallen bis Vöglinsegg, alle 15 bzw. 20 Min., Dauer 12 Min.); Speicher – Trogen 2 km ; Trogen – Gais 10 km (hinter Trogen 200 m relativ steiler Anstieg und vor Gais 100 m flacher Anstieg); Gais – Appenzell 5 km.
Touristeninformation: • CH-9050 Appenzell: Touristeninformation, Hauptgasse, Tel. (071) 879641.
Unterkunft: In *Appenzell:* • *Hotels:* Adler, Tel. (071) 871389; Krone, Tel. (071) 871321; Taube, Tel. (071) 871149; Appenzell, Tel. (071) 874211. • *Camping:* Camp Eischen in Appenzell-Kau, 3 km südlich von Appenzell (Anstieg von Appenzell 200 m), Tel. (071) 871497; Touristenlager Hof, Tel. (071) 872210.
Öffnungszeiten: • *St. Gallen:* Stiftsbibliothek, Dez.–März Di.–Sa. 9–12 und 13.30–16 Uhr, April Mo.–Sa. 9–12 und 13.30–17 Uhr, Mai–Okt. wie April zusätzlich So. 10.30–12 Uhr, Juni–Aug. auch So. 13.30–16 Uhr; Kathedrale, Mo.–Sa. 9–18 Uhr, So. 12.15–17.30 Uhr; Historisches Museum, Di.–Sa. 10–12 und 14–17 Uhr, So. 10–17 Uhr; Textilmuseum, Mo.–Fr. 10–12 und 14–17 Uhr, April–Okt. auch Sa. • *Stein (Außerrhoden):* Appenzeller Volkskundemuseum, siehe Tour 21, S. 110. • *Teufen:* Grubenmann-Museum, Tel. (071) 332066.
Karte: Velokarte 1:60000, Blatt 4 St. Gallen/Appenzell/Liechtenstein.
Verkehrsverbindungen: • *Appenzell* wird im Stundentakt von St. Gallen und Altstätten (in Gais umsteigen) aus von den Appenzeller Bahnen bedient.
Hinweis: Die Tour kann wie beschrieben in Appenzell begonnen werden und problemlos ab St. Gallen wie Tour 23 nach Rorschach fortgesetzt werden.

23 Zu St. Gallus und Henri Dunant

Rorschach – Grub – Heiden – St. Gallen – Steinach – Rorschach

Tourencharakter: Tour mit steilem Anstieg vom See auf den Rorschacherberg, dann entlang der grünen Appenzeller Berge zum kulturellen Höhepunkt St. Gallen und wieder hinab zum See; wahlweise Aufstieg mit der Bahn bis Heiden.

Länge der Tour: 40 km, beim Aufstieg mit der Zahnradbahn 30 km.

Die Tour berührt die Kantone Appenzell und St. Gallen und führt ins grüne Hügelland der Voralpen mit prächtigem Blick auf den See. Der Kurort **Heiden** liegt in aussichtsreicher Lage etwa 400 m höher als der See. Nach dem großen Dorfbrand von 1838 wurde das Dorf einheitlich im Biedermeierstil wiederaufgebaut. Der gesamte Dorfkern und insbesondere der rechteckige Dorfplatz hat sich stilgetreu bewahrt und ist städtebaulich einmalig für die gesamte Schweiz. Die Kirche brannte 1936 noch einmal und wurde in der nüchternen Strenge des Bauhausstils wiederaufgebaut. Das Dorf beherbergt auch das Henri-Dunant-Museum. Der Gründer des Roten Kreuzes lebte hier 18 Jahre von der Welt vergessen, bis er den Friedensnobelpreis erhielt.

Der Höhepunkt der Tour ist ohne Zweifel **St. Gallen**. Kloster und Stadt sind bei Tour 22 (siehe S. 112 f.) ausführlich beschrieben.

Streckenbeschreibung

Vom Kornhaus in **Rorschach** aus fährt man über die Bahngleise, senkrecht zum See die Fußgängerzone hinauf und weiter geradeaus. Man überquert nochmals eine Bahnlinie und folgt nun der Wegweisung nach Heiden. Noch im Ort beginnt der steile Aufstieg. Schattenspendende Bäume sind zunächst selten, aber ein kühler Brunnen erfrischt Spätaufsteher und ist die letzte Möglichkeit, die Trinkflaschen zu füllen. Der

Aufstieg zieht sich über 5 km hin, bis man den Sattel des Rorschacherberges erreicht. Das Panorama über den Bodensee ist die Belohnung für diese Mühe. Wer oben noch überschüssige Kraft hat, kann bei einem Abstecher zum Fünfländerblick noch einige weitere Höhenmeter hinaufradeln. Dort sieht man die fünf »Länder« Schweiz, Österreich, Baden, Württemberg und Bayern.

Nun geht es hinab nach **Grub**, vorbei an der Kirche St. Michael (erste Kirche links) und der reformierten Kirche von Jakob Grubenmann aus dem Jahr 1752. Bei der Einmündung in die Straße von Heiden nach St. Gallen (nach der Grubenmannkirche) wenden wir uns nach links, um einen Abstecher nach Heiden zu machen. Bald lädt auf der linken Seite der Straße ein schön geschmücktes Gasthaus zur Rast ein, das sich sowohl durch seine malerische Fassade als auch durch seine Käsflädli auszeichnet. Schließlich kommen wir nach **Heiden** mit seinem bemerkenswert geschlossenen klassizistischen Ensemble aus der Biedermeierzeit.

Diejenigen, die mit der Bahn kommen, fahren vom Bahnhof halb nach links die ansteigende Straße hinauf bis zum Dorfplatz. Hier biegt man nach rechts ab und befindet sich auf der Straße nach St. Gallen. Die Radler, die von Rorschach hergefahren sind, nehmen denselben Weg nach Grub zurück, den sie gekommen sind.

Bis St. Gallen folgt man den Wegweisern und fährt auf einer etwas verkehrsreicheren Straße. Dafür genießt man ein reizvolles Panorama auf die grünen Hügel des Appenzeller Alpenvorlandes. Nach leichten Anstiegen und ebener Strecke geht es dann einige Kilometer hinab bis zur Einmündung der Straße von Goldach. Ab hier müssen wir wieder ca. 1 km bergauf radeln, doch das Ortsschild von **St. Gallen** sagt uns, daß es nicht mehr weit sein kann. Wenn wir auf eine große Ampelkreuzung stoßen, wird der Autoverkehr ins Zentrum nach rechts geführt, mit dem Fahrrad können wir jedoch geradeaus weiterfahren. Danach halten wir uns rechts und kommen über die Martinsbruggerstraße bei einer weiteren großen Ampelkreuzung auf die *Rorschacher Straße*. Wir biegen nach links in sie ein und zweigen nach ca. 1½ km links ab in Richtung Trogen, St. Georgen und Klosterviertel. Nach wenigen 100 m stoßen wir auf das *Spisentor* und kommen so in die Altstadt und zum Kloster.

Für die Rückfahrt nach Rorschach verläßt man das Stadtzentrum durch das Spisentor und wendet sich nach links, um den Straßenbahngleisen zu folgen. Bei der zweiten Kreuzung geht es nach rechts ab in Rich-

Die Stiftskirche von St. Gallen ist eines der großen Meisterwerke des Barock. Das Kloster war im Mittelalter eines der kulturellen Zentren Europas.

tung Wittenbach. Beim weiteren Weg durch die St.-Jakob-Straße und Langgasse kann man sich an diesem Wegweiser orientieren. Etwa 1 km nach dem Ortsende biegt man nach rechts Richtung Arbon ab, nach weiteren 1½ km noch einmal Richtung Steinach. Durch Wald und Obstwiesen rollt man hinab und sieht zur Linken den imposanten Turm der Kirche von Berg. Sie wurde 1975/76 unter Einbeziehung des mittelalterlichen Turms neu erbaut. In *Obersteinach* fährt man nur ca. 50 m nach rechts und dann sofort wieder nach links weiter in Richtung **Steinach**.

Biegt man dort nach rechts ab, kommt man teils entlang dem Seeufer, teils entlang der B 13, zurück nach **Rorschach** zum Kornhaus. Ebenso kann die Tour in Richtung Arbon der Tour 3 (siehe S. 33 f.) folgend fortgesetzt werden. In jedem Fall empfiehlt es sich, im Gasthof Seehaus (geradeaus weiter bis zum Ufer und dann links) bei einem herrlichen Blick auf den See die Felchenleberli oder die Chrüstli von verschiedenen Fischen zu probieren.

Nützliche Informationen

Etappen: Rorschach – Grub 8 km (Aufstieg 400 m mit bis zu 18 % Steigung erfordert gute Kondition und Gangschaltung; *Alternative:* Aufstieg mit der Bahn von Rorschach nach Heiden, stündlich, Dauer 25 Min.); Grub – Heiden 2 km; Heiden – St. Gallen 13 km (100 m Aufstieg vor St. Gallen); St. Gallen – Steinach 12 km; Steinach – Rorschach 5 km.

Touristeninformation: • CH-9400 Rorschach: Verkehrsamt, Neugasse 2, Tel. (071) 41 70 34.

Unterkunft: • *Hotels in Rorschach:* Robert Jud, Tel. (071) 41 76 44; Rosengarten, Tel. (071) 41 15 82; Parkhotel Waldau, Tel. (071) 43 01 80; Landgasthof Schiff Burier, Tel. (071) 44 12 46. • *Camping:* Altenrhein, 6 km östlich von Rorschach, Tel. (071) 42 42 13.

Öffnungszeiten: • *Heiden:* Dunant-Museum, täglich 10–17 Uhr. • *St. Gallen:* Siehe Tour 22, S. 115.

Karte: Velokarte 1:60 000, Blatt 4 St. Gallen/Appenzell/Liechtenstein.

Verkehrsverbindungen: • *Rorschach:* Bahnverbindung stündlich nach Kreuzlingen/Konstanz, ca. alle zwei Stunden nach Lindau/Bregenz mit Umsteigen in St. Margarethen; Schiffsverbindungen u. a. nach Lindau.

Hinweis: Die Tour kann wie Tour 23 begonnen werden und ab St. Gallen wie Tour 22 nach Appenzell fortgesetzt werden; wer alles radelt, muß dann allerdings 1100 Höhenmeter aufsteigen.

Hoch über dem Bodensee liegt Heiden. Nach dem großen Brand von 1831 wurde der Dorfplatz mit Häusern im Biedermeierstil wieder aufgebaut.

Vom 945 m hoch gelegenen Dorf Hemberg genießt man einen weiten Blick auf die grünen Hügel des Voralpenlandes.

24 Auf verborgenen Pfaden zur Thur

Appenzell – Gonten – Urnäsch – Hemberg – Wattwil

Tourencharakter: Bergige Tour auf ruhigen, asphaltierten Straßen durch liebliche Berglandschaft und verträumte kleine Orte.

Länge der Tour: 35 km

Die Strecke besticht kaum durch kulturelle Schätze, dafür gehört sie zu den landschaftlich schönsten Touren. Die Ausblicke auf malerische Dörfer, grüne Hügel und die ersten Felsspitzen der Alpen müssen jedoch hart erstrampelt werden. Bei den größten Aufstiegen zwischen Urnäsch und Hemberg gibt es keine Eisenbahn als Alternative.

Das Ziel der Tour ist **Wattwil**, das im Tal der Thur an einer wichtigen Bahn- und Straßenverbindung zwischen Bodensee und Zürichsee liegt. Westlich der Bahnlinie befinden sich die zwei wichtigsten Sehenswürdigkeiten: Das auf einem Hügel thronende und mit einem Mauerring umgebene *Kloster St. Maria zu den Engeln* gilt als die besterhaltene Klausuranlage im Kanton St. Gallen. Die Klosterkirche wurde im Jahr 1622 geweiht und erhielt im 18. Jh. eine Rokokoausstattung; die sie umgebenden Gebäude stammen ebenfalls aus dieser Zeit. Die *Burg Iberg* wurde erstmals um 1240 errichtet. Nach kurzer Zeit Zankapfel zwischen dem Abt von St. Gallen und dem Grafen von Toggenburg, wurde sie in den Appenzeller Kriegen zerstört und 1405 wiederaufgebaut. Seit 1805 ist sie in Privatbesitz. Im Ort selbst gibt es zahlreiche sehenswerte Bürgerhäuser sowie die 1848 erbaute reformierte Kirche. An ihrer Stelle stand 897 die erste Kirche im Tal.

Streckenbeschreibung

Wir fahren von der Hauptgasse in **Appenzell** aus in Richtung Landsgemeindeplatz, ihr weiter folgend an ihm links vorbei, passieren das Kapuzinerkloster Mariä Lichtmeß, treffen nach ca. 1 km auf eine Kreuzung und halten uns dort geradeaus in Richtung Urnäsch. Bis *Gontenbad* steigt die Straße etwa 2 km lang an, danach geht es eben weiter. In **Gonten** radeln wir an der beeindruckenden Holzfassade des Gasthofs Krone vorbei und weiter über Jakobsbad bis **Urnäsch**, das bereits zu Appenzell-Außerrhoden gehört.

Gleich nach dem Ortseingang biegt man links ab zum rechteckigen Dorfplatz, der von zahlreichen Gasthäusern und weiteren getäfelten Häusern aus dem 17. und 18. Jh. sowie von der reformierten Kirche gesäumt wird. Sie wurde 1417 errichtet und seitdem mehrere Male grundlegend umgebaut. In Urnäsch gibt es auch ein Museum für Appenzeller Brauchtum.

Nachdem man den Dorfplatz geradeaus überquert hat, geht es nach 500 m rechts hinauf in Richtung Hemberg. Da die kleine Straße steil bergan führt, erschließt sich uns nach einigen Strapazen ein schöner Blick zurück auf das Dorf. Nach einem weiteren Anstieg von etwa 1 km erreichen wir die *Gartenwirtschaft Schönau*, wo man essen, trinken oder auch Lebensmittel kaufen kann. Eine kleine Rast kann hier nicht schaden, denn es fehlen nur noch wenige Höhenmeter bis zum höchsten Punkt der Tour mit 1050 m. Danach geht es so flach bergab, daß wir jeden erkämpften Höhenmeter ausnützen können. Langsam die verkehrsarme Straße hinabrollend, können wir tief durchatmen und uns auf das Panorama mit den grünen Höhenzügen konzentrieren.

Nach wenigen Kilometern sieht man auf der gegenüberliegenden Seite genau auf der Kuppe des Hangs den Ort Hemberg liegen. Da uns das Tal von ihm trennt, müssen wir zunächst hinab und dann wieder hinaufradeln. In *Bächli*, das bereits zum Kanton St. Gallen gehört, zweigt die Straße nach Hemberg links ab und führt bergab bis zur Talsohle, wo wir zwei Bäche überqueren. Anschließend müssen wir 200 m ebenso steil aufsteigen. Der Lohn für die Mühe ist das Rundpanorama vom etwa 950 m hoch gelegenen **Hemberg** aus. Nach diesem Aufstieg haben wir uns hier auch eine angemessene Stärkung verdient. Gleich nach den letzten überwundenen Höhenmetern sehen wir zur Rechten das mit Bäckerei und Konditorei kombinierte Restaurant Hörnli, das seine Köstlichkeiten zu günstigen Preisen offeriert und sich dank seiner Aussicht hervorragend für eine Rast eignet. Im Ort ist die katholische Pfarrkirche St. Johannes der Täu-

Das »Gasthaus Krone« in Gonten: Die streng gegliederte Fassade bietet zusammen mit dem Blumenschmuck ein harmonisches Bild.

fer und Andreas mit einem 1781/82 neugestalteten Schiff und Chor sowie die reformierte Kirche von 1779 sehenswert. Nördlich der an der Durchgangsstraße gelegenen katholischen Kirche steht ein bemerkenswert großes Haus im Appenzeller Stil (Hausnummer 104).

Nach Wattwil folgt man der Wegweisung geradeaus durch den Ort hindurch. Es geht zunächst kurzzeitig bergab und dann eben weiter. Nach Süden eröffnet sich wieder ein schöner Blick auf die Berge, insbesondere auf den beinahe 2000 m hohen Speer. Nach **Wattwil** führt uns eine steile und kurvenreiche Abfahrt im Wald hinab. Gleich beim Ortseingang stößt man direkt auf die reformierte Kirche. An ihr führt die B16 vorbei, die wir nach links entlangfahren, um nach der Brücke über die Thur zunächst nach rechts und schließlich nach links in Richtung Bahnhof abbiegen zu können.

Nützliche Informationen

Etappen: Appenzell – Gonten 6 km (Aufstieg ca. 100 m); Gonten – Urnäsch 6 km; Urnäsch – Hemberg 11 km (steile Aufstiege, ca. 500 m, erfordern gute Kondition und Gangschaltung); Hemberg – Wattwil 12 km.
Touristeninformation: • CH-74222 Wattwil: Verkehrsverein, Rickenstr. 33, Tel. (074) 71144.
Unterkunft: • *Hotels in Wattwil:* Löwen, Tel. (074) 75133; Jakobshof, Tel. (074) 71082; Toggenburg, Tel. (074) 71242.
Öffnungszeiten: • Urnäsch: Museum für Appenzeller Brauchtum, April Mi., Sa. und So. 13.30–17 Uhr, Mai-Okt. täglich 13.30–17 Uhr, im Winter auf Anfrage, Tel. (071) 581478.
Karte: Velokarte 1:60000, Blatt 4 St. Gallen/Appenzell/Liechtenstein.
Verkehrsverbindungen: • *Appenzell:* Mit den Appenzeller Bahnen von St. Gallen und Altstätten (in Gais umsteigen) im Stundentakt. • *Wattwil:* Mit der SBB von Konstanz, Romanshorn und St. Gallen aus direkt im Stundentakt (Linie Konstanz – Romanshorn – St. Gallen – Wattwil – Rapperswil), zusätzlich im Stundentakt von Konstanz aus mit Umsteigen über Wil.
Hinweis: In Wattwil beginnt Tour 25.

25 Im Necker- und Thurtal

Wattwil – Lichtensteig – Necker – Lütisburg – Flawil – Wil

Tourencharakter: Mäßig bergige Tour auf meist ruhigen, asphaltierten Straßen durch das Necker- und Thurtal nach Wil, der besterhaltenen mittelalterlichen Kleinstadt der Ostschweiz.
Länge der Tour: 53 km.

Die Tour führt entlang der Thur und dem Necker durch das Toggenburg, das lange Zeit zum Haupteinflußbereich des Klosters St. Gallen gehörte. Die Herren von Toggenburg gründeten um 1200 das malerisch auf einem Felsvorsprung gelegene **Lichtensteig**. Zeitweise war es an St. Gallen oder andere Herren verpfändet, 1468 wurde es schließlich an die Abtei verkauft und Sitz eines äbtlichen Landvogts. Entlang der geradeaus durch den Ort führenden Hauptgasse reihen sich zu beiden Seiten die verputzten Fachwerkhäuser auf, die zum Teil auf Laubengängen ruhen. Besonders beeindruckend ist das 1687 erbaute *Rathaus*. Früher diente das Haus mit dem Namen *»Goldener Boden«* als Rathaus. Es stammt aus dem Jahr 1534 und dominiert markant den südlichen Häuserring.

Das Ziel der Tour ist **Wil**. Obwohl das Städtchen als besterhaltene mittelalterliche Kleinstadt der Ostschweiz gilt und sich sicherlich mit Stein am Rhein messen kann, blieb es vom Massentourismus verschont. Eine Siedlung Wil wird bereits Mitte des 8. Jh.s erwähnt. Die Stadtgründung erfolgt in der zweiten Hälfte des 12. Jh.s durch die Herren von Toggenburg, die die Stadt im Jahr 1226 dem Kloster St. Gallen übergeben. Bis zur Neuordnung unter Napoleon wird Wil von einem Statthalter der Abtei regiert.

Die auf einem Hügel im Thurtal liegende mittelalterliche Stadtanlage besteht aus einem ovalen Häuserring und einer doppelten Häuserzeile in der Mitte. Seit dem 14. Jh. dehnten sich die Vorstädte auch außerhalb des ehemaligen Mauerringes aus. Die Lage auf einem Hügel und die teilweise Verknüpfung von äußerem Häuserring und Stadtmauer geben der Altstadt nach außen einen burgartigen Charakter. Ganz im Gegensatz dazu steht die Leichtigkeit der Laubengänge in der nördlichen Marktgasse.

Die Marktgasse und der nach Osten anschließende Hofplatz, auch »Goldener Boden« genannt, wird dominiert vom sogenannten *»Hof«*, der im Inneren zahlreiche sehenswerte Details aufweist. Er wurde von den Herren von Toggenburg in der zweiten Hälfte des 12. Jh.s als Burg gegründet und ging mit der Übergabe der Stadt an die Abtei über. In ihm befindet sich das *Stadtmuseum* mit lokalgeschichtlicher Sammlung und einem Stadtmodell. Südlich angebaut ist das Haus zur Toggenburg (Ende 15. Jh.) und das Obere bzw. Schnetztor. Schräg gegenüber vom Hof steht das 1795 erbaute *Baronenhaus*. Es gilt als bedeutendster Herrschaftsbau des Klassizismus im Kanton St. Gallen und dient heute als Theater. Während die Nordseite durch massiv wirkende Arkaden geprägt ist, wird die Ostseite durch ein gerahmtes Terrassenportal und schmiedeeiserne Gitter verziert. Die *Pfarrkirche St. Nikolaus* erfuhr 1866 eine neugotische Umgestaltung.

Südlich des Altstadtkernes befindet sich das *Dominikanerinnenkloster St. Katharina*. Es wurde in St. Gallen gegründet, dann aber in das katholisch gebliebene Wil umgesiedelt, nachdem die Stadt St. Gallen zum reformierten Glauben übertrat. Östlich des Oberen Tores kann man das *Kapuzinerkloster* mit seiner schlichten Barockkirche besichtigen. Lohnenswert ist ebenfalls ein Besuch der ehemaligen *Pfarrkirche St. Peter* südwestlich der Altstadt.

Vor Lütisburg hat sich der Necker tief in die Landschaft eingegraben.

Wil mit seiner einzigartig geschlossenen Stadtanlage: ein wenig bekanntes Juwel.

Streckenbeschreibung

Der erste Abschnitt der Tour verläuft im Tal der Thur. Die Route ist meist beschildert. Vom Bahnhof **Wattwil** aus hält man sich zunächst links, immer möglichst an der Bahnlinie entlang. Man fährt an einer Rad- und Fußgängerbrücke, die über die Bahnlinie führt, vorbei, quert die Thur und radelt eine Allee nach links am Fluß entlang. Bei **Lichtensteig** überquert man ihn noch zweimal und hat einen herrlichen Blick auf die erhöht liegende Stadt. Wir fahren zu ihr hinauf, dann durch die Hauptstraße an den sehenswerten Bürgerhäusern und am Rathaus vorbei und verlassen das Zentrum in Richtung Bütschwil; beim Knick der Hauptstraße wenden wir uns nach St. Loreto.

Nach etwa 2 km auf der stärker befahrenen Hauptstraße nehmen wir die nach rechts abzweigende Radroute über Oberhelfenschwil in das Neckertal. Da wir das Tal der Thur hier verlassen, geht es nun, vorwiegend im Wald, etwa 200 Höhenmeter bergauf. Nach etwa 3 km gelangt man nach *Oberhelfenschwil* und hat den höchsten Punkt der Tour erreicht. Man rollt hinab und genießt nach kurzer Zeit von einem Parkplatz mit Bänkchen aus einen schönen Blick auf das Neckertal mit der Bahnlinie und dem Ort Brunntal sowie auf die Berge im Hintergrund.

Bis zum Ort **Necker** geht es nun steil bergab. Dort überquert man den Necker und biegt nach links Richtung Ganterschwil in die querende Hauptstraße ein. Auf ihr fahren wir das Neckertal hinab, vorbei an wenig verbauten Hängen, grünen Wiesen und Bauernhöfen, über eine überdachte Holzbrücke aus dem Jahr 1872. Vor *Ganterschwil* wird die Straße breiter, es geht erst kurz hinauf und dann längere Zeit hinab. Sobald auf der linken Seite das Wartungsgebäude für die Postbusse und danach die Kirche kommt, zweigt man gemäß der Radroutenbeschilderung Wil/Lütisburg nach rechts ab. Wir fahren im hier schon sehr breiten Tal der Thur zunächst auf Landwirtschaftswegen und dann auf einer breiteren Straße, auf der wir den Necker überqueren. Er hat sich hier tief in die Landschaft eingegraben und damit imposante Felswände geschaffen. Flußaufwärts sieht man eine weitere gedeckte Holzbrücke.

In **Lütisburg** folgt man dem Wegweiser in Richtung Wil/Flawil nach rechts. Vorher kann man auf der Hauptstraße nach links hinabfahren, um die katholische Pfarrkirche St. Michael zu besichtigen, die auf dem ins Tal vorspringenden Burghügel liegt und 1810/11 aus den Steinen der Burg gebaut wurde. Nach wenigen weiteren 100 m gelangt man zur unten im Tal liegenden gedeckten Holzbrücke aus dem Jahr 1790, von welcher aus man wiederum den 1947 erbauten Guggenloch-Eisenbahnviadukt sieht.

Auf einem straßenbegleitenden Radweg kommt man nach *Unterrindal*, wo die Radroute nach Flawil rechts abzweigt. Der Entschluß, noch einen Abstecher nach Flawil zu machen, wird uns hier wesentlich erleichtert: Während der direkte Weg nach Wil bergauf ginge, fahren wir nun im wesentlichen eben auf einer ruhigen Straße durch ein liebliches Tal.

Bei der ersten größeren Kreuzung bei **Flawil** fährt man gemäß Radwegweisung nach rechts Richtung Zentrum. Nach über 1 km Fahrt durch das langgezogene Straßendorf kommt man zur Abzweigung zum Kloster Magdenau. Wer das ehemalige Kloster besichtigen möchte, muß allerdings 200 Höhenmeter überwinden. Die Klosterkirche ist ein Neubau, die Konventsgebäude stammen zum Teil aus dem 17. Jh. Bei der weiteren Fahrt in Richtung Gossau sieht man zur Rechten beim Bärenplatz das im Rokokostil kunstvoll bemalte Haus Nr. 983. Bei der 1935/36 erbauten katholischen Kirche St. Laurentius mit geometrisch angelegtem Park drehen wir um, fahren bis zur Abzweigung zum Kloster Magdenau und dort rechts zum Bahnhof. Dann geht es vor den Gleisen nach links immer geradeaus, bis wir wieder auf die Straße treffen, auf der wir in das Ortszentrum gekommen sind.

Bei der Kreuzung wählen wir die weniger bergige Radroute über Uzwil nach Wil. Nach etwa 2 km auf einer größeren Straße zweigt die Radroute links in Richtung *Uzwil* ab. Man fährt über kleine Wirtschaftswege weiter. Bei einem einzeln stehenden Haus wird der Radfahrer auf einem Kiesweg nach rechts geleitet. Es empfiehlt sich jedoch, geradeaus auf dem Asphaltsträßchen weiterzufahren, das später als Wattstraße bezeichnet wird. Wir treffen auf eine Hauptstraße, fahren nach links, die nächste Straße wieder nach rechts in die Lindenstraße, dann geradeaus. Wir überqueren eine weitere Hauptstraße und kommen in die Neudorfstraße. An ihrem Ende nimmt man das kleine asphaltierte Sträßchen links und fährt rechts neben der Bahnlinie entlang, bis man nach etwa 1 km unter ihr hindurchfährt und den Weg links von ihr fortsetzt. In *Algetshausen* trifft man auf eine größere Straße, in die man links in Richtung Oberstetten einbiegt. Am Ortsende von *Oberstetten* zweigen wir nach rechts ab, nehmen den Kiesweg nach links, queren erneut die Bahnlinie und kommen nach *Niederstetten,* wo wir nach links in die größere Straße einbiegen. Ab hier ist die Radroute wieder teilweise beschildert. Nach etwa 1½ km überquert man die Thur, verläßt die Hauptstraße gleich nach der Brücke nach links, fährt unter der Bahnlinie hindurch und gleich danach rechts. Nach einigen 100 m an der Bahnlinie entlang über-

»Stilleben mit Rad« in der Altstadt von Wil.

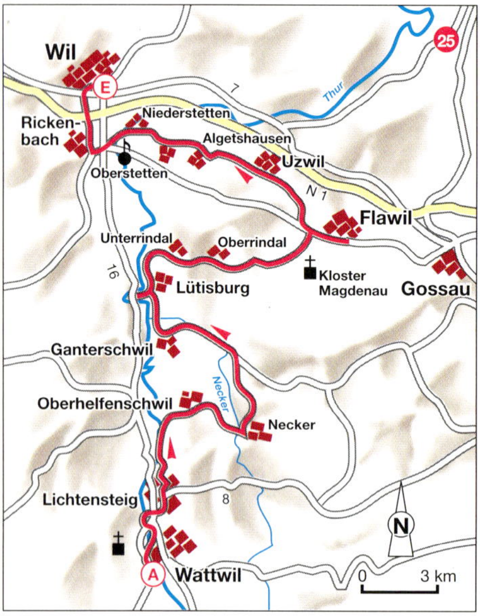

quert man sie erneut, fährt nach *Rickenbach* hinein, biegt bei der Kirche links ab und dann nach rechts in die Hauptstraße hinein. Auf ihr kommen wir nun immer geradeaus direkt zur einzigartigen Altstadt und schmucken Marktgasse von **Wil**. Beim »Wilden Mann« in der Marktgasse 35 kann man zu zivilen Preisen direkt in der Altstadt übernachten. Die Hotels Schäfli, Ochsen und Adler sind nur zwei Gehminuten entfernt.

Nützliche Informationen

Etappen: Wattwil – Lichtensteig 3 km; Lichtensteig – Necker 9 km (Aufstieg 200 m); Necker – Lütisburg 10 km; Lütisburg – Flawil 13 km; Flawil – Wil 18 km.
Touristeninformation: • CH-9500 Wil: Verkehrsbüro, Klosterweg, Tel. (073) 225802.
Unterkunft: • *Hotels in Wil:* Wilder Mann, Tel. (073) 221033; Schäfli, Tel. (073) 224511; Adler, Tel. (073) 221722; Ochsen, Tel. (073) 224848.
Öffnungszeiten: • Wil: Stadtmuseum, aktuelle Öffnungszeiten beim Verkehrsbüro erfragen.
Karte: Velokarte 1:60000, Blatt 4 St. Gallen/Appenzell/Liechtenstein.
Verkehrsverbindungen: • *Wattwil:* Mit der SBB von Konstanz, Romanshorn und St. Gallen aus direkt im Stundentakt (Linie Konstanz – Romanshorn – St. Gallen – Wattwil – Rapperswil), zusätzlich im Stundentakt von Konstanz aus mit Umsteigen über Wil. • *Wil:* Bahnverbindung im Halbstundentakt von Konstanz aus.
Hinweise: Alternative Route etwa 3 km nach Necker über Nassen und Buechholz zum Kloster Magdenau; ebenso Abkürzung von Unterrindal direkt nach Wil ohne Schleife über Flawil. Ab Wil kann mit Tour 26 und 27 eine zweitägige Rundtour begonnen werden.

26 Von der Thur zum Bodensee

Wil – Bischofszell – Hagenwil – Romanshorn

Tourencharakter: Vorwiegend eben verlaufende Tour auf Kieswegen an der Thur entlang und über kleine Asphaltstraßen zum Bodensee.
Länge der Tour: 50 km.

Die Tour verläuft durch die Kantone St. Gallen und Thurgau, zum Teil an ihrer Grenze und damit auch am Scheidepunkt des früher fürstäbtlichen St. Galler und des bischöflich-konstanzischen Einflußbereiches entlang. Auf einer Terrasse über dem Zusammenfluß von Thur und Sitter liegt das Landstädtchen **Bischofszell**, dessen spätgotische und spätbarocke Gebäude gut erhalten sind. Die Konstanzer Bischöfe ließen hier zunächst ein Chorherrenstift und eine Kollegiatskirche bauen. Durch eine Burg gesichert und als Stützpunkt gegen St. Gallen ausgebaut, erhielt Bischofszell in der Mitte des 13. Jh.s das Stadtrecht. Die Eroberung des Thurgaus durch die Eidgenossen und die Reformation führten zur weitgehenden Einschränkung der bischöflichen Hoheitsrechte. Im 16. und 17. Jh. bringt der internationale Leinwandhandel Reichtum und Wohlstand, der sich in einer lebendigen Bautätigkeit niederschlägt.

Bereits im 13. Jh. gab es eine alte Holzbrücke über die Thur, die während der Appenzeller Kriege von Bedeutung war. Zum Gedächtnis an ihre dort ertrunkenen Söhne stiftete eine Frau von Hohenzorn die noch heute existierende steinerne Brücke, die 1487 vollendet wurde. Sie war zollfrei und wurde von der Stadt Bischofszell bis 1953 unterhalten.

Die Grundmauern der katholischen *Pfarrkirche St. Pelagius* gehen bis auf das 10. Jh. zurück. Im 14. Jh. wurde die Kirche zum Teil erneuert. Das benachbarte *»Schloss«* hat seinen Ursprung in der im 12.–13. Jh. errichteten bischöflichen Burg. Der Unterbau des der Umfriedung aufsitzenden Wohnhauses stammt aus dieser Zeit, der Oberbau aus dem 15. Jh., der östliche Anbau aus dem Jahr 1813.

Die Markt-, Kirch- und Tuchgasse waren Bestandteil der eng umgrenzten Altstadt. Der letzte von drei großen Stadtbränden anno 1743 zerstörte hier etwa 70 Häuser. Nur das im 15. Jh. erbaute und nach 1507 erweiterte *Bürgerheim,* das ehemalige Heilig-Geist-Hospital in der Marktgasse, überstand den Brand. Der Aufbau erfolgte nach dem Gesamtplan der Gebrüder Grubenmann, die einige Fabrikantenhäuser selbst ausführten. Das *Rathaus* wurde in den Jahren 1747–1750 von Giovanni Gaspare Bagnato gebaut. Der dreigeschossige Bau erhält durch die doppelläufige Freitreppe mit dem virtuos geschmiedeten Geländer, dem geschwungenen Balkon und den reichverzierten Fenstergittern eine fröhliche Leichtigkeit.

Durch den an der Ostseite der Marktgasse gelegenen Bogenturm gelangt man in die *Vorstadt.* Sie wurde in den Appenzeller Kriegen abgebrochen und nach 1437 wieder aufgebaut. Heute ist sie im wesentlichen von Bauten aus dem 16.–18. Jh. geprägt.

Das in der ersten Hälfte des 13. Jh.s erbaute Schloß **Hagenwil** gilt als eine der am besten erhaltenen Wasserburgen in der Schweiz. Vermutlich wurde sie anstelle einer noch älteren Burg errichtet. Genau an der Grenze zwischen St. Gallen und Thurgau gelegen, wechselte sie häufig ihren Besitzer. Die Appenzeller Kriege und die Plün-

Die 1487 vollendete Steinbrücke bei Bischofszell überspannt in mächtigen Bögen die Thur.

derungen durch die Schweden überdauerte sie glücklicherweise relativ unbeschädigt. Seit 1806 ist sie in Privatbesitz. Ein mächtiger Burgfried dominiert die malerisch von einem Wassergraben umgebene Burg. Über ihn führt eine auf 1741 datierte Zugbrücke. Die mittelalterliche Anlage wurde im 16. und 18. Jh. mit Fachwerkgebäuden ergänzt. In der wehrgangähnlichen Galerie befindet sich seit 1830 eine Gastwirtschaft.

Dorfidyll mit Wasserschloß und Kirche in Hagenwil.

Streckenbeschreibung

Wir verlassen den Marktplatz von **Wil** durch das Obere bzw. Schnetztor, fahren bei den nächsten zwei Kreuzungen geradeaus und bei der dritten nach rechts Richtung St. Gallen. Man rollt hinab, quert eine Hauptstraße und fährt auf der gegenüberliegenden Seite in derselben Richtung auf einem Kiesweg weiter bergab. Der folgende asphaltierte Weg gabelt sich, wir nehmen den Weg rechts durch das Dorf und radeln geradeaus. In *Weieren* fahren wir entgegen der Beschilderung nicht rechts nach Bischofszell, sondern zunächst in Richtung Zuzwil und nach der Linkskurve rechts in die Außeraustraße. Das Sträßchen trifft schließlich auf eine Landstraße, in die wir nach rechts einbiegen. Auf ihr überqueren wir die Thur, die auf der linken Flußseite imposante Felswände geschaffen hat. Ab hier folgen wir wieder der Radwegweisung nach Bischofszell, geradeaus unter der folgenden Straßenbrücke hindurch und vor der Autobahn nach links, die Thur entlang.

Nachdem man zwei Seitenflüsse der Thur überquert hat, kommt man an eine unbeschilderte Weggabelung. Wir nehmen den rechten Weg an einem schmalen Kanal entlang, fahren auf ein Gehöft zu, dort wie beschildert geradeaus und schließlich wieder an der Thur entlang. Etwa 1 km nach der Thurbrücke bei Niederbühren müssen wir das Rad kurzzeitig nach rechts hochschieben. Wir sind hier beim *Huserfelsen*, dem Abschluß des fürstenländischen Thurtales, die Grenze zwischen dem fürstäbtlichen St. Galler und dem bischöflich-konstanzischen Gebiet seit dem frühen Mittelalter. Nach etwa einem weiteren Kilometer, beim Schanzensteig, wo es früher einmal ein Schlößchen gab, überqueren wir einen Kanal und fahren auf der linken Seite an ihm entlang. Wir radeln zunächst auf einem schmalen Kiespfad und schließlich auf einem Damm zwischen Thur und Kanal durch einen schattenspendenden Wald. Bei der nächsten Brücke zweigt man links ab und kommt nach wenigen Metern auf die Hauptstraße nach Bischofszell. Fährt man auf ihr nach links über die Thur und dann nach rechts, kann man sein Fahrrad über die mehr als

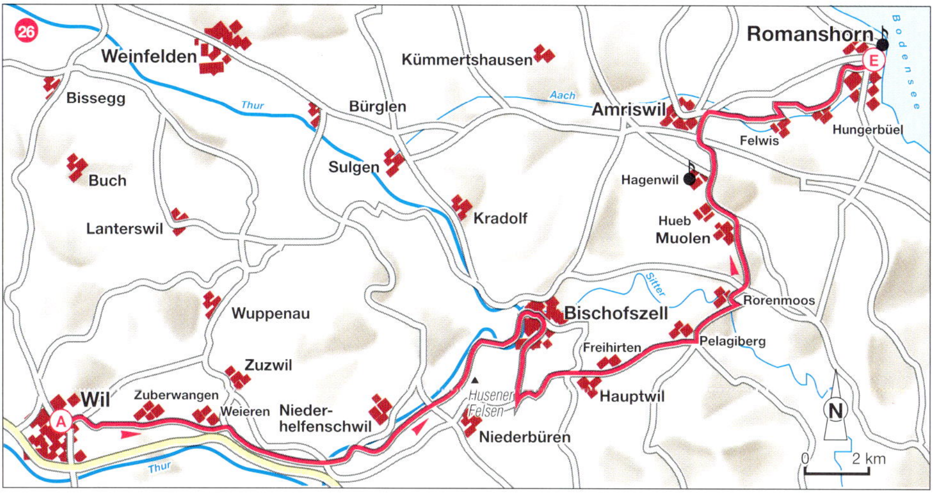

500 Jahre alte Thurbrücke schieben. Von dort hat man einen schönen Blick auf die auf einer kleinen Anhöhe liegende Stadt **Bischofszell**, insbesondere auf das Schloß. Nach der Brücke geht es links zum Stadtzentrum hinauf.

Man verläßt Bischofszell, vom Rathaus kommend, durch den Torbogen, fährt nach rechts zum Bahnhof und dort noch einmal rechts, zunächst an den Bahngleisen entlang und dann über sie hinüber in Richtung Zürich. Etwa 500 m, nachdem die Straße erneut die Bahnlinie quert, biegen wir bei der starken Rechtskurve nach links in Richtung *Hauptwil* ab.

Dort nehmen wir zunächst die Hauptstraße nach links und danach die nach Freihirten bzw. St. Pelagiberg führende Straße nach rechts. An dieser Abbiegung sehen wir auch das mächtige Schloß der St. Galler Kaufmannsfamilie Gonzenbach, das 1664/1665 erbaut wurde.

Auf einer von Wiesen und Obstbäumen gesäumten schmalen Asphaltstraße radeln wir geradeaus weiter durch grüne Hügel in Richtung St. Pelagiberg, bis sie stumpf in eine größere Straße mündet: Hier geht es rechts ab und bei der nächsten Kreuzung links nach *St. Pelagiberg* hinein. Vom Dorf aus ist ein Abstecher zur Wallfahrtskirche auf dem Berg möglich. Von dort oben genießt man einen schönen Rundblick in alle Richtungen, vor allem nach Norden zum Tal der Sitter hin.

Von St. Pelagiberg führt die Straße geradeaus weiter nach Rorenmoos. Wir können bis zur Brücke über die Sitter hinabrollen, fahren nach *Rorenmoos* hinauf, dort die erste Straße nach links und vor der Käserei nach rechts einen Feldweg entlang. Bei den nächsten Kreuzungen folgt man der Wanderwegweisung nach Muolen bzw. Amriswil. In *Muolen* trifft man auf die Hauptstraße nach Amriswil, in die man links einbiegt. Am Ortsende von Muolen/Ortsteil Hueb zweigen wir nach links in die kleine asphaltierte Straße mit Wegweisung nach Hagenwil/Räuchlisberg ab. In **Hagenwil** geht es geradeaus an der Kirche vorbei bis zum Wasserschloß. Es lädt nicht nur zu einer Besichtigung, sondern auch zum Genuß der regionalen Küche ein.

Vom Schloß aus radeln wir zurück zum Ort, bei der Gabelung nach links, nach wenigen 100 m geradeaus über die Hauptstraße. Anschließend geht es an der Käserei vorbei und die nächste Straße nach links (Wegweiser nach Amriswil). Die kleine Asphaltstraße bringt uns nach *Amriswil*. Beim Gasthof Linde stoßen wir auf eine größere Straße, in die wir nach links zur Ortsmitte hin einbiegen. Dort geht es rechts ab nach Romanshorn. Sobald man die Bahnunterführung sieht, nehmen wir die nach rechts abzweigende Felwisstraße und setzen die Fahrt rechts an der Bahnlinie entlang fort. Bei der zweiten Bahnunterführung seit dem Ortsende von Amriswil, kurz vor dem Weiler *Felwis,* fahren wir auf einem kleinen Sträßchen unter der Bahnlinie durch, auf der anderen Seite zunächst kurz nach links, dann über einen Bach in den Wald hinein und beim Bänkchen rechts weiter. Bei der nächsten Brücke überquert man nach rechts die Bahnlinie und radelt anschließend immer geradeaus. Sobald man in *Hungerbüel* links in eine etwas größere Straße einbiegt, sieht man bereits den Kirchturm von Romanshorn. Ab hier folgt man den Wegweisern nach **Romanshorn** bzw. zur Ortsmitte. Es geht unter der Bahnlinie hindurch, danach rechts, durch ein Gewerbegebiet, und geradeaus über den Kreisverkehr. Wenn man sich im Ortszentrum an der Wegweisung nach rechts in Richtung Seepark orientiert, stößt man genau auf den Bahnhof und damit auf den Fährhafen nach Friedrichshafen. Wer beim Bahnhof nach links und dann nach rechts fährt, kommt zum Seepark und findet dort die Beschilderung des Bodenseerundwegs in Richtung Konstanz vor, gemäß Tour 3 (siehe S. 34f.).

Nützliche Informationen

Etappen: Wil – Bischofszell 21 km; Bischofszell – Hagenwil 18 km; Hagenwil – Romanshorn 11 km.
Touristeninformation: • CH-8590 Romanshorn: Verkehrsbüro, Am Bahnhofsplatz, Tel. (071) 633232.
Unterkunft: • *Hotels in Romanshorn:* Seehotel, Tel. (071) 631741; Bodan, Tel. (071) 631502; Schloß, Tel. (071) 631027. • *Camping:* In Uttwil, 3 km westlich von Romanshorn, Tel. (071) 633545. • *Jugendherberge in Romanshorn:* Tel. (071) 631717.
Karten: Velokarte 1:60000, Blatt 3 Bodensee/Thurgau; Radwanderkarte 1:100000, Blatt 52 Bodensee.
Verkehrsverbindungen: • *Wil:* Bahnverbindung im Halbstundentakt von Konstanz aus. • *Romanshorn* verfügt über gute Bahnverbindungen nach Bregenz und Konstanz und ist mit der Autofähre von Friedrichshafen aus gut zu erreichen.
Hinweis: Die Tour kann mit Tour 3 nach Konstanz fortgesetzt werden, so daß sich zusammen mit Tour 27 eine Rundreise ergibt.

27 Wald, Wiesen, Wein und Wil

Konstanz – Wäldi – Weinfelden – Braunau – Wil

Tourencharakter: Relativ bergige Tour durch das Thurgauer Hügelland auf Kieswegen im Wald und auf Nebenstraßen hin nach Wil, der besterhaltenen mittelalterlichen Kleinstadt in der Ostschweiz.

Länge der Tour: 55 km.

Die Tour führt durch die charakteristische wald- und wiesengrüne Landschaft des Thurgaus vom Bodensee zur Thur hin. Wie der Name verspricht, thront das Schloß von **Weinfelden** inmitten von Weinbergen. Zunächst Sitz des kyburgischen Ministerialiengeschlechts, wechselte es nach 1264 mehrmals die Besitzer, unter denen auch die Fugger aus Augsburg waren. Nachdem die spätgotischen Wohngebäude lange Zeit als Steinbruch dienten, baute man sie im Jahre 1860 wieder auf. Der aus dem 12. Jh. stammende Burgfried erhielt zehn Jahre später seinen heutigen Zinnenkranz.

Weinfelden ist für die Geschichte des Thurgaus von großer Bedeutung. Von der Treppe des im Dorfzentrum gelegenen *Gasthauses zum Trauben* wurde 1798 der Landsgemeinde die Befreiung des Thurgaus angekündigt. Das aus dem Jahr 1649 stammende Gasthaus präsentiert sich als herrschaftlich-züricherische Taverne in stattlichem Frühbarock. In der Gerichtsstube im Obergeschoß behandelten die Gerichtsherren die gesamtthurgauischen Belange.

Die *reformierte Kirche* befindet sich unweit des Gasthauses. Der 1902/03 errichtete kreuzförmige Bau mit Vierungsturm, der die frühere Kirche Grubenmanns ersetzte, enthält Elemente der Neoromanik und des Jugendstils. Vom Gasthaus gesehen in der entgegengesetzten Richtung finden wir einige bemerkenswerte Fachwerkhäuser und spätklassizistische Gebäude, so das *Haffterhaus,* 1836–1838 errichtet, das über weiträumige gewölbte Keller und einen Hinterhof mit

Inmitten von Weinbergen gelegen, überragt das Schloß Weinfelden die gleichnamige Stadt.

reizvoller Brunnenanlage verfügt. Das Ziel der Tour, die Stadt **Wil,** ist bei Tour 25 (siehe S. 122 f.) ausführlich beschrieben.

Streckenbeschreibung

Vom Konzilsgebäude in **Konstanz** aus radeln wir an der Hafenseite der Bahnlinie entlang Richtung Schweiz, passieren nach dem Güterbahnhof die Grenze und nehmen die Straße nach links. Wir folgen dem ausgeschilderten Seerundweg bis zum ersten Bahnübergang nach der Hochhaussiedlung in *Bottighofen*. Hier queren wir die Bahnlinie, fahren an der Fabrik Hans-Jörg Keller vorbei, nach rechts in die B13, nach wenigen Metern beim Schulhaus aus dem Jahre 1865 nach links und dann wieder links in die Scherzinger Straße. Sobald nach den letzten Häusern ein asphaltierter Weg von links, d. h. von der Bundesstraße, herkommt, biegen wir nach rechts in ihn ein. Nachdem wir eine gewisse Höhe erlangt haben und einen entsprechenden Blick zurück auf den See genießen können, stoßen wir am Waldrand senkrecht auf eine asphaltierte Teerstraße und halten uns wieder rechts. Bei der nächsten Abzweigung rollen wir nach links steil zum Bach hinab und setzen die Fahrt ca. 1 km geradeaus fort. Immer wieder ergeben sich schöne Ausblicke hinab zum Seeufer.

In *Kurzrickenbach* nehmen wir die erste Straße nach links, die Mellgentenstraße, queren die Bahnlinie und fahren dann nach wenigen 100 m rechts in den Wald hinein. Nach dem Wäldchen erscheint der Weiler *Bäterschhusen*. Es geht geradeaus hindurch, quer über die Hauptstraße nach Konstanz, bis zum Waldrand. Wir folgen ihm zunächst nach links, radeln dann nach rechts in den Wald hinein und nach nur 10 m wieder links. Es geht nun längere Zeit geradeaus, bis wir auf eine Kreuzung mit Wanderwegweisern treffen.

Dort wählt man den Weg in Richtung Schwaderloh, zunächst geradeaus durch den Wald, dann am Waldrand entlang und schließlich rechts ab weiter am Waldrand entlang. Bei *Schwaderloh* fährt man wenige Meter auf der Hauptstraße nach rechts, bis man der Wanderwegweisung links folgt, über die Autobahn und in den Wald hinein. Man bleibt auf dem Weg, der nach einer Links- und Rechtskurve geradeaus durch den Wald führt. Der Wanderwegweisung nach Steckborn folgend, radelt man bei der nächsten Gabelung nach rechts und dann nach links. Sobald man den Ort Wäldi sieht, biegt man nicht mehr, wie nach Steckborn ausgeschildert, nach rechts ab, sondern wählt die links beginnende asphaltierte Straße, quert somit die Straße nach Tägerwilen und kommt so in den Ort.

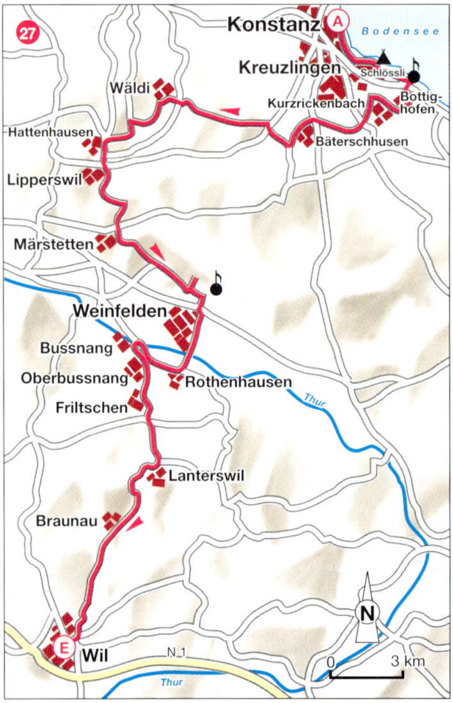

In **Wäldi** biegen wir nach links in die Dorfstraße ein, die später zur Schulstraße wird. Nach der langen Fahrt durch den Wald gibt es hier alles, was das Herz oder besser der Magen begehrt: einen Brunnen, einen Gasthof und ein Dorflädli, das allerdings Mittags von 12 bis 14 Uhr, Mittwoch ganztags und Donnerstag nachmittags geschlossen hat. Darüber hinaus gibt es einige schöne Bauernhäuser, und alle, die keine Lust zum Weiterfahren verspüren bzw. an dieser ruhigen Oase Gefallen finden, können sich hier ein Zimmer mieten.

Bei der Gabelung am Ortsende radeln wir weiter die Schulstraße in Richtung Waldholz/Schmidholz entlang. Am Bauernhof mit hohem Speichergebäude geht es nach links und schließlich, der Rechtskurve der Straße folgend, an einigen schönen Bauernhöfen mit viel Fachwerk vorbei. Beim letzten Hof fahren wir nach links die Teerstraße hinab, um auf eine von links kommende Straße zu treffen, in die wir rechts einbiegen. Nach wenigen 100 m am Waldrand entlang stoßen wir auf die von Gunterschwil herabführende Straße. Wir halten uns links und zweigen kurz vor einigen Bauernhöfen in die asphaltierte Straße nach rechts ab. Von hier aus erfreuen wir uns eines schönen Blickes auf das unterhalb liegende Tal.

In *Hattenhausen* geht es auf einer größeren Straße links hinab nach *Hefenhausen*, das man, der Wegweisung nach Märstetten folgend, geradeaus durchquert. *Märstetten* liegt bereits am Rand des Thurtals. Man orientiert sich nun an den Wegweisern nach Weinfelden, bis man etwa 3 km nach dem Ortsende von Märstetten, kurz vor der

Beinahe am höchsten Punkt auf dem Weg nach Wil angelangt, treffen wir in Braunau auf eine alte Bergkapelle.

Rechtskurve der Straße, in das senkrecht kreuzende Sträßchen nach links einbiegt. Dann nimmt man die nächste asphaltierte Straße nach rechts, so daß man zunächst auf das über den Weinbergen thronende Schloß von **Weinfelden** zufährt. Beim Gasthaus Rebe stößt man auf eine größere Straße, der man bis zur nächsten Kreuzung folgt. Von hier aus geht es links zum Schloß hinauf, rechts in den Ort hinab. Wenn man im Ort die Hauptstraße nach links wählt, kommt man zum Gasthaus zum Trauben.

Wir verlassen Weinfelden, indem wir vom Gasthaus zum Trauben Richtung Süden zur Bahnlinie fahren. Diese überqueren wir, danach den Thurkanal und schließlich die Thur und bleiben auf der Straße bis *Rothenhausen*. Dort radeln wir zunächst in Richtung Affeltrangen/Märwil nach rechts und zweigen erneut vor dem Ortsende, nach der Käserei, rechts ab in ein Sträßchen, das uns nach *Bussnang* führt. Dort fahren wir in die größere Straße nach links und bleiben auf ihr bis zur Gartenwirtschaft Ochsen, wo wir nach links in die Viaduktstraße zum Eisenbahnviadukt radeln. Vor *Oberbussnang* geht es nach rechts hinauf. Hier beginnt ein langer Anstieg, bei dem wir mehr als 200 Höhenmeter überwinden. Dieser setzt sich, wenn auch mit längeren ebenen Unterbrechungen, bis Braunau fort.

Beim nächsten Bauernhof geht es links ab nach *Friltschen*, auf einer breiten Teerstraße geradeaus durch den Ort hindurch, ebenso durch *Weingarten* und *Lanterswil*. Zum Teil ist Wil ausgeschildert. In **Braunau** fahren wir bei dem Restaurant Ochsen nach links zu einer schön gelegenen alten Kapelle hinauf (Schlüssel kann im Nachbarhaus geholt werden).

Hinter der Kapelle radeln wir nach rechts, dann gleich wieder nach links das schmale Sträßchen bergan. Hier erreichen wir schließlich den höchsten Punkt der Tour. Danach geht es hinab, man kommt auf einen Schotterweg, fährt durch einen Bauernhof, hält sich anschließend rechts und überquert eine größere Straße nach Wil. Auf einem Teersträßchen fährt man auf einen Bauernhof zu, bei der Abzweigung geht es geradeaus. Ein Wanderwegweiser nach Wil bestätigt uns, daß wir noch richtig sind. Bei der Gabelung führt sowohl der Weg nach rechts als auch der Weg nach links durch einen Bauernhof. Wir wählen den Weg nach rechts. Das folgende Wegstück ist etwas holprig, aber schon bald ist die Straße wieder asphaltiert. Schließlich erreicht man die ersten Häuser von **Wil**. Wir fahren die erste Siedlungsstraße nach rechts, dann nach links in die Bergtalstraße, anschließend geradeaus über den Kreisverkehr und rechts hinab bis zur Hauptstraße. Hier biegen wir rechts ab und fahren geradewegs auf das Obere bzw. Schnetztor zu. Durch das Tor hindurch kommen wir in die geschlossen erhaltene Altstadt mit ihrem einzigartigen Marktplatz.

Nützliche Informationen

Etappen: Konstanz – Wäldi 19 km (Aufstieg ca. 200 m); Wäldi – Weinfelden 16 km; Weinfelden – Braunau 13 km (langer Aufstieg, ca. 300 m, erfordert etwas Ausdauer); Braunau – Wil 7 km; *Alternative:* Fahrt von Weinfelden nach Wil mit der Bahn (Halbstundentakt, Dauer ca. 25 Min.).

Touristeninformation: • CH-9500 Wil: Verkehrsbüro, Klosterweg, Tel. (073) 225802.

Unterkunft: • *Hotels in Wil:* Wilder Mann, Tel. (073) 221033; Schäfli, Tel. (073) 224511; Adler, Tel. (073) 221722; Ochsen, Tel. (073) 224848.

Öffnungszeiten: • Wil: Stadtmuseum, aktuelle Öffnungszeiten beim Verkehrsbüro erfragen.

Karten: Velokarte 1:60000, Blatt 3 Bodensee/Thurgau; Radwanderkarte 1:100000, Blatt 52 Bodensee.

Verkehrsverbindungen: • *Wil:* Bahnverbindung im Halbstundentakt von Konstanz aus. • *Konstanz:* Bahnverbindung halbstündlich nach Radolfzell, ab dort stündlich nach Lindau und Friedrichshafen, stündlich das Schweizer Seeufer entlang. Zahlreiche Schiffsverbindungen.

Hinweise: Da die kleinen Kieswege durch den Wald bis Wäldi kaum beschildert sind, muß man sich eng an die Hinweise zur Route halten. Dies kann etwas mühsam sein. Zusammen mit Tour 26 und einem Abschnitt von Tour 3 ergibt sich eine Rundtour.

Rhein, Bodanrück und Linzgau

In diesem Kapitel sind Touren im westlichen Bereich des Bodensees beschrieben, am Rhein entlang, auf den Bodanrück und im Linzgau. Die Touren am **Rhein** entlang verlaufen im wesentlichen im Schweizer Kanton Schaffhausen, der sich als einziger auch auf Gebiete nördlich des Rheins erstreckt. Als Radfahrer überqueren wir häufig auf kleinsten Übergängen die Staatsgrenze. Zwischen Stein und Schaffhausen bildet der Rhein mit dem Bodensee für die Schiffahrt eine Einheit, denn die unüberwindliche Grenze für die Bodenseeschiffe bildet erst der Rheinfall bei Schaffhausen. Als die Güter noch vorwiegend mit dem Schiff transportiert wurden, mußten diese am Rheinfall vorbei auf dem Landweg nach Neuhausen gebracht werden. Die Dörfer und Städte am Fluß sind ihm beschaulich zugewandt, denn wegen des großen »Hochwasserrückhaltebeckens« Bodensee müssen sie keine Überschwemmungen befürchten. Es gibt zahlreiche Strandbäder. Die schönsten Orte am Fluß sind, neben Stein, das mittelalterlich geprägte Diessenhofen und die ehemalige freie Reichsstadt Schaffhausen. Die Geschichte des Kantons ist eng verquickt mit der Geschichte der Stadt, die bei Tour 28 (siehe S. 137) näher beschrieben wird.

Der **Bodanrück** ragt als mächtiger Bergrücken mit einer Höhe von bis zu 300 m über der Wasseroberfläche etwa 20 km in den See hinein und trennt damit den Überlinger See vom Gnadensee. Den Bodanrück bedecken zahlreiche kleine Seen und weitläufige urwüchsige Wälder. Große Gebiete auf dem Bodanrück waren und sind z.T. noch im Besitz der Herren von Bodman, die zu verhindern wußten, daß auf seiner Nordseite eine Straße für den Autoverkehr am See entlang gebaut wurde.

Der **Linzgau** schließt sich östlich an das Hegau an und umfaßt in etwa das Gebiet Stockach – Pfullendorf – Überlingen. Im wesentlichen deckt sich dieser Raum mit der ehemaligen Grafschaft Heiligenberg. Als höchste Erhebungen sind der Höchsten mit 833 m und der Heiligenberg mit 726 m zu nennen.

Alle drei aufgeführten Gebiete bieten dem Radler interessante kulturelle Sehenswürdigkeiten, schöne Landschaften und Gasthäuser sowie gut befahrbare, abgelegene kleine Wege, die zu ihnen führen.

Das malerisch gelegene Diessenhofen mit seiner gedeckten Holzbrücke über den Rhein.

28 Am Rhein entlang zum Rheinfall

Stein am Rhein – Diessenhofen – St. Katharinental – Paradies – Schaffhausen – Rheinfall

Tourencharakter: Beschauliche Tour vorwiegend auf Kieswegen vorbei an schön gelegenen Klöstern und Städten zum größten Wasserfall Europas.

Länge der Tour: 34 km.

Die Tour führt meist über kleine Kieswege mit geringen Steigungen durch den Wald und am Rhein entlang zum berühmten Rheinfall von Schaffhausen. Am Wege liegen die reizvolle mittelalterliche Stadt Diessenhofen mit ihrer gedeckten Rheinbrücke, die ehemaligen Klöster St. Katharinental und Paradies sowie die ehemalige frühere Reichsstadt Schaffhausen mit ihren reich verzierten Bürgerhäusern und dem Kloster Allerheiligen.

Ein früherer Kirchenweiler **Diessenhofen** wurde bereits 757 dem Kloster St. Gallen geschenkt. Er gelangte später in den Besitz der Kyburger, einem 1264 ausgestorbenen Adelsgeschlecht mit Stammsitz in Kyburg bei Zürich, deren Vögte in der über dem Steilhang des Rheins gelegenen Burg, »Unterhof« genannt, Quartier bezogen. Sie erhoben die Siedlung 1178 zum Schutz- und Verwaltungszentrum und befestigten sie. Dies war eine der ersten Stadtgründungen in der Schweiz. Später kam die Stadt in den Besitz der Habsburger, war zwischen 1415 und 1442 vorübergehend freie Reichstadt und wurde 1460 von den Eidgenossen erobert. Das Stadtbild der planmäßig als Rechteck angelegten Stadt hat sich bis heute gut bewahrt. Erhalten sind unter u.a. der als Binnentor angelegte *Siegelturm* aus dem 16. Jh., Teile des *Unterhofes* und zahlreiche *Bürgerhäuser,* die sich durch ihre geschmückten Fassaden auszeichnen. Der wichtigste Straßenzug ist die platzartig erweiterte *Marktgasse.* Die Ursprünge der *evangelischen Gemeindekirche* gehen auf das 7.–8. Jh. zurück, die im 12. Jh. errichtete romanische Basilika wurde mehrmals umgestaltet. Eine Brücke über den Rhein ist erstmals 1292 bezeugt, die heutige *gedeckte Holzbrücke* wurde 1814–1818 errichtet.

Die zunächst in Diessenhofen ansässigen Augustinerinnen, die auch soziale Aufgaben wie Krankenpflege u.ä. innehatten, wollten dem Stadtlärm entfliehen und sich nur noch dem Dienst Gottes widmen. Mit bischöflicher Erlaubnis wurden sie an den Dominikanerorden angegliedert und begründeten 1251 drei Kilometer westlich auf einem von Hartmann Graf von Kyburg gestifteten Areal das **Kloster St. Katharinental.** Unter der geistigen Obhut der Konstanzer Dominikaner und unter dem Schutz des mächtigen Habsburg wurde das Kloster im 13. Jh. zu einem der Hauptzentren der mystischen Bewegung und wirkte noch Jahrhunderte später für die Erneuerung der Ordensdisziplin. Eine zweite Blütezeit erlebte das Kloster 1712–1738 unter Josepha von Rottenburg. Aus dieser Zeit stammen die heute sichtbaren spätbarocken Bauten von Kaspar Mosbrugger sowie Franz und Johann Michael Beer. Die Konzeption des Kirchenraumes von St. Katharinental ist ein architektonischer Wegbereiter für den Bau der Kathedrale in St. Gallen. Das Kloster wurde 1869 aufgehoben und dient seitdem als Altersheim.

Auch das ehemalige **Klarissinnenkloster Paradies** stand ursprünglich an anderer Stelle. Mit einer Schenkung erreichte wiederum Hartmann Graf von Kyburg die Übersiedlung des Frauenkonvents vom Konstanzer Stadtteil Paradies an den Rhein bei Schaffhausen. Nachdem sich Schaffhausen der Reformation anschloß und der Glaube Zwinglis auch dem Konvent aufgezwungen wurde, existierte er einige Jahre lang als protestantisches »Kloster«. Die heutigen Klostergebäude gehen im wesentlichen auf einen Neubau nach einem Brand im Jahr 1587 zurück. Insbesondere der Kreuzgang ist ein schönes Beispiel franziskanischer Schlichtheit. Die Kirche St. Michael wurde 1726 barockisiert. 1837 wurde das Kloster aufgehoben. Seit 1918 ist es im Besitz der Georg Fischer AG, die dort eine Bibliothek zur Geschichte der Eisenverwertung einrichtete und Tagungen veranstaltet.

Das über Jahrhunderte hinweg prosperierende **Schaffhausen** gehört zu den städtebaulich interessantesten und gepflegtesten Städten aus dem Mittelalter in der Schweiz. Der Name kommt wahrscheinlich von Scafa (Schiff). Schon im 10. Jh. besaß der Ort seinen Rang als Umladeplatz. Alle Schiffsladungen mußten auf dem Landweg bis unterhalb des Rheinfalls transportiert werden. Dies bescherte der Stadt reichliche Zolleinnahmen, bis 1834 die Eisenbahn gebaut wurde. Einen wesentlichen Impuls erhielt die Entwicklung der Stadt durch die Verleihung des Stadtrechts im Jahr 1045 und die 1050 erfolgte Gründung des Klosters Allerheiligen. Die einflußreichen Äbte des Klosters übten bis ins 13. Jh. die Stadtherrschaft aus. 1330 wurde die Stadt den Habsburgern verpfändet, die ihr weitgehende Selbstverwaltung gewährten. Die gegen den Stadtadel siegreiche Bürgerschaft führte 1411 die Zunftverfassung ein, nur vier Jahre später wurde die Stadt freie Reichstadt. 1454 und 1479 schloß die Stadt, zunächst jeweils auf 25 Jahre begrenzt, einen Bund mit den Orten der Eidgenossenschaft, 1501 wurde er zum ewigen Bund erhoben. Die erfolgreiche Handelsstadt entwickelte sich seit der Mitte des 19. Jh.s auch zum bedeutenden Industriestandort.

In der gesamten Altstadt bezeugen die reich verzierten und gut erhaltenen Fassaden und die schönen Zunfthäuser aus der Zeit zwischen dem 15. und 18. Jh. den wirtschaftlichen Reichtum und die liberale Stadtverfassung. Beispiel hierfür ist das Haus *»Zum Ritter«* mit seiner bemalten Fassade aus dem 16. Jh., die als die bedeutendste der deutschen Spätrenaissance angesehen wird (Vordergasse 6). Das Haus *»Goldener Ochsen«* (Vorstadt Nr. 17) war ehemals Gasthaus und wurde anschließend zum prunkvollen Wohnsitz umgebaut. Auf seinem reichverzierten Erker aus dem Jahr 1609 sind die fünf Sinne Sehen, Fühlen, Riechen, Hören und Schmecken von fünf schmucken Jungfrauen dargestellt. Die *Kirche* der anläßlich der Reformation aufgehobenen *Benediktinerabtei Allerheiligen* stammt aus dem 11. Jh. und ist eine der am reinsten erhaltenen romanischen Kirchen in der Schweiz. Der an die Kirche anschließende, großzügig bemessene spätgotische *Kreuzgang* wurde Ende des 15. Jh.s in seiner heutigen Form geschaffen. Durch ihn gelangt man zum *Museum zu Allerheiligen,* in dem Funde der Vor- und Frühgeschichte, z. B. vom »Kesslerloch« bei Thayngen, Dokumente zur Geschichte von Stadt und Kloster sowie Werke der lokalen und überregionalen Kunst vom 16. bis 20. Jh., u. a. von Otto Dix, gezeigt werden. In den *»Hallen für neue Kunst«* (Baumgartenstraße 23) kann man Werke moderner Kunst (Beuys etc.) sehen. Über der Altstadt thront die 1564–1589 erbaute Festung: der *Munot.* Seine kreisförmige Bauform geht auf die Befestigungslehre von Dürer zurück.

Während diese kulturhistorischen Sehenswürdigkeiten Schaffhausens nur wenig beachtet werden, ist der **Rheinfall** 5 km südlich der Stadt gemeinhin bekannt. Er ist der größte Wasserfall Europas. Auf einer Breite von 150 m stürzen bei einer mittleren Wasser-

führung von ca. 700 m^3 die Wassermassen 23 m in die Tiefe. Das unterhalb des Wasserfalls liegende, aus dem 12. Jh. stammende *Schloß Wörth* bot einen geschützten Hafen, der zur Zeit, als die Waren auf dem Landweg am Rheinfall vorbeitransportiert wurden, Umschlagplatz und Zollstation war.

Ein Beispiel für Reichtum und Bürgerstolz in der ehemaligen freien Reichsstadt Schaffhausen: das Haus zum Goldenen Ochsen mit prächtig verziertem Erker.

Streckenbeschreibung

Wir beginnen in **Stein am Rhein** in der Fußgängerzone und fahren durch das Untere Tor auf die rechtsrheinische Straße Richtung Schaffhausen/Singen. Etwa 500 m nach den Parkplätzen zweigt die Radroute nach Hemishofen rechts ab. Vor der großen Rheinbrücke wird sie wieder direkt an der Hauptstraße entlanggeführt. Man fährt unter der Brücke hindurch und nach *Hemishofen* hinein. Etwa in der Dorfmitte, bei der großen Linde neben dem Fachwerkhaus mit der Nummer 3, biegen wir links ab, rollen ein wenig hinab, folgen der Rechtskurve, kommen am Rathaus vorbei und verlassen Hemishofen auf einer kleinen betonierten Straße. Auf ihr setzen wir den Weg geradeaus fort, überqueren das Flüßchen Biber, das sich schon durch die Baumreihe auf der rechten Seite ankündigt. Bei der folgenden Wegkreuzung sieht man zur Linken die *Bibermühle* mit einem barocken und einem modernen Herrenhaus. Wir nehmen den Weg in Richtung Bibliothek Bibermühle und folgen anschließend der Wanderwegweisung. Auf einem Schotterweg geht es im Wald bergauf. Zur Rechten findet sich ein erster Wegweiser nach Gailingen. Schließlich kommen wir an einem tagsüber nicht besetzten Grenzhäuschen vorbei. Auf der deutschen Seite weisen uns nun rustikale Holzwegweiser den Weg durch den schönen Mischwald. Sobald wir ihn verlassen, geht es auf einem Teersträßchen weiter. Auf ihm können wir nun längere Zeit bergab rollen. Auf der rechten Seite liegt Obergailingen mit einer Kapelle aus dem 12. Jh., links kommt das Strandbad.

Schließlich treffen wir auf die gedeckte Holzbrücke über den Rhein, die nach **Diessenhofen** führt. Bevor man sie überquert, sollte man noch einige 100 m geradeaus fahren. Von dort hat man den schönsten Blick auf die malerisch am Ufer gelegene alte Stadt. Auf der anderen Seite der Brücke reist man wieder in die Schweiz ein und kann sich nun der Besichtigung der ehemaligen Reichsstadt und den Seeterrassen der Restaurants widmen.

Von der Brücke aus geht es nach rechts hinauf bis zur Hauptstraße nach Schaffhausen, in die wir rechts einbiegen. Wir bleiben auf ihr bis zur Abzweigung rechts nach **St. Katharinental**, die auch mit der roten Radwegweisung nach Schaffhausen gekennzeichnet ist. Wir rollen hinab zum Rhein auf das Kloster zu. Der im Zentrum mit Blumen bepflanzte Hof wird eingerahmt vom ehemaligen Hofmeisterhaus aus dem Jahre 1623, dem ca. 100 Jahre später errichteten Konventsgebäude und der ehemaligen Klosterkirche. Ihr eher schlichtes Äußeres steht im Gegensatz zum spätbarocken Inneren.

Gemäß der Radwegweisung fahren wir vom Kloster aus auf eine Hochebene mit weiten Feldern hinauf und biegen nach rechts ab. Wenn wir zurückschauen, sehen wir das mächtige Wirtschaftsgebäude des Klosters. Wir fahren geradeaus an der Abzweigung zur Kläranlage vorbei und schließlich in den Wald hinein, wo der weitere Weg gut beschildert ist. Es geht zunächst eben weiter und dann bergab. Der Kiesweg wird zunehmend holpriger, aber schließlich ist der Weg zum Paradies bekanntlich kein Zuckerschlecken. Im **Paradies** selbst ist der Weg selbstverständlich wieder asphaltiert. Wir kommen zum ehemaligen Klarissinnenkloster. Die Kirche ist nur noch zu Gottesdiensten geöffnet, der Schlüssel kann aber bei der Verwaltung der Georg Fischer AG geholt werden. Am Rheinufer gibt es ein nach dem Kloster benanntes Gartenrestaurant, das durch seine Lage auch seinem Namen alle Ehre macht.

In Richtung **Schaffhausen** fahren wir zunächst am Rhein entlang und dann auf dem Radweg der Hauptstraße immer in Richtung Stadtzentrum. Bevor man die Rheinbrücke überquert, hat man einen schönen Blick auf die Festung Munot. Nach der Brücke folgen wir zunächst dem Hauptstrom nach links und fahren bei der nächsten Kreuzung geradeaus auf den Turm des Benediktinerklosters Allerheiligen zu (nur für Radfahrer erlaubt). Zum Rheinfall fährt man am Kloster vorbei, nach links durch einen Torbogen, nach rechts in die Rheinstraße und dann wie beschildert durch eine Unterführung wieder zum Rhein hinaus. Ab hier folgt man der Wegweisung rheinabwärts, überquert nach ca. 2 km den Rhein und fährt die letzten 1½ km etwas bergauf und bergab auf einem Kiesweg. Man kommt schließlich beim Schloß Laufen (Jugendherberge) an. Dort ist der Eingang zum **Rheinfall**. Für eine ausgiebige Besichtigung sollte man 1½ Stunden einplanen. Man kann z.B. hier die Treppen hinabgehen, mit dem Boot auf den Felsen in der Mitte fahren, dann weiter zur anderen Seite zum Schlößchen Wörth übersetzen, hochgehen bis zur Eisenbahnbrücke und über sie wieder zurückkommen.

Nützliche Informationen

Etappen: Stein am Rhein – Diessenhofen 14 km; Diessenhofen – St. Katharinental 3 km; St. Katharinental – Paradies 7 km; Paradies – Schaffhausen 6 km; Schaffhausen – Rheinfall 4 km.

Touristeninformation: • CH-8201 Schaffhausen: Verkehrsbüro, Fronwagturm bzw. Postfach 563, Tel. (053) 255141.

Unterkunft: • *Hotels in Schaffhausen:* Steinbock, Tel. (053) 254260; Tanne, Tel. (053) 254179; Sittich, Tel. (053) 251372. • *Jugendherberge in Schaffhausen:* Belair, Tel. (053) 258800. • *Hotels in Neuhausen am Rheinfall:* Ernesto, Tel. (053) 221321; Edelweiß, Tel. (053) 223434. • *Jugendherberge Schloß Laufen:* Tel. (053) 296125.

Öffnungszeiten: • *Schaffhausen:* Museum zu Allerheiligen, Di.–So. 10–12 und 14–17 Uhr; Hallen für neue Kunst, Mai–Okt. Di.–Sa. 15–17 und So. 11–15 Uhr, Winterhalbjahr auf Anfrage. Im Sommerhalbjahr Führung durch die Stadt Mo., Mi. und Fr. 14.15 Uhr vor dem Verkehrsbüro.

Karte: Velokarte 1:60000, Blatt 1 Schaffhausen/Winterthur/Wutachtal.

Verkehrsverbindungen: • *Stein am Rhein:* Bahnverbindung stündlich nach Schaffhausen und Konstanz bzw. Kreuzlingen, zusätzlich Schiffsverbindungen. • *Schaffhausen* ist Halt von internationalen Zügen, stündliche Bahnverbindung nach Konstanz und Radolfzell. • Täglich 2–5 Schiffsverbindungen Schaffhausen – Stein am Rhein – Konstanz.

Hinweise: Zusammen mit der Alternative der Tour 29 über Stein am Rhein läßt sich die Bodenseeumrundung nach Schaffhausen bzw. zum Rheinfall erweitern. Am Rheinfall bzw. in Schaffhausen beginnt Tour 34 nach Engen, die, mit Tour 35 kombiniert, zur Donau führt.

29 An Vulkanen vorbei nach Radolfzell

(Rheinfall) – Schaffhausen – Dörflingen – Ramsen – Radolfzell bzw. Stein am Rhein

Tourencharakter: Leicht bergige Tour vorwiegend auf kleinen Nebenstraßen am Rhein entlang und an den Vulkanen des Hegaus vorbei.

Länge der Tour: 37 km (Alternative nach Stein am Rhein 31 km).

Über kleine Nebenstraßen geht es nach einigen Steigungen bei Dörflingen auf ebenen Wegen »in sicherer Entfernung« an den Vulkanen des Hegaus vorbei nach **Radolfzell**, das bei Tour 5 (siehe S. 42) beschrieben ist. Alternativ hierzu kann die Tour auch in **Stein am Rhein** (Ortsbeschreibung bei Tour 4, siehe S. 37 f.) enden, so daß nach einem Abstecher zum Rheinfall die Seeumrundung fortgesetzt werden kann. Wer der geschichtsträchtigen Altstadt von **Schaffhausen** noch keinen Besuch abgestattet hat, kann das am Wege tun. Einige Höhepunkte sind bei Tour 28 (siehe S. 139) genannt.

Vor **Büsingen** liegt die *Bergkirche St. Michael* auf einer kleinen Anhöhe. An ihrer Stelle befand sich schon in vorchristlicher Zeit eine Kultstätte. Im 11. Jh. wurde die romanische Kirche mit einschiffigem Langhaus und quadratischem Chor erbaut. Sie diente damals als Pfarrkirche für mehrere Dörfer in der Umgebung, von 1243 an bis zur Reformation gehörte sie zum Kloster Allerheiligen. Die Entstehung und die geologischen Besonderheiten der Vulkane, die uns nach Radolfzell begleiten, werden im Einführungskapitel »Hegau und Oberes Donautal« (siehe S. 156) erläutert.

Streckenbeschreibung

Von Schloß Laufen beim **Rheinfall** aus folgen wir der beschilderten Radroute nach Schaffhausen. Vorsicht: Es geht nicht hinab zur Eisenbahnbrücke, wie man meinen könnte, sondern auf einiger Höhe am Hang den Rhein aufwärts. Wer mit Tour 28 auf der rechtsrheinischen Seite nach Neuhausen gekommen ist und nicht den gleichen Weg zurückfahren möchte, kann nach ca. 1½ km auf der linksrheinischen Seite bleiben, durch *Flurlingen* radeln und erst hinter dem Ort den Rhein queren. Wir radeln rheinaufwärts an der Altstadt von **Schaffhausen** vorbei und orientieren uns bei der großen Rheinbrücke an der Radwegweisung und später an der allgemeinen Wegweisung nach Büsingen. Am Rhein liegen zahlreiche der hier üblichen flachen Ruderbote, die stark an die Gondeln in Venedig erinnern. Durch *Büsingen* fahren wir immer geradeaus hindurch und biegen nach dem Ortsende links ab in Richtung Dörflingen/Randegg. Rechts sehen wir die Bergkirche St. Michael.

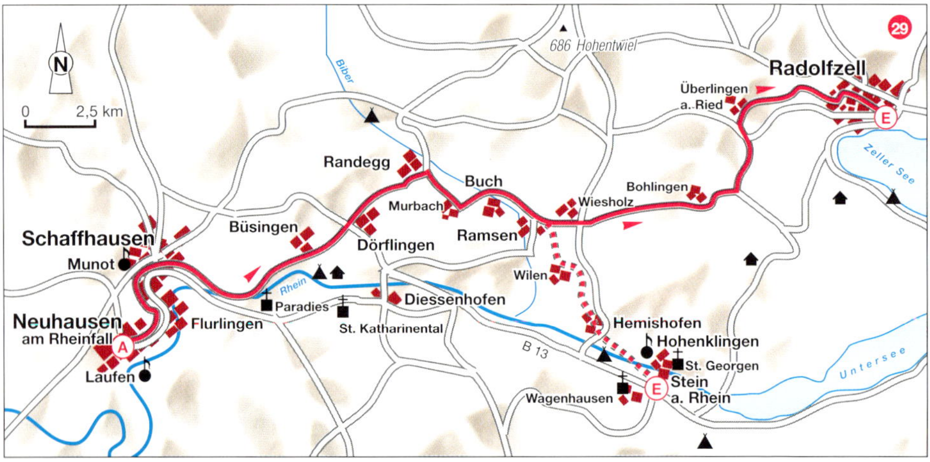

Vor und in **Dörflingen** geht es etwas bergauf. Wir fahren geradeaus in Richtung Singen bzw. Randegg durch den Ort und passieren die Grenze.

Zunächst müssen wir weiterhin kräftig bergauf radeln. Am höchsten Punkt angelangt, bietet sich ein beeindruckender Blick auf die Vulkanberge des Hegaus. Der bekannteste unter ihnen ist der Hohentwiel westlich von Singen. Nach *Randegg* geht es nun länger bergab. Wir kommen über die Otto-Dix-Straße in den Ort hinein und fahren geradeaus, bis wir vor der Kirche rechts nach Murbach/Buch abbiegen (angeschrieben). Bis *Murbach* geht es weiterhin leicht bergab. Im Ort folgen wir dem Wegweiser nach Ramsen/Buch. Beim Grenzhäuschen, bei dem wir wieder in die Schweiz einreisen, geht es geradeaus weiter. Nach links bietet sich noch mal ein schöner Blick zum Hohentwiel. In *Buch* radeln wir geradeaus durch den Ort, bis bei der Gabelung Stein am Rhein/Ramsen nach links ausgeschildert ist. Sobald man zum Flüßchen Biber gelangt, ist die Radroute nach rechts ausgeschildert. In **Ramsen** fahren wir nach links über die Brücke in Richtung Singen/Stein am Rhein in den Ort hinein. Im Ortszentrum zweigt die Route nach Radolfzell links ab, gemäß der Beschilderung nach Singen. Die unten beschriebene Alternativroute nach Stein am Rhein geht geradeaus weiter wie angeschrieben.

Die nach Singen beschilderte Straße durch den Ort trifft schließlich auf die Hauptstraße von Stein am Rhein nach Singen. Man überquert sie geradeaus und radelt nun auf einer kleinen asphaltierten Straße nach *Wiesholz*, wie angeschrieben. Nach dem Weiler geht es auf einem Schotterweg erneut über die Grenze, geradeaus über eine Kreuzung und auf einem kleinen Teersträßchen immer weiter bis nach *Bohlingen*. Nach links hat man erneut einen schönen Blick auf die Vulkankegel. Nach den ersten Häusern in Bohlingen biegt man nach links und bei der nächsten größeren Straße wieder rechts ab. Auf ihr radelt man auf geradem Wege in das Ortszentrum und bei der Post nach links in die Bohlinger Dorfstraße. Zur Linken lockt ein Gasthof mit erlesenen Speisen.

Wir überqueren die Radolfzeller Aach, fahren bei der nächsten größeren Kreuzung nach rechts Richtung Moos/Radolfzell und am Ortsende nach links in Richtung Überlingen. Die etwas befahrenere Straße führt über eine kleine Anhöhe mit Ausblick über die Felder auf den entfernt gelegenen Gnadensee. Wir überqueren auf einer Brücke eine Schnellstraße und kommen nach *Überlingen am Ried*. Dort radeln wir geradeaus

Die Promenade in Radolfzell führt senkrecht in den See hinaus.

Die kreisförmig angelegte Festung Munot liegt hoch über Schaffhausen.

in den Ort hinein und sehen zur Linken die Kirche, die von schönen klassizistischen Gebäuden umgeben ist. Kurz nach ihr geht es nach rechts in die Brunnenstraße, die später zur Riedstraße wird. Auf ihr fahren wir geradeaus weiter. Wenn die Riedstraße kurz vor Ortsende nach rechts abbiegt, wo auch Radolfzell angeschrieben ist, fahren wir geradeaus weiter auf der Härdlestraße aus dem Ort hinaus. Es geht immer geradeaus, d.h., wir biegen weder beim Baum noch beim Kreuz links ab. Auf der schmalen, etwas erhöht verlaufenden und von Alleebäumen gesäumten Teerstraße bietet sich ein schöner Blick auf die Talebene. Kurz nachdem wir einen Baggersee passiert haben, überqueren wir geradeaus eine Hauptstraße und biegen nach etwa 30 m rechts ab. Bis zu einem Bauernhof ist der Weg noch asphaltiert, dann wird er zum Kiesweg. Nachdem wir auf ihm etwa 1 km an der Bahn entlanggefahren sind, kommt von rechts ein kleine Teerstraße, die unter der Bahn hindurchführt. In diesen Weg biegen wir nach links ein und nehmen nach wenigen 100 m den ersten nach rechts abzweigenden Kiesweg. Auf ihm radeln wir geradeaus, bis wir nach einem kurzen Versatz des Weges nach rechts auf eine asphaltierte Straße stoßen (Eisenbahnstraße). Wir biegen nach rechts in sie ein und folgen anschließend ihrer Linkskurve. Von nun an geht es immer geradeaus an der Bahn entlang, durch ein Gewerbegebiet und unter der Brücke der Hauptstraße hindurch bis zum Bahnhof von **Radolfzell**.

Alternativroute: Ramsen – Stein am Rhein

Die Alternativroute nach Stein am Rhein führt gemäß der Wegweisung durch **Ramsen**. Am Ortsende folgt man jedoch nicht der Wegweisung nach links, sondern radelt auf der Wilener Straße geradeaus weiter. Bei der Weggabelung hält man sich links und fährt dann die etwas breitere Straße auf ein großes Silo zu. Bei der nächsten aus Wilen herausführenden Straße fahren wir links und gelangen so zur Hauptstraße, wo wir nach rechts in den Radweg einbiegen. Im Ort *Hemishofen* folgen wir der leichten Linkskurve der Hauptstraße und treffen am Ortsende auf den Radweg nach **Stein am Rhein**, der ab hier gut ausgeschildert ist.

Nützliche Informationen

Etappen: Rheinfall – Schaffhausen 4 km; Schaffhausen – Dörflingen: 9 km; Dörflingen – Ramsen 9 km; Ramsen – Radolfzell 15 km; *Alternativroute:* Ramsen – Stein am Rhein 9 km.

Touristeninformation: • D-78315 Radolf-

zell: Verkehrsamt, Marktplatz 2, Tel. (07732) 3800.

Unterkunft: • *Hotels in Radolfzell:* Gasthof Seerose, Tel. (07732) 3579; Gasthof Adler, Tel. (07732) 15020; Hotel garni Adler, Tel. (07732) 3473; Hotel garni Iris, Tel. (07732) 94700.

Öffnungszeiten: • *Schaffhausen:* Siehe Tour 28, S. 139. • *Stein am Rhein:* Siehe Tour 4, S. 41.

Karte: Wanderkarte 1:50000, Blatt 10 Hegau/Bodensee; Velokarte 1:60000, Blatt 1 Schaffhausen/Winterthur/Wutachtal.

Verkehrsverbindungen: • *Schaffhausen* ist Halt von internationalen Zügen, stündliche Bahnverbindung nach Konstanz und Radolfzell. • Täglich 2–5 Schiffsverbindungen Schaffhausen – Stein am Rhein – Konstanz. • Bahnverbindung von *Radolfzell* stündlich nach Lindau und halbstündlich nach Konstanz. • *Stein am Rhein:* Bahnverbindung stündlich nach Schaffhausen und Konstanz bzw. Kreuzlingen, zusätzlich Schiffsverbindungen.

Hinweis: In Radolfzell beginnt die Rundtour auf den Bodanrück (Tour 30).

30 Auf den Bodanrück

Radolfzell – Langenrain – (Bodman) – Mindelsee – Radolfzell

Tourencharakter: Bergige Rundtour durch die Wälder des Bodanrück und zum Mindelsee mit steiler Abfahrt auf einem Kiesweg. Alternative ab Langenrain über Bodman zum Mindelsee.

Länge der Tour:
29 km (mit Alternative über Bodman 36 km).

Die relativ bergige Tour führt auf ruhigen Wegen durch die Wälder des Bodanrücks zwischen dem Überlinger See und dem Gnadensee. Sowohl bei der Tour über die Vesperstube Bodanwald als auch bei der Alternative über das Echotal nach Bodman muß man jeweils eine sehr steile und teils gefährliche Abfahrt auf einem Kiesweg bewältigen. Der Bodanrück ist eine Grund- und Endmoräne des Rheingletschers, der Stein- und Geröllmassen vor sich hergeschoben und hier abgelagert hat. Dies bezeugen zum einen die Riede, die aus dem Abtauen des Eises hervorgingen, zum anderen die zahlreichen kleinen Hügel, die Drumlins.

Am Weg liegt der Wild- und Freizeitpark Allensbach. Neben Damwild und Wildschweinen gibt es auch Bären, Wölfe, Luchse und eine kleine Gruppe von Wisenten in diesem Gehege. Der in der Eiszeit entstandene **Mindelsee** mißt nur eine maximale Tiefe von 13 m und liegt inmitten eines 459 ha großen Naturschutzgebietes. Seit 1939 steht es unter Naturschutz, 1979 wurde es dem BUND zur Betreuung übergeben, der dort auch zahlreiche Führungen veranstaltet. Die Vielfalt der Lebensräume – Wald, See, Uferzone, Wiese, Moor usw. – und die unterschiedlichen Bewirtschaftungsweisen wie Acker, Schafweide, Brache und Bannwald auf engstem Raum bieten zahlreichen, vom Aussterben bedrohten Tier- und Pflanzenarten eine Rückzugsmöglichkeit. Nahe beim Mindelsee liegt der Ort **Möggingen** mit seinem Wasserschloß. Schon seit etwa 1100 gab es hier eine Burg, der heute sichtbare Bau stammt aus dem Jahr 1600. Mit kurzen Unterbrechungen gehörte der Besitz seit dem 13. Jh. dem Herren von Bodman.

Der Ort **Bodman** ist bei Tour 7 (siehe S. 35 f.) beschrieben.

Streckenbeschreibung

Vom Bahnhof in **Radolfzell** aus nehmen wir die senkrecht wegführende Straße zur Altstadt hinauf, halten uns bei der Kirche rechts und fahren am Österreichischen Schlößchen rechts vorbei. Es geht auf einer Brücke über den Stadtgraben und dann halb links hinab zur Hauptstraße. Auf ihr überqueren wir auf einer Brücke die Bahnlinie. Nach der Linkskurve der Hauptstraße wählen wir die erste Straße nach rechts und die nächste sofort wieder nach links. Ab nun befinden wir uns auf dem Bodenseerundweg und können uns

Durch den Wald des Bodanrück führen abgeschiedene, aber auch bergige Wege.

an dessen Beschilderung orientieren. Über den Riedweg gelangen wir nach *Markelfingen,* wo wir rechts die Gnadenseestraße entlangradeln und dann nach links in die Unterdorfstraße einbiegen. Schließlich sehen wir geradeaus vor uns schon die B 33. Während der beschilderte Bodenseerundweg noch vorher nach rechts abzweigt, fahren wir geradeaus bei der Ampel über die Bundesstraße hinweg in die Oberdorfstraße. Nach wenigen 100 m folgen wir der abbiegenden Vorfahrtsstraße nach rechts in die Kaltbrunner Straße. Wir überqueren die Autobahn und fahren im Wald leicht bergauf. Sobald wir aus dem Wald herauskommen, sehen wir auf der rechten Seite den Parkplatz des Wildparks. Bei der nächsten Kreuzung geht es nach links und immer weiter leicht bergauf. Diese Strecke von Markelfingen nach Langenrain ist eine der angenehmsten Möglichkeiten, die Höhe des Bodanrücks zu erklimmen, da es immer nur leicht bergauf geht.

In **Langenrain** kommen wir an der Kirche und am Schloß vorbei zur Hauptstraße. Auf der gegenüberliegenden Seite der Kreuzung liegt das Gasthaus Bodanrück, das auf seiner Karte immer wieder interessante regionale Spezialitäten offeriert. Setzt man den Weg einige 100 m geradeaus fort, gelangt man zum gleichnamigen Bauernmuseum. Um unsere Tour fortzusetzen, biegen wir bei der Kreuzung jedoch nach links in die Hauptstraße ein und bleiben auf ihr bis zum Ortsende, wo wir nach rechts in die kleine Teerstraße in Richtung Höfen und Bodenwald abzweigen. Nachdem wir links den Gasthof Höfen sehen, endet der Asphaltbelag. Wir radeln nun auf einem breiten Schotterweg weiter. Bei der Lichtung mit dem Rastplatz zweigt die Alternativroute nach rechts ins Echotal (beschildert) ab. Die andere Route über die Vesperstube Bodenwald verläuft immer geradeaus durch den Wald, ständig weiter leicht bergauf.

Noch bevor wir den höchsten Punkt erreichen, sehen wir rechts bereits den Bodensee durch die Bäume schimmern. Bei der Lichtung genießen wir dann einen herrlichen Blick nach Bodman hinab und auf die gegenüberliegenden Orte Überlingen und Sipplingen. Von nun an geht es leicht bergab, wir treten aus dem Wald heraus, der Weg macht eine Biegung nach links, zur rechten sehen wir die *Vesperstube Bodenwald.* Auf einem sehr steil hinabführenden Kiesweg rollen wir nahezu mit dauernd angezogenen Bremsen hinab und treffen schließlich auf eine asphaltierte Straße. Links, leicht bergan fahrend, kommen wir nach Liggeringen, rechts hinab ginge es nach Bodman. Von dort her kommt die Alternativroute.

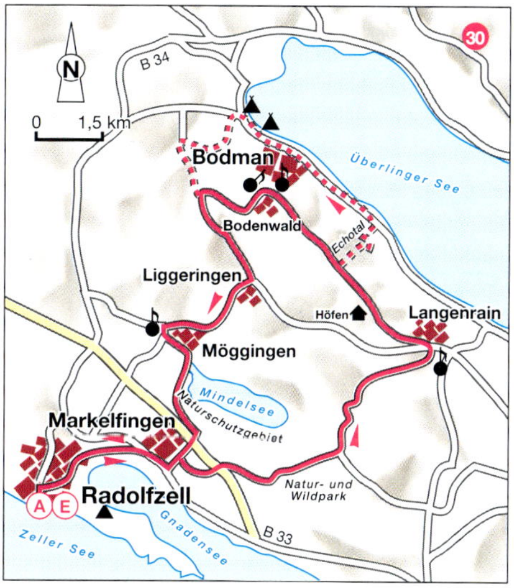

In *Liggeringen* biegt man zunächst rechts ab Richtung Güttingen/Radolfzell und außerhalb des Ortes nach links in Richtung Möggingen/Radolfzell. Ab hier führt rechts ein Radweg an der Straße entlang. Nach *Möggingen* rollt man geradeaus und dann nach links in das Ortszentrum hinein, vorbei an einigen schönen Fachwerkhäusern. Rechts geht es zum Schloß, auf der linken Seite sieht man das Zentrum des Bundes für Naturschutz. Neben naturkundlichen Ausstellungen werden Führungen angeboten, darüber hinaus sind allgemeine Informationen zum Naturschutzgebiet Mindelsee erhältlich. Nach dem Lebensmittelgeschäft auf der rechten Seite zweigt man links ab in die Mindelseestraße, auf der man zum **Mindelsee** gelangt. Schon bald kann man die grün schimmernde Wasserfläche und den sie umgebenden Schilfgürtel erkennen. Vor dem See biegt man nach rechts ab und fährt auf dem Kiesweg in einiger Entfernung ein Stück

Rund um den Mindelsee bietet die landschaftliche Vielfalt Lebensraum für zahlreiche Vogelarten.

um den See. Einige 100 m nach dem Beobachtungsstand trifft man auf einen Kiesweg, in den man nach rechts einbiegt. Schon nach kurzer Zeit vernimmt man die Autobahn, unter der man hindurchfährt und immer weiter geradeaus nach *Markelfingen* gelangt. Nach **Radolfzell** kehrt man nun auf demselben Weg zurück, den man gekommen ist: geradeaus über die B33, nach rechts in die Gnadenseestraße, nach links über den Riedweg nach Radolfzell.

Alternative: Langenrain – Bodman – Mindelsee

Bis zum Gasthof Höfen folgt man der oben beschriebenen Route. Nach dem Gasthof fährt man ebenso geradeaus durch den Wald, biegt aber dann bei der Lichtung mit Rastplatz rechts ab, gemäß der Wanderwegbeschilderung *Echotal*. Der Kiesweg ist ziemlich steil und sollte nur von geübten Radlern benutzt werden. Lebenswichtig sind gute Bremsen. Insgesamt geht es über 200 Höhenmeter abwärts durch den Wald. Man stößt ca. 50 m vom Seeufer entfernt auf einen querenden Weg, auf dem es nach links eben am Waldrand entlanggeht. Von hier bietet sich dem Radler ein wunderbarer Blick auf das gegenüberliegende Ufer mit Sipplingen und dem dahinter aufragenden Höhenzug. Nach ca. 2 km erreicht man **Bodman**, rechts vom Weg liegt die Kirche, deren wehrhafter Turm mit steilem Satteldach und frühgotischen Fenstern an Mittelzell auf der Reichenau erinnert. Auf der linken Seite der Straße kommt man direkt am Schloß vorbei.

Wir verlassen Bodman vom Hafen aus in Richtung Westen. Bei der Kapelle neben dem Fahrradservice geht es geradeaus weiter in Richtung Konstanz, bei der Einmündung in die Hauptstraße ebenfalls. Nach ca. 500 m auf dieser stark befahrenen Straße ohne Radweg zweigt senkrecht nach links ein kleines Anlieger-frei-Sträßchen ab. Auf ihm radeln wir durch Obstplantagen den Hang hinauf, bis wir beim Gedenkkreuz rechts abbiegen und teils auf einem schmalen Pfad, teils auf einem Feldweg (»Panoramaweg«) parallel zum Hang am Waldrand entlang weiterfahren. Gegen Norden blicken wir auf die Ebene des Großen Rieds bei Espasingen und die dahinter flach ansteigenden Hügel. Schließlich treffen wir auf eine größere Straße, der wir nach links bergan folgen. Auf ihr überwinden wir die ca. 150 Höhenmeter hinauf zum Bodanrück. Kurz bevor wir die maximale Höhe erreichen, mündet von links ein Kiesweg in die Hauptstraße. Hier treffen wir mit der über das Gasthaus Bodenwald geführten Route zusammen.

Nützliche Informationen

Etappen: Radolfzell – Langenrain 12 km (Anstieg ca. 100 m); Langenrain – Mindelsee (über Vesperstube Bodenwald) 10 km (Anstieg ca. 150 m); Mindelsee – Radolfzell 7 km. *Alternative:* Langenrain – Bodman 6 km (Anstieg 100 m); Bodman – Mindelsee 11 km (Anstieg 150 m).
Touristeninformation: • D-78315 Radolfzell: Verkehrsamt, Marktplatz 2, Tel. (07732) 3800.
Unterkunft: • *Hotels in Radolfzell:* Gasthof Seerose, Tel. (07732) 3579; Gasthof Adler, Tel. (07732) 15020; Hotel garni Adler, Tel. (07732) 3473; Hotel garni Iris, Tel. (07732) 94700.
Öffnungszeiten: • *Wild- und Freizeitpark Allensbach:* Sommer 9–18 Uhr, Winter 10–17 Uhr • *Langenrain:* Bauernmuseum Bodanrück, nach Vereinbarung, Tel. Verkehrsamt Allensbach (07533) 6340. • Das *BUND-Naturschutzzentrum in Möggingen,* Tel. (07732) 1507-0, veranstaltet Führungen mit Schwerpunkten: Natur- und Umweltschutzarbeit des BUND, Geschichte des Schutzgebietes, Botanik, Vogelkunde u.a. Ein Führung dauert 2–6 Stunden, rund um den See 4–6 Stunden und kostet pro Stunde und Gruppe in der Regel DM 40,–. Je nach Jahreszeit gibt es unterschiedliche Schwerpunkte. Treffpunkt für Führungen jeweils um 16 Uhr vor dem Naturschutzzentrum. Naturkundliche Ausstellungen 9–12 und 14–17 Uhr.
Karte: Wanderkarte 1:50000, Blatt 10 Hegau/Bodensee.
Verkehrsverbindungen: • Bahnverbindung von *Radolfzell* stündlich nach Lindau und halbstündlich nach Konstanz.

31 Im Herzen des Linzgaus

Meersburg – Heiligenberg – Echbeck – Pfullendorf

Tourencharakter: Ebene Wege im Tal der Aach, steiler Anstieg zum Schloß Heiligenberg mit guter Aussicht.
Länge der Tour: 50 km.

Der Name Linzgau stammt aus der Karolingerzeit und bezeichnete ursprünglich das Gebiet nördlich des Bodensees, von Pfullendorf im Norden bis Goldbach im Westen und bis zur Schussen im Osten. Dies entspricht in etwa dem Gebiet der Grafschaft **Heiligenberg** mit dem gleichnamigen *Schloß.* Dieses liegt in 726 m Höhe und bietet dem Besucher damit eine wunderbare Aussicht auf den Bodensee, die Alpen und den Hegau.

Zuerst durchquert man einen von Wirtschaftsgebäuden und einem einzeln stehenden Glockenturm mit Zwiebelhaube bestandenen Hof. Danach geht es über die Steinbrücke, die über den sogenannten Halsgraben führt. Die strategisch günstige Lage des Schlosses ist hier am besten zu ersehen. Im 10. Jh. waren hier die Grafen von Heiligenberg ansässig. Über das Geschlecht der Werdenberger gelangten Burg und Landgrafschaft 1534 an das Haus Fürstenberg, dem Heiligenberg noch heute gehört.

Über einem spätgotischen Kern wurde ab etwa 1560 die heute zu sehende Renaissanceschloßanlage erstellt. Im Inneren des Schlosses ist der berühmte *Rittersaal* zu bewundern, der sich über zwei Stockwerke im Südtrakt erstreckt. Der Raumeindruck ist mit den Maßen von 36×10 m und einer Höhe von 6 m gewaltig. Das Meisterwerk des Saals ist die vom Baumeister des Schlosses, Jörg Schwartzenberger, geschaffene hölzerne Kassettendecke, die »an Ausmaß, handwerklicher Qualität und ornamentalem Reichtum kaum irgendwo ein vergleichbares Gegenstück haben dürfte« (Karlheinz Ebert). Die gewaltige Decke ist durch eine Eisenkonstruktion im darüberliegenden Gebälk auf-

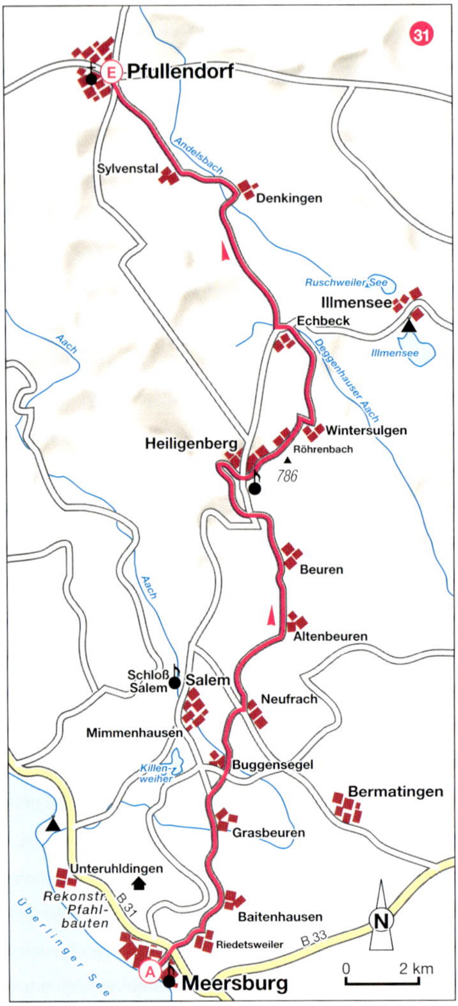

gehängt. Das Schloß ist nur im Rahmen von Führungen zugänglich.

Das Städtchen **Pfullendorf** wird ausführlich in Tour 12 (siehe S. 71 f.) beschrieben.

Streckenbeschreibung

Wir verlassen **Meersburg** in der Oberstadt durch das Rote Tor und fahren gegenüber die Straße hoch, die uns an der Friedhofskapelle vorbeiführt. Anschließend verläuft auf der linken Seite ein Radweg über *Riedetsweiler* bis zum Schloßberg vor Baitenhausen. Hier müssen wir auf die Straße wechseln und rollen in das breite Tal der Aach hinab. In *Baitenhausen* geht es gleich links Richtung Salem/Grasbeuren. In der Talebene der Aach erreichen wir nach ca. 3 km *Grasbeuren* und halten uns dort links gemäß der Wegweisung Salem. Nach ca. 1,5 km erreichen wir die auf freiem Feld gelegenen Höfe von *Roggenbreite*, vor denen ein kleiner Teerweg rechts abbiegt, auf dem wir nach *Buggensegel* gelangen. Hier fahren wir an der Kirche vorbei, überqueren danach die Straße und setzen unseren Weg auf der gegenüberliegenden Seite Richtung Neufrach fort. Auf einem ebenen Weg geht es im Tal der Aach entlang; kurz vor *Neufrach* überqueren wir die Bahnlinie. Anschließend biegen wir rechts in den Ort hinein, überqueren die Deggenhauser Aach und folgen der Wegweisung Pfullendorf, die nach links weist, in die Weildorfer Straße. Vor uns sehen wir schon in einiger Entfernung das Schloß Heiligenberg auf einem bewaldeten Bergrücken liegen. Ein Radweg verläuft auf der linken Straßenseite bis ca. 1,5 km nach dem Dorfende. Danach wechseln wir die Straßenseite, folgen der Deggenhauser Aach ein Stückchen nach Norden auf dem kleinen Teerweg, der uns dann am Waldrand entlang und anschließend in den Wald führt. Nach dem Wald überqueren wir nochmals die Aach, danach eine vielbefahrene Straße und erreichen den Ort *Altenbeuren*. Hier fahren wir geradeaus weiter, passieren die Querstraße, und dann geht es hinab nach *Beuren*, das wir durchqueren. Hinter Beuren gelangen wir auf die große Straße, die in steilen Kehrungen hinauf zum Schloß **Heiligenberg** führt. In Heiligenberg wendet man sich vom Schloß aus Richtung Denkingen und dann rechts nach *Röhrenbach*. Wir passieren den Ort und erreichen *Wintersulgen*. Dort halten wir uns erst rechts und dann links. Es geht nun ein kleines Stück durch den Wald, und dann an den Häusern von *Oberboshasel* vorbei nach **Echbeck**.

Hier hat man zwei Möglichkeiten, nach Pfullendorf zu kommen: Entweder man fährt über den Illmensee (dort kann man auch die Tour beenden) weiter nach Pfullendorf (siehe Tour 12, S. 73) oder man folgt in Echbeck der Beschilderung Denkingen/Pfullendorf. Dieser Weg verläuft zuerst am Waldrand entlang und später durch den Wald bis nach

Der berühmte Rittersaal im hochgelegenen Schloß Heiligenberg, das nur im Rahmen von Führungen zugänglich ist. Die von Jörg Schwartzenberger geschaffene mächtige Decke gilt als eine der Meisterleistungen der Renaissanceschnitzkunst.

Denkingen. Hier biegen wir im Ort nach links und wenige hundert Meter nach dem Ortsende wieder links ab nach *Sylvenstal*, der Beschilderung »Radweg Pfullendorf« folgend. In Sylvenstal fahren wir nach rechts wieder aus dem kleinen Dorf hinaus und gelangen zur großen Straße nach Pfullendorf. Jetzt schließt sich aber ein Radweg auf der linken Seite an, der uns bis nach **Pfullendorf** führt. Am Ortsanfang unterqueren wir die große Straße und fahren anschließend auf der rechten Straßenseite weiter, an Almö-Küchen vorbei und erreichen das Zentrum von Pfullendorf.

Nützliche Informationen

Etappen: Meersburg – Heiligenberg 21 km (Anstieg 300 m); Heiligenberg – Echbeck 7 km; Echbeck – Pfullendorf 12 km.

Touristeninformation: • D-88630 Pfullendorf: Kultur- und Verkehrsamt im Rathaus, Kirchplatz 1, Tel. (075 52) 251 60.

Unterkunft: • *Hotels in Pfullendorf:* Adler, Tel. (075 52) 920 90; Stadtblick, Tel. (075 52) 6003; Krone, Tel. (075 52) 921 70.

Öffnungszeiten: • *Schloß Heiligenberg:* Ostern bis Okt. täglich 8–12 und 13–18 Uhr, sonst nach Vereinbarung, Tel. (075 54) 242 und 243.

Karte: Deutsche Radtourenkarte 1:100 000, Blatt 33 Hohenzollern/Bodensee.

Verkehrsverbindungen: Weder Meersburg noch Pfullendorf haben eine Bahnanbindung.

Hinweise: Von Neufrach ist ein Abstecher nach Salem möglich. Bademöglichkeiten am Killenweiher oder am Weiher bei Stephansfeld (Salem). In Pfullendorf beginnen die Touren 13, 32 und 39.

Vom Schloßberg bei Baitenhausen hat man einen weiten Blick in das breite und sehr ebene Tal der Aach.

32 Abgeschiedene Wege

Pfullendorf – Herdwangen – Owingen – Überlingen

Tourencharakter: Auf kleinen und kleinsten Wegen geht es ca. 250 Höhenmeter hinab zum Bodensee bei Überlingen.

Länge der Tour: 36 km.

Abseits großer Straßen führt diese Tour vom Städtchen Pfullendorf aus durch landschaftlich reizvolles Gebiet bis nach Überlingen.

Auf abgeschiedenen kleinen Wegen durch Wiesen und Wälder entdecken wir einsam gelegene Weiler und Höfe. Abseits vom Verkehrslärm und Trubel des Bodensees kann man sich ganz der Stille der Natur widmen. Entsprechend der Landschaft ist dies eine geruhsame Tour, die den Radler ohne größere Anstrengung hinab zum See führt.

Außer dem Endpunkt der Tour, **Überlingen**, das schon bei Tour 8 (siehe S. 55 f.) beschrieben ist, gibt es nur den Ort **Owingen** mit einigen Fachwerkhäusern und seiner idyllisch gelegenen gotischen Kirche St. Peter und Paul mit grünen Dachziegeln gedeckten Turm mit Staffelgiebeln.

Streckenbeschreibung

In **Pfullendorf** fahren wir Richtung Bahnhof und queren dort die Gleise Richtung Sehl. Die Straße macht nun einen Rechtsknick zum Lagerturm der Raiffeisen hin. Wir folgen danach nicht der nach links abknickenden Vorfahrtsstraße, sondern fahren geradeaus weiter parallel zu den Bahngleisen, an Lagerschuppen vorbei ein kleines Stückchen aufwärts. Anschließend rollen wir hinab – rechts sehen wir einen Baggersee mit Kiesabbau – bis zu der Wegkreuzung mit steinernem Feldkreuz. Dort radeln wir geradeaus Richtung Schützenhaus. Wir erreichen das Örtchen *Linz*, wo wir uns vor der Kirche rechts und dann gleich wieder links halten, und kommen so bis vor *Sahlenbach*. An der Weggabelung vor Sahlenbach, die mit einer neugotischen Madonna geschmückt ist, biegen wir rechts hinauf. Auf diesem Weg gelangen wir zum *Schnabelhof.* Anschließend führt rechts ein Kiesweg am Wald entlang bis nach *Mühlhausen.* Ab hier verläuft ein schöner kleiner, geteerter Weg nach *Ebratsweiler.* Dort treffen wir auf eine größere Straße, auf deren linken Seite der Radweg nach **Herdwangen** beginnt.

In Herdwangen fahren wir links ins Dorf hinab, dann zur Kirche hoch und wieder hinab bis zur großen Linde. An dieser geht es rechts vorbei und dann gleich wieder einen kleinen Weg rechts weg. Zwei kleine Wanderwegweiser zeigen uns den Weg nach Segoderhof/Taisersdorf. Nach einem kurzen Anstieg verläuft der Weg durch Wiesen und Felder in den Wald. Nachdem wir das kleine Waldstück durchquert haben, kommen wir an den verlassenen Gebäuden des Segoderhofs vorbei. Der weitere Weg führt uns jetzt am Waldrand entlang in den Weiler *Wälde.*

In Wälde geht ein recht zugewachsener Weg am Dorfende links ab. Dieser führt nach ca. 500 m auf die große Querstraße. (Alternativ kann man auf der Dorfstraße von Wälde hinaus auf die große Straße fahren und dann auf dieser nach links. Leider ist diese Straße viel befahren, aber man muß nur ca. 500 m auf ihr zurücklegen, danach zweigt rechts ein kleiner Teerweg hinab.) Man überquert die große Straße, und gleich gegenüber geht ein kleiner geteerter Weg nach unten weiter. Eine schöne Abfahrt führt uns immer hinab bis zur Abzweigung nach **Owingen**. Wir radeln in das Dorf hinein, biegen an der Kirche St. Peter und Paul rechts ab und dann gleich wieder rechts. Anschließend überquert man eine große Straße, hält sich weiter geradeaus und kommt am *Golfplatz von Lugenhof* vorbei. Noch einmal muß eine Straße geradeaus überquert werden, danach geht es unter der B 31 hindurch. Die Bebauung nimmt auf der rechten Seite zu, links sehen wir noch Obstplantagen. Wir lassen uns auf diesem Weg hinabrollen bis nach **Überlingen.**

Nützliche Informationen

Etappen: Pfullendorf – Herdwangen 18 km; Herdwangen – Owingen 10 km; Owingen – Überlingen 8 km.
Touristeninformation: • D-88662 Überlingen: Verkehrsamt, Landungsplatz 14, Tel. (075 51) 99 11 22.
Unterkunft: • *Hotels in Überlingen:* Land-

Die gotische Dorfkirche von Owingen liegt inmitten eines Gartens. Das imposante gotische Satteldach des Turms ist mit grünen Ziegeln gedeckt.

gasthof Brauerei Keller, Tel. (075 53) 223; Hotel Ochsen, Tel. (075 51) 4067. • *Camping:* In Überlingen am See, Tel. (075 51) 645 83; in Nußdorf, ca. 4 km östlich von Überlingen am See, Tel. (075 51) 4254.
Karten: Wanderkarte 1:50 000, Blatt 24 Bodensee-Ost; Radwanderkarte 1:100 000, Blatt 52 Bodensee.
Verkehrsverbindung: Pfullendorf hat keine Bahnanbindung. Von Überlingen stündlich nach Lindau und Radolfzell sowie Schiffsverbindungen.
Hinweis: Man kann anschließend am See entlang bis Meersburg radeln (siehe Tour 8, S. 57 f.) und von dort über Heiligenberg wieder zurück nach Pfullendorf (siehe Tour 31, S. 148).

Wie hier in Überlingen säumt eine Vielzahl von kleinen Jachthäfen das Ufer des Bodensees.

33 In markgräflich-badischen Landen

Überlingen – Birnau – Salem – Bermatingen – Friedrichshafen

Tourencharakter: Abseits des Bodenseeradwegs führt diese Tour entlang des Prälatenwegs von Birnau nach Salem. Teils Kieswege.
Länge der Tour: 42 km.

Führt uns diese Tour heutzutage in markgräflich-badisches Gebiet, so stand dieses früher unter dem Einfluß des mächtigen Zisterzienserklosters **Salem**, das 1134 gegründet wurde. Stolz präsentiert sich auch heute noch die ehemalige Klosteranlage, die nach der Säkularisierung an den Markgrafen von Baden fiel und diesem als Wohnsitz diente und dient. Heute ist Salem hauptsächlich als repräsentativer Sitz des Internats Salem bekannt. Aber es wird in wenigen Jahren dem Freizeitrummel, der sich hier breitgemacht hat, weichen und neue Räumlichkeiten in Überlingen beziehen. Ein Ort des Lernens und der Besinnung ist Salem nicht mehr, seit Max von Baden hier ein aufwendiges Freizeitzentrum errichtet hat. Ponyreiten, Golf, Abenteuerspielplatz, Phantasiegarten, Kunsthandwerkdorf, Feuerwehrmuseum, Schloßkellerei und nebenbei noch Schloß und Klosterkirche werden jetzt kompakt als Spiel- und Spaßpaket für DM 19,– angeboten. Kulturhistorisch Interessierte, die nur die gotische Basilika mit prächtigen Maßwerkfenstern, einer über 100jährigen Bauphase (1299–1414) und frühklassizistischer Innenausstattung (1771–1794) sowie die mächtigen Klostergebäude mit ihren Prachträumen besichtigen wollen, müssen in den sauren Apfel beißen und den teuren Eintritt bezahlen.

Auf unserer Tour stoßen wir aber schon vor Salem auf die ehemaligen Besitzungen des Klosters. Das Marien-Wallfahrtsheiligtum **Birnau** (Beschreibung bei Tour 8, siehe S. 56) wurde von Salemer Mönchen betreut und zu einem wichtigen Zentrum der Marienverehrung. 1745 wurde die heutige Kirchenanlage erbaut, nachdem Nachbarschaftsstreitereien den Umzug von Alt-Birnau zum heutigen Standpunkt erzwangen. Die Säkularisierung traf auch Birnau, das Gnadenbild der Maria gelangte nach Salem, kehrte aber 1919 durch Entgegenkommen Max von Badens zurück an seinen angestammten Platz. Er gab Birnau an die Zisterzienser zurück. Birnau und Salem verbindet der Prälatenweg, den wir entlangradeln.

Auch in **Bermatingen**, einer weiteren Etappe dieser Tour, stoßen wir auf den Einfluß Salems. Am Eingang des Gasthauses gegenüber dem Fachwerk-Rathaus von 1745 ist noch das Salemer Wappen zu sehen. Es war einst das Amtshaus des Klosters. Der Ort selbst ist durch seine hübschen Fachwerkhäuser geprägt, die nach einem Brand von 1590 errichtet wurden. Sehenswert ist auch der große Weintorkel aus dem 19. Jh. am westlichen Dorfausgang. Auch heute wird um Bermatingen noch Wein angebaut.

Der Ausgangsort **Überlingen** ist bei Tour 8 (siehe S. 55 f.) beschrieben, der Zielort **Friedrichshafen** bei Tour 1 (siehe S. 19).

Streckenbeschreibung

Wir beginnen unsere Tour in **Überlingen** am kleinen Hafen und fahren Richtung Meersburg. Wenn der Bodenseeradweg rechts nach Nußdorf abbiegt, radeln wir geradeaus weiter über die Bahnlinie, dann links hoch in die Sankt-Johann-Straße und, oben angelangt, rechts in die Mühlbachstraße. Anschließend geht es durch die Siedlung, an deren Ende die Weinberge des *Weinguts Kiefer* beginnen. Am Weingut geht es nach

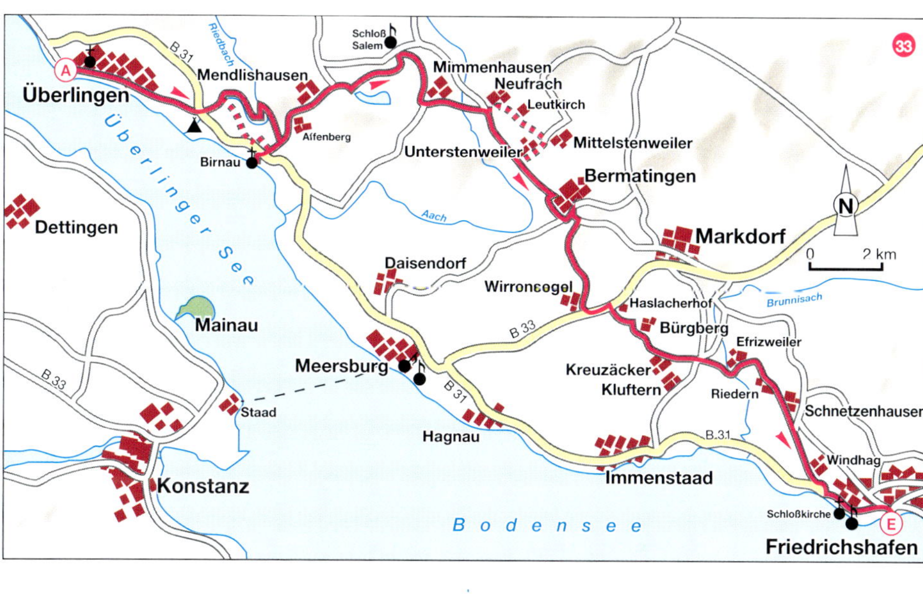

links, ein kleines Schild Deisendorf/Birnau weist uns den Weg. Wir folgen der Beschilderung, nach ca. 1 km überquert man eine größere Straße, unser Weg setzt sich gegenüber auf einem Kiesweg fort. Es geht dann am Riedbach entlang und unter der Brücke der B 31 hindurch. Der Kiesweg führt uns sehr abgeschieden durch einen lichten Laubwald, bis er rechts nach Deisenhofen/Birnau abgeht.

Hier hat man zwei Möglichkeiten der Weiterfahrt zur Auswahl: Entweder den Weg nach *Birnau,* der mit seinen größeren Kieseln etwas schlecht zu fahren ist. Dieser verläuft geradeaus bis zum Waldrand, dort geht es links und dann rechts entlang. Man erreicht den Prälatenweg und fährt die wenigen Meter rechts hinab zum Weingut Oberhof und zur **Wallfahrtskirche Birnau** (unter der B 31 hindurch). Dies ist die kürzere Variante. Die längere besteht darin, im Wald die erste Abzweigung rechts zu nehmen, über den Bach drüber und dann links auf einen breiten Kiesweg zu fahren. Dieser führt noch mehrere Kilometer im Wald am Riedbach entlang, bis sich auf der rechten Seite der Talgrund weitet und es rechts über den Riedbach abgeht. Kurz danach trifft man auf einen querlaufenden Weg, den Seefelder Kirchweg, auf dem wir rechts wieder auf den Wald zuhalten, und im Wald noch ca. 2 km geradeaus, aber dafür leicht hügelig fahren, bis wir wiederum auf den Prälatenweg stoßen, auf dem wir nach rechts aus dem Wald hinaus und zur Wallfahrtskirche Birnau radeln.

Von Birnau fahren wir wieder zurück, unter der B 31 hindurch, und dann am Weingut Oberhof vorbei auf den Prälatenweg. Auf diesem Kiesweg geht es geradeaus durch den Wald, ab und zu ist es etwas hügelig. Vom Waldende bis nach *Mendlishausen,* ein Ausflugsziel mit großem Parkplatz (der Affenfelsen befindet sich gleich daneben), sind es noch ca. 2 km.

Wir biegen dort links auf den Radweg ein, fahren um Mendlishausen herum und erreichen den Waldrand. An diesem geht es noch wenige hundert Meter entlang, bis die danebenliegende Autostraße einen Linksknick macht und wir rechts auf die Teerstraße in den Wald einbiegen. Wir bleiben auf dieser Waldstraße, die danach am Waldrand entlangführt; rechts sehen wir auf einem Hügel den Spitznagelhof und einige Weiher. Über freies Feld gelangen wir bis zu einer Querstraße, an der wir uns links halten und nach ca. 1 km **Schloß Salem** vor uns sehen.

Wir fahren vor dem Schloß nach rechts hinab und erreichen die große Straße. Gleich rechts verläuft ein schnurgerader und ebener Weg im Tal der Aach entlang nach *Mimmenhausen.* In Mimmenhausen radeln wir der Beschilderung *Neufrach* nach. Dort angelangt, kann man entweder auf einem Radweg neben der Straße nach **Bermatingen** fahren oder man nimmt den Weg über *Leutkirch* nach *Mittelstenweiler.* Von Mittelstenweiler geht es rechts hinab nach *Unterstenweiler* und über die Straße und unter der Bahnlinie hindurch. Nach links verläuft dann ein Teerweg, der uns immer geradeaus bis zum Bahnhof von Bermatingen bringt. Dort biegen wir links in das kleine Ortszentrum ein.

In Bermatingen fährt man die große Straße nach Osten, bis man vor dem sehenswerten Torkel rechts in die Rötenbachstraße abbiegt (Richtung Friedhof). Es geht über die Bahnlinie und am Friedhof vorbei, nach Überqueren des Bachs kommt von links eine Straße, wir nehmen jedoch die rechte Straße. Es geht durch Obstbaumkulturen, danach ein kurzes Stück durch den Wald, und wir erreichen die B 33 bei *Wirrensegel.* Hier müssen wir die vielbefahrene Bundesstraße überqueren; auf der anderen Seite nehmen wir den Radweg nach links entlang der B 33. Wir fahren ca. 1,5 km, bis es nach dem kleinen Waldstück, direkt vor dem *Haslacherhof* rechts nach Burgberg abgeht. An *Burgberg* radeln wir rechts vorbei; nach ca. 2 km erreichen wir eine kleine Querstraße und halten uns dort links. Nun geht es wieder ein kleines Stück durch den Wald und am Waldrand entlang bis nach *Kluftern.* Hier orientieren wir uns Richtung Friedrichshafen, unterqueren die Bahnlinie und erreichen *Efrizweiler,* wo wir beim kastenförmigen Schloß (heute ein gutes Gasthaus) links hoch Richtung Riedheim fahren. Kurz danach geht es rechts ab nach Riedern. Man fährt hoch zum Wald und biegt an dessen

Anfang rechts ein. Auf dieser hochgelegenen Straße geht es am Waldrand entlang, nach rechts blickt man auf das ehemalige Schloß und die Kirche von Efrizweiler, danach macht der Weg zuerst einen Links- und dann einen Rechtsknick. Durch Obstbaumkulturen hindurch gelangen wir, immer geradeaus fahrend, nach *Schnetzenhausen*. Im Ort überquert man die Hauptstraße und nimmt gegenüber die Windhager Straße. Es geht durch weitere Obstkulturen, bis die Bebauung von *Windhag* beginnt. Danach wenden wir uns links und gleich wieder rechts hinab Richtung See. Man erreicht die Albrechtstraße und danach die parallel zum See verlaufende Zeppelinstraße, die man überquert und auf deren Radweg man links nach **Friedrichshafen** gelangt. Falls man die Schloßkirche besichtigen will, biegt man nach ca. 1,5 km rechts ab in die Schloßstraße.

Nützliche Informationen

Etappen: Überlingen – Birnau 12 km; Birnau – Salem 7 km; Salem – Bermatingen 8 km; Bermatingen – Friedrichshafen 15 km.

Touristeninformation: • D-88045 Friedrichshafen: Verkehrsamt, Bahnhofplatz 2, Tel. (07541) 3001-0.

Unterkunft: In *Friedrichshafen:* • *Hotels:* Pension Wurster, Tel. (07541) 72694; Gasthof Rebstock, Tel. (07541) 21694. • *Camping:* Dimmler (in Friedrichshafen), Tel. (07541) 73421; Fischbach, 6 km westlich von Friedrichshafen, Tel. (07541) 42059. • *Jugendherberge:* Tel. (07541) 72404.

Öffnungszeiten: • *Salem:* Mo.–Sa. 9–18 Uhr, So. und feiertags 11–18 Uhr. Der Eintrittspreis liegt allerdings bei DM 19,–!

Karten: Wanderkarten 1:50000, Blatt 10 Hegau/Bodensee und Blatt 24 Bodensee-Ost; Radwanderkarte 1:100000, Blatt 52 Bodensee.

Verkehrsverbindungen: • Von *Friedrichshafen* Bahnverbindungen entlang dem Bodensee und nach Ulm. • Bahn-Schiffsverbindung von und nach Überlingen.

Hinweise: Abseits des Sees stellt diese Tour eine Alternative zur direkten Route Überlingen – Friedrichshafen dar. Am Zielort beginnen die Touren 1 und 9.

Unversehrt vom touristischen Trubel, der innerhalb der Mauern herrscht, präsentiert sich dem Radler Schloß Salem am Ende des Prälatenwegs von Birnau aus.

Hegau und Oberes Donautal

Als Oberes Donautal bezeichnet man den Abschnitt von der Quelle bei Donaueschingen bis etwa Sigmaringen–Mengen. In dieses Kapitel werden jedoch auch einige Touren aufgenommen, die über dieses Gebiet hinausgehen und es mit Oberschwaben und dem Bodensee verbinden.

Geologisch besteht das Gebiet der Oberen Donau aus Weißjurakalken, die sich im Donautal als mächtige Kalkfelsen zeigen. Wie für Kalkgebiete in unseren Breiten typisch, treten allerhand Verkarstungserscheinungen auf: Dolinen, unterirdische Flußsysteme, Wasserarmut, Karstquellen, Höhlen, Trockentäler, Bachschwinden, Hungerquellen. Diese Karsterscheinungen entstehen durch die chemische Auslösung des Kalks durch kohlensäurehaltiges Regenwasser. Dabei werden im Lauf der Zeit unterirdische Hohlräume geschaffen, die sich miteinander verbinden und in die der Niederschlag einsickert und sich zu Bächen sammelt. Wo diese Wässer wieder an die Oberfläche treten, entstehen stark schüttende Quellen. Bricht so eine unterirdische Höhle zusammen, zeigen sich an der Oberfläche deutlich sichtbare Vertiefungen, sogenannte Erdfälle oder Dolinen. Gleichzeitig sind die Hochflächen sehr wasserarm, da die Niederschläge nicht oberirdisch abfließen, es entstehen Trockentäler.

Ein weiteres, gut in der Landschaft erkennbares Phänomen ist die stetige Verkleinerung des Einzugsgebiets der Donau. Grund hierfür ist das relativ niedrige Gefälle der Donau im Vergleich zum Rhein. Durch rückschreitende Erosion, bei der sich das Flußbett immer mehr zur Quelle hin vertieft, hat das Rheinsystem der Donau eine Vielzahl von Nebenflüssen abgerungen. Wenn man durch das Durchbruchtal radelt, wundert man sich, wie so ein Plätscherwässerchen wie die Donau solch ein mächtiges und tiefes Tal ausgebildet haben kann. Der Grund liegt darin, daß die Donau in früheren Zeiten wesentlich mächtiger war, d.h. mehr Wasser führte und ein größeres Einzugsgebiet als heute hatte. Außerdem erkennt man deutlich hochgelegene, heute trocken liegende Talschlingen, so z.B. beim Honberg von Tuttlingen, die im Pliozän geschaffen wurden.

Die berühmten **Donauversickerungen bei Immendingen und Fridingen**, die ebenfalls Karsterscheinungen sind, die man deutlich sehen kann – streckenweise fällt die Donau fast trocken –, speisen mit dem Donauwasser die Aachquelle oder den Aachtopf. Auf dieser Strecke – es sind ca. 12 km Luftlinie – legt das Wasser ein Gefälle von 183 m zurück. Das Wasser tritt nach ca. drei Tagen dort zutage. Durch Färbversuche hat man dieses Phänomen eindeutig nachgewiesen. Die Aachquelle ist mit bis zu 28000 Liter pro Sekunde die am stärksten schüttende Quelle Deutschlands. Die Aach fließt bei Radolfzell in den Bodensee (Aachried) und damit in den Rhein. Strenggenommen gehört die Donau bis Fridingen damit eigentlich zum rheinischen Entwässerungssystem. Auf der Tour Ludwigshafen – Tuttlingen (Tour 36) kann man einen Abstecher zur Aachquelle unternehmen. Als noch relativ naturnaher Raum bietet die Obere Donau einer Vielzahl von Pflanzen und Tieren Schutz.

Das **Hegau**, das sich von Bodman am Überlinger See westlich und nordwestlich erstreckt, ist eine eigentümliche Landschaft, die ihren Reiz durch ihre Vulkankegel bezieht. Diese sind strenggenommen Vulkanruinen, da der eigentliche Vulkankegel heute nicht mehr sichtbar ist, sondern im Lauf der Zeit abgetragen wurde. Stehengeblieben sind nur die Vulkanschlote, die aus hartem Basalt bestehen und die heutigen »Vulkankegel« bilden. Der berühmteste ist der Hohentwiel bei Singen, dessen Burg auch eine bewegte Geschichte besitzt. Als ehemals größte Burg Deutschlands wurde sie mehrmals belagert, aber nie eingenommen. Napoleon verfügte die Sprengung der damals noch intakten Burg, so daß heute nur noch Ruinen zu betrachten sind.

Geschichtlich ist das gesamte Gebiet von der typisch deutschen Kleinstaaterei geprägt. Nach dem Ende der Stauferzeit herrschten eine Vielzahl von kleinen und kleinsten Herrschaften über dieses Gebiet. Es gab kein großes Machtzentrum, das eine Einigung erzwingen konnte: weder Klöster, freie Reichsstädte, noch ein Fürstentum. Deshalb ist es nicht verwunderlich, wenn eine Vielzahl von Burgen insbesondere im Donautal errichtet wurde. Von den meisten sind heute nicht einmal mehr Ruinenreste zu sehen. Auf der Donautour von Tuttlingen nach Sigmaringen (Tour 37) kommt man am Schloß Bronnen sowie den Burgen Wildenstein, Falkenstein und Gutenstein vorbei, die alle malerisch auf den Kalkfelsen des Donaudurchbruchtals liegen.

An Klosterkultur finden wir das heute noch aktive Kloster in Beuron an der Donau, eine beliebte Sehenswürdigkeit. Vor Sigmaringen liegt das Kloster Inzighofen, in dem sich heute ein Volksschulheim befindet.

Der Martinsbrunnen in Engen ist ein Werk des Künstlers Jürgen Goertz.

34 Vom Rhein ins Hegau

(Rheinfall) – Schaffhausen – Dörflingen – Thayngen – Büßlingen – Tengen – Blumenfeld – Engen

Tourencharakter: Leicht bergige Tour durch das Tal der Biber und vorbei an den Vulkanen des Hegaus.

Länge der Tour: 44 km.

Die Tour führt am Rhein und am Flüßchen Biber entlang hin zu den gut erhaltenen mittelalterlichen Städten Tengen und Engen. Auf der nur teilweise bergigen Strecke bieten sich immer wieder schöne Ausblicke auf die vulkanisch entstandenen Bergrücken. Kurz vor Engen kommt man nahe am 846 m hohen Vulkankegel des Hohenhewen vorbei.

Das Kesslerloch bei **Thayngen** ist die älteste bekannte Höhlensiedlung im Bodenseeraum. Sie bezeugt, daß er bereits in der jüngeren Altsteinzeit von Jägern und Sammlern besiedelt war. Die reformierte Pfarrkirche im Ort selbst wurde nach der Zerstörung im Schwabenkrieg um 1500 neu erbaut. Der festungsartige Turm und die Schießscharten zeugen von zahlreichen Auseinandersetzungen. Den Dorfbrunnen auf dem Kirchplatz ziert ein Becken und eine wappengeschmückte Säule. Die Straßen im Zentrum werden von einigen hübschen Fachwerkhäusern gesäumt.

Die kleine und malerische Altstadt von **Tengen** strahlt beschauliche Ruhe aus, denn das Stadtzentrum verlagerte sich von ihr weg. Der *Bergfried* der um die Mitte des 12. Jh.s errichteten Burg, das *Stadttor* und die ehemalige *Obervogtei* haben sich als imposante mittelalterliche Bauwerke gut erhalten. Etwas unterhalb des Bergfrieds befindet sich die *Burg- bzw. Stadtkapelle.* Nur der Unterbau der Altäre und einige wenige Details stammen aus der Mitte des 12. Jh.s, denn sie wurde im Dreißigjährigen Krieg verwüstet und danach im Barockstil wiederaufgebaut.

Das nahe gelegene **Blumenfeld** ist eine Zwergstadt, die um eine Burg aus dem

11. bzw. 12. Jh. entstanden ist. Im 16. Jh. trat ein *Deutschordensschloß* an ihre Stelle, das durchaus sehenswert ist. Ein Teilbereich dient heute als Altenheim. Ebenfalls unweit von Tengen, bei **Büßlingen,** wurde einer der größten *römischen Gutshöfe* Süddeutschlands freigelegt. Die Grundmauern von Herrenhaus, Badeanlage und Wirtschaftsgebäuden sind zu sehen.

Das Ziel der Tour ist das am Fuß des Hohenhewen liegende **Engen** mit seinem beeindruckenden mittelalterlichen Stadtkern. Erstmals 1179 urkundlich erwähnt, wurden bereits um 1200 Märkte abgehalten, 50 Jahre später wurde das Stadtrecht erteilt. Die Stadt gehörte zunächst den Herren von Engen, ging dann als Pfand an österreichische Herzöge und schließlich an die Herren von Fürstenberg. In ihrer bewegten Geschichte wurde die Stadt von den schwäbischen Städten und den Eidgenossen bedrängt, von den Aufständischen im Bauernkrieg kurzzeitig besetzt und schließlich von den Schweden verwüstet.

Die *Stadtkirche Unserer Lieben Frau* geht auf das frühe 13. Jh. zurück, wurde aber weitgehend umgebaut und 1746 barockisiert. Das *Rathaus* ist ein spätgotischer Staffelgiebelbau aus dem Jahre 1556. Im gewaltigen Bau des ehemaligen *Dominikanerklosters* aus dem 17. bzw. 18. Jh., das die Westseite der Stadt beherrscht, ist das *Heimatmuseum* untergebracht, in dem vor allem Exponate aus frühgeschichtlicher Zeit präsentiert werden.

Bei der Sanierung der Engener Altstadt wurde nicht nur Altes konserviert, sondern auch alte Tradition mit moderner Kunst verknüpft. So schuf der Künstler Jürgen Goertz den *Martinsbrunnen* am Marktplatz, der anhand von Reliefdarstellungen die Probleme der Dritten Welt und der Überflußgesellschaft darstellt. Der ebenfalls von ihm erbaute *Sechs-Sinne-Brunnen* in der südlichen Altstadt zeigt auf humorvolle Weise die fünf menschlichen Sinne und überläßt das Rätsel des sechsten Sinns dem Betrachter. Von Lutz Brockhaus stammt der imposante *Vorstadtbrunnen* mit teils abstrakten, teils gegenständlichen Figuren, der die Funktionen des Wassers zum Thema hat.

Streckenbeschreibung

Wir radeln vom Rheinfall bzw. vom Rheinufer in **Schaffhausen** über Büsingen bis **Dörflingen,** wie bei Tour 29 (siehe S. 140) beschrieben. Am Ortsende von Dörflingen

Die Boote im Rhein bei Schaffhausen liegen still im Wasser, gleich den Gondeln in Venedig.

nehmen wir jedoch die nach links abbiegende Straße nach Thayngen. Es geht zunächst sanft bergab, dann etwas bergauf durch den Wald und schließlich in das Bibertal hinab. Das Flüßchen Biber mündet westlich von Stein in den Rhein

Am Ende des Gefälles treffen wir auf die von Thayngen nach Singen führende B 34. Wir biegen nach rechts ab, fahren zunächst unter der Bundesstraße und dann unter den Bahngleisen hindurch geradeaus nach **Thayngen** hinein. Gleich nach der Bahnunterführung links können wir einen Abstecher zum Kesslerloch unternehmen (Entfernung einfach 1 km). Rechts hoch kommen wir zur Kirche. Die Tour setzen wir allerdings weiter geradeaus durch den Ort fort, gemäß der Wegweisung nach Bibern und Engen.

Nach den letzten Häusern sieht man zur Rechten bereits das Flüßchen Biber, dessen Tal man hinauffährt. Man bleibt auf dem Radstreifen der Hauptstraße und folgt beim Weiler *Hüttenleben* dem Radwegweiser nach rechts über das Flüßchen in Richtung Bibern. Abseits der Hauptstraße, am Wasser entlang, kann man das Tal nun unbeeinträchtigt genießen. In *Bibern* kreuzt die Radroute die Hauptstraße. Ab nun ist Hofen ausgeschildert. Am Ortsende beim Turm geht es links über den Bach und rechts weiter auf einem kleinen Teersträßchen, bis man beim Schulhaus zurück zur Hauptstraße kommt. Man biegt links in sie ein und fährt auf ihr durch den Ort *Hofen* und über die deutsch-schweizerische Grenze bis nach **Büßlingen.** Von hier ist ein Abstecher zum römischen Gutshof möglich (zunächst Richtung Engen, dann Richtung Schlatt).

Etwa in der Ortsmitte zweigt die Hauptstraße in Richtung Engen und Singen rechts ab. Wir setzen unseren Weg jedoch nach links in Richtung Wiechs fort. Am Ortsende sehen wir Tengen mit 5 km angeschrieben. Bis dorthin geht es durch eine schöne langgestreckte Lichtung im Wald das Tal hinauf. Kurz vor **Tengen** mündet zunächst von links die Straße aus Wiechs ein. Gleich nach dem Ortsschild, etwa nach 30 m, biegen wir nach links in das kleine Teersträßchen ein, fahren über die Brücke und gleich wieder nach rechts. Es geht nun unter einer weiteren Brücke hindurch. Nach zweimaligem

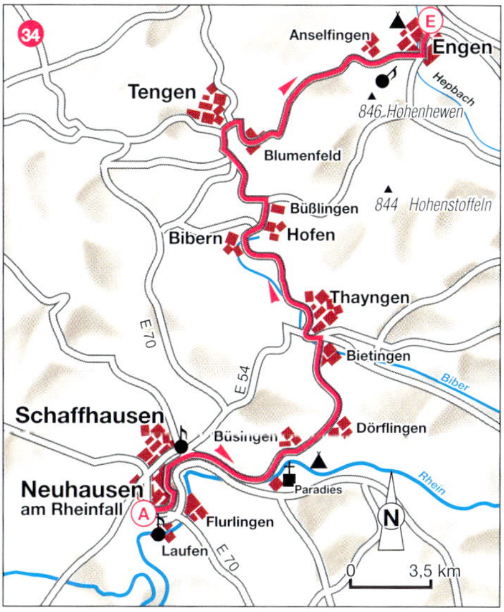

Rechtsabbiegen radeln wir über sie hinweg und durch das noch erhaltene Stadttor nach Tengen hinein.

Wir verlassen die Hinterburg (Altstadt) wieder durch das Stadttor, kommen auf die Marktstraße, überqueren die B 314 bei der Ampel und setzen den Weg in der Ludwig-Gehrer-Straße fort. Bei der nächsten Abzweigung folgen wir der Wegweisung nach Engen/Watterdingen, bei der darauffolgenden fahren wir jedoch geradeaus weiter in Richtung Singen. Kurz vor dem Ortsende biegen wir in die *»Kalkgrube«* nach links und nach wenigen Metern gleich wieder nach rechts ab, um auf einem Landwirtschaftsweg parallel zur Straße nach Blumenfeld zu gelangen.

Sobald der Weg endet bzw. in die Hauptstraße mündet, überqueren wir sie und wenden uns nach ca. 30 m nach links. Wir rollen nun geradewegs nach **Blumenfeld** hinab und haben einen sehr schönen Blick auf den Kirchturm und das Deutschordensschloß. Das kleine Sträßchen, auf dem wir in den Ort hineinkommen, mündet in die Hauptstraße. Wir folgen ihr nach rechts am Schloß vorbei, bis wir einen Bach überqueren. Gleich nach der Brücke nehmen wir zunächst die Sonnenstraße nach links und setzen den Weg geradeaus in der *Römerstraße* fort. Auf ihr müssen wir einen steilen Anstieg bewältigen.

Vor *Watterdingen* geht es eben weiter. Wir bleiben immer auf der gleichen Straße und fahren schließlich parallel zum langgestreckten Ort. Aus der Langwiesenstraße kommend, treffen wir schließlich auf eine Querstraße, der wir kurz nach links folgen, um dann in die »*Hohlgaß*« nach rechts einzubiegen. Wieder geht es leicht bergan. Bei der folgenden Gabelung im spitzen Winkel nimmt man den linken der beiden Wege. Er führt zur Hauptstraße hin, an der wir auf der rechten Seite auf dem Wirtschaftsweg entlangradeln. Dort, wo er die Hauptstraße wieder verläßt, haben wir den höchsten Punkt der Tour erreicht und genießen nach rechts einen schönen Blick zum Hohenhewen. Seine runde Form läßt deutlich seinen vulkanischen Ursprung erkennen.

Unser Weg trifft in *Anselfingen* bei einem Brunnen als Riedbachstraße eine größere Straße. Wir folgen ihr wenige Meter nach rechts und zweigen gleich wieder links ab in den »Haingarten«. Wir fahren die Einbahnstraße durch den Ort und biegen schließlich nach rechts in die Hauptstraße ein, die nach wenigen 100 m in die Bundesstraße mündet. Wir überqueren sie, wenden uns nach links und gleich bei der nächsten Straße unter der Bahnlinie hindurch nach rechts. Vor uns liegt die malerische Altstadt von **Engen** auf einem langgestreckten Hügel. Nach rechts hat man einen schönen Blick zu ihr hinauf, nach links geht es zum Marktplatz.

Zum Bahnhof fährt man vom Marktplatz her kommend bei der Kirche links hinab, quer über eine Straße, unter der Bahnlinie hindurch und an der Ampel nach rechts.

Nützliche Informationen

Etappen: Rheinfall – Schaffhausen 4 km; Schaffhausen – Dörflingen 9 km; Dörflingen – Thayngen 6 km; Thayngen – Büßlingen 7 km; Büßlingen – Tengen 5 km; Tengen – Blumenfeld 3 km; Blumenfeld – Engen 10 km. Bei allen Etappen flache Anstiege um jeweils ca. 100 m.

Touristeninformation: • D-78234 Engen: Verkehrsamt im Rathaus, Tel. (07733) 502202.

Unterkunft: • *Camping:* Sonnental (bei Engen), Tel. (07733) 7529 und 7583.

Karten: Velokarte 1:60000, Blatt 1 Schaffhausen/Winterthur/Wutachtal; Radwanderkarte 1:100000, Blatt 52 Bodensee; Wanderkarte 1:50000, Blatt 10 Hegau/Bodensee.

Verkehrsverbindungen: Schaffhausen ist internationaler Fernbahnhof. Die Bahnlinie Konstanz – Engen verkehrt im Halbstundentakt; Tuttlingen, Immendingen und Stuttgart sind von Engen aus ca. alle zwei Stunden zu erreichen.

Hinweis: Tour 35 setzt diese Tour zur Donau hin fort.

35 Vom Hegau zur Donau

Engen – Hegaublick – Hintschingen – Immendingen – Möhringen – Tuttlingen

Tourencharakter: Langer und steiler Anstieg zum Aussichtspunkt Hegaublick hinauf. Zur Donau hin und im Tal weitgehend eben.

Länge der Tour: 34 km.

Die Tour führt zunächst in einem Tal, durch den Ort Stetten und am Waldrand entlang hinauf bis zum etwa in 800 m Höhe liegenden Aussichtspunkt Hegaublick mit herrlichem Panorama. Über Neben- und Forststraßen kommt man zur Donau, wo man dem Donauradweg folgend auf ebener Strecke durch Immendingen und Möhringen hindurch und an der Donauversickerung vorbei nach Tuttlingen gelangt. Während im Talgrund Felder und Wiesen dominieren, sind die seitlichen Hänge bewaldet.

Immendingen ist eine Siedlung alemannischen Ursprungs und wird erstmals 1101 urkundlich erwähnt. Das *Schloß,* in dem sich heute das Rathaus und die Touristeninformation befinden, wurde 1190 als Wasserschloß erbaut und war im Besitz mehrerer Adelsgeschlechter. 1835 wurde hier die erste Maschinenfabrik Badens eingerichtet. Die ältesten Teile der *Kirche St. Peter und*

Paul reichen bis in das 12. Jh. zurück, sie wurde jedoch weitgehend umgestaltet. Im *Heimatmuseum* kann u.a. eine paläontologische Sammlung mit Fossilfunden besichtigt werden.

Auch **Möhringen** ist alemannischen Ursprungs. Es erhielt 1308 das Stadtrecht. Woher der Mohr im Wappen von Möhringen kommt, ist nicht bekannt. Das beeindruckende ehemalige *Jagdschloß* der Fürstenberger aus dem Jahr 1280 ist heute Rathaus und Touristeninformation. Es ist neu renoviert und besticht durch seine in kräftigen Farben aufgemalten Wappen. Zwischen Immendingen und Möhringen versinkt bzw. versickert die Donau. Das Phänomen der Donauversickerung ist ausführlich im Einführungsteil (S. 156) beschrieben, die Stadt Tuttlingen bei Tour 36 (S. 163).

Streckenbeschreibung

Vom Bahnhof in **Engen** aus quert man zuerst die Bundesstraße und nimmt die nächste Straße nach rechts. Man stößt auf den *Gasthof zu den drei Kronen,* wo man den zum Campingplatz beschilderten Weg wählt. Es geht etwas bergauf, dann steil bergab. Etwa 2 km nach dem Gasthof kommt man an einem Kreuz vorbei und trifft auf eine Weggabelung. Rechts abbiegend, umfährt man einen kleinen Berg und gelangt schließlich nach *Zimmerholz,* wo man links in die Hauptstraße einbiegt. Im Dorf gibt es einige sehr schöne Fachwerkhäuser zu bewundern.

Auf der Hauptstraße nach *Stetten* und im Ort selbst geht es fortwährend bergauf. Am Ortsende zweigen wir nach rechts ab in Richtung Geisingen/Hegaublick. Das Sträßchen führt weiterhin steil bergauf, aber mit jedem Meter, den wir höher kommen, wird die Aussicht beeindruckender. Wir blicken auf die weite Vulkanlandschaft des Hegaus und bei klarem Wetter bis zum Bodensee. Sobald die Straße etwas breiter wird, geht es rechts hinein zum Restaurant **Hegaublick**. Dort kann man die Aussicht auf einer Terrasse mit Speis und Trank von vorzüglicher Qualität und zu angemessenen Preisen auskosten.

Wir setzen unseren Weg auf der Straße fort, auf der wir gekommen sind. Schon

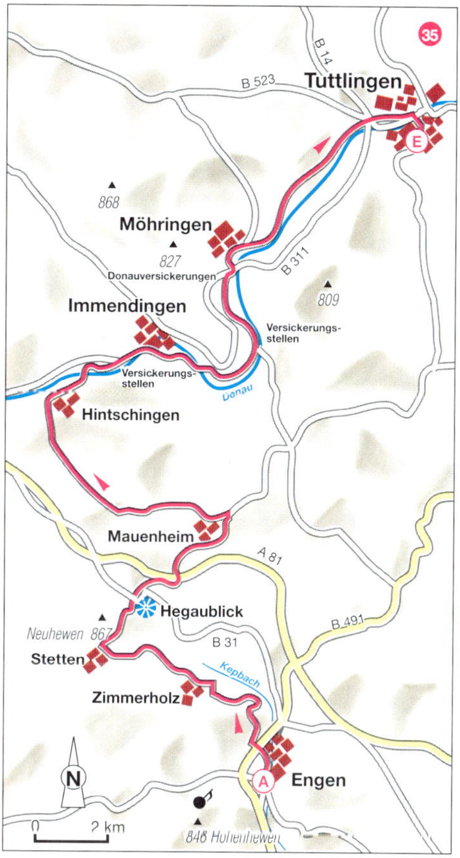

nach wenigen 100 m queren wir die B 31 und radeln geradeaus weiter nach *Mauenheim.* Es geht nun zum Teil steil bergab (Gefälle bis zu 10%). Schließlich sehen wir zur Linken den Ort und fahren in ihn hinein. Gleich beim *Landgasthof Engel* biegen wir rechts ab, bei der nächsten Kreuzung halten wir uns links zur Telefonzelle hin. Wir bleiben auf dieser Straße, die schließlich bergan führt. Am Ortsende treffen wir auf ein Schild »Anlieger frei/Begrenzung auf 6 Tonnen«. Es geht weiter geradeaus, bergauf, in den Wald hinein. Dort oben besteht der Weg vorübergehend aus Schotterbelag. Schließlich rollen wir lange Zeit bergab, zunächst im Wald und schließlich entlang einer ausgedehnten Lichtung im Tal, bis wir **Hintschingen** erreichen.

Bei der Weggabelung im Ort biegen wir gemäß der Radwegweisung rechts ab in Richtung Immendingen. Wir befinden uns

Die Donauversickerung bei Immendingen: Im Sommer kann man hier trockenen Fußes das Flußbett durchqueren.

nun auf einem relativ gut beschilderten Abschnitt des Donauradwegs *R9*. Etwa 2 km hinter Hintschingen radeln wir auf einer 1947 errichteten *gedeckten Holzbrücke* über die Donau und auf der anderen Flußseite rechts an der Bahnlinie entlang. Beim Bahnhof **Immendingen** überqueren wir die Bahnlinie auf der Rad- und Fußgängerüberführung und wenden uns kurz vor der Hauptstraße nach rechts, um auf einem Rad- und Fußweg und über ruhige Nebenstraßen ins Ortszentrum zu kommen. Dort treffen wir auf den *Gasthof Kreuz*. Wenn wir hier nach links die Hauptstraße überqueren, kommen wir zum Rathaus und zur Kirche St. Peter und Paul.

Rechts am Gasthof Kreuz vorbei, über die Bahnlinie und auf einer Holzbrücke über die Donau, setzen wir die Tour gemäß der Radwegweisung zur Donauversickerung fort. Nach 2 km erreichen wir einen Parkplatz, Rastplatz und *Radlerzeltplatz*, wo man eine Nacht kostenlos bleiben kann. Ebenso erläutern einige Informationstafeln das Phänomen der Donauversinkung bzw. -versickerung. Über eine Brücke gelangen wir über die Donau und radeln links an ihr entlang bis zur nächsten Informationstafel. Hier kommen wir auf kurzem Wege zum je nach Jahreszeit mehr oder weniger ausgetrockneten Fluß. Während der Sommer- und Herbstmonate versickert die Donau vollkommen und hinterläßt ein ausgetrocknetes Flußbett, das man mühelos durchqueren kann. An manchen Tagen kann man zusehen, wie das Wasser gurgelnd im kalkreichen Juragestein verschwindet.

Nach ca. 2 km kommen wir unter der B 311 hindurch nach **Möhringen** hinein und fahren direkt am schönen Rathaus vorbei. Nach links blicken wir auf den malerischen Marktplatz. Der Weg durch den Ort ist etwas kompliziert, aber gut beschildert. Hinter Möhringen radeln wir auf einem gut befahrbaren Kiesweg am Waldrand und an der seit der Versickerung schmal gewordenen Donau entlang. Um nach **Tuttlingen** hineinzugelangen, bleiben wir zunächst auf der linken Seite der Donau. Erst nachdem wir unter der Bahnlinie und der Brücke der B 14 hindurchgefahren sind, überqueren wir auf der gedeckten Holzbrücke den Fluß und kommen über den Stadtpark zum Zentrum der rasterförmig angelegten Stadt. Wer direkt zum Bahnhof möchte, überquert die Donau bereits im Zuge der B 14 und biegt gleich danach rechts ab.

Nützliche Informationen

Etappen: Engen – Hegaublick 9 km (teilweise steiler Anstieg bis zu 12 %, insgesamt ca. 300 Höhenmeter); Hegaublick – Hintschingen 10 km (leichter Anstieg von ca. 100 m

hinter Mauenheim); Hintschingen – Immendingen 4 km; Immendingen – Möhringen 6 km; Möhringen – Tuttlingen 5 km.
Touristeninformation: • D-78532 Tuttlingen-Möhringen: Hermann-Leiber-Straße 4, Tel. (07462) 340.
Unterkunft: • *Hotels in Tuttlingen:* Ritter, Tel. (07461) 8855; Alter Römer, Tel. (07461) 2766; Stadthotel, Tel. (07461) 9300. • *Camping:* Kostenloser Radlerzeltplatz 2 km östlich von Immendingen.
Karten: Radwanderkarte 1:100000, Blatt 52 Bodensee; Wanderkarte 1:50000, Blatt 10 Hegau/Bodensee.
Verkehrsverbindungen: Die Bahnlinie Engen – Konstanz verkehrt im Halbstundentakt. Tuttlingen, Immendingen und Stuttgart sind von Engen aus ca. alle zwei Stunden zu erreichen. Tuttlingen liegt an der Bahnlinie Stuttgart – Singen; ca. alle 2 Stunden Verbindung nach Konstanz.
Hinweis: Tour 37 setzt die Fahrt entlang der Donau fort.

36 Auf dem Hohenzollernweg nach Tuttlingen

Ludwigshafen – Eigeltingen – Windegg – Tuttlingen

Tourencharakter: Kontinuierlich ansteigende Tour vom Überlinger See zur Donau, wunderbares Panorama auf die Vulkankegel des Hegau, ab Eigeltingen sehr abgeschieden.
Länge der Tour: 40 km.

Zuerst führt diese Tour durch das sogenannte Große Ried bei Espasingen. Hier münden der Röhretsgraben und die Stockacher Aach in den Bodensee. In dieser Ebene verläuft die Tour dann bis Wahlwies. Das anschließende Gebiet ist meist geprägt von ausgedehnten Wäldern. Trotzdem hat man oft weitreichende Blicke auf die Vulkanlandschaft des Hegaus bei Emmingen. Außerdem kann man einen Abstecher zur Aachquelle unternehmen, der am stärksten schüttenden Quelle Deutschlands, die durch das Wasser der Donau gespeist wird.

Schloß Langenstein, heute von einem 18-Loch-Golfplatz umgeben, liegt in schöner Lage. Das Schloß selbst ist in Privatbesitz, es können nur im Rahmen eines Besuchs des hier ansässigen Fastnachtmuseums einige Räume besichtigt werden. Man erreicht das Schloß über eine alte Kastanienallee, der Bau selbst besteht aus mehreren, miteinander verbundenen Komplexen. Darüber thront wuchtig der um 1100 entstandene Turm, der später erhöht wurde. Sehenswert sind die zwei mächtigen, mit Wappen verzierten Portale.

Nach dem langen Anstieg vom Wasserburger Tal auf die rauhe Hochebene ragen markant in einer Gruppe auf der Anhöhe die versammelten *Pestkreuze zu Emmingen ab Eck* auf. Sie wurden erstmals 1630 an den vier Ortsausgängen von Emmingen – Engen, Hattingen, Tuttlingen und Liptingen – aufgestellt, als Abwehrsegen gegen die Pestseuche und wahrscheinlich auch als Pestwarnung für den Wanderer. Von den Pestkreuzen sind es nur noch wenige Kilometer bis zum Ausflugslokal Windegg; bei diesem hat man auch alle zu überwindenden Höhenmeter hinter sich und darf sich getrost bei dem grandiosen Panorama eine Stärkung gönnen.

Die Stadt **Tuttlingen** vermittelt einen eher tristen Eindruck. Dies rührt vielleicht aus der Geschichte: Die Stadt wurde in einer Reihe von Kriegen immer wieder belagert, erstürmt und zerstört. Dazu kamen verheerende Donauüberschwemmungen. Nach dem Brand von 1803, der die gesamte Innenstadt vernichtete, wurde Tuttlingen rechtwinklig und schachbrettartig wiederaufgebaut. Damit verfügt es über kein nennenswertes städtebauliches Zentrum (Rathaus, zweitürmig) und keine großen Plätze. Sehenswert ist die *evangelische Pfarrkirche,* die im klassizistisch-neoromanischen Stil erbaut wurde und um 1900 in Jugendstilformen (ägyptischer Dekor) umgestaltet wurde. Die *Ruine Honburg* wurde im 15. Jh. errichtet und im Dreißigjährigen Krieg zerstört. Die beiden Türme sind Rekonstruktionen des 19. Jh.s, der Zeit der burgenseligen Romantik.

Streckenbeschreibung

Wir starten in **Ludwigshafen** am *Zollhaus*, fahren vom »Gasthaus zum Hafen« über die Bahnlinie und dann nach links am *Bahnhof* vorbei. Anschließend überquert man nochmals die Bahnlinie und radelt auf einem kleinen Kiesweg am See entlang. Am Campingplatz führt unser Weg geradeaus weiter, und wir erreichen die große Straße. Dort verläuft auf der linken Seite ein Radweg, dem wir folgen. Nach einigen Kilometern geht der Radweg nach links ab, wir fahren über eine Holzbrücke. Gleich danach biegt rechts die Straße nach Eigeltingen ab; wir verlassen den Radweg und folgen ihr bis zur nächsten Querstraße. Dann halten wir uns rechts, überqueren wiederum die Bahnlinie, nach der gleich links ein kleiner Teerweg beginnt. Hier ist auch zum ersten Mal die Beschilderung »Hohenzollernweg« angebracht. Auf diesem ebenen Weg fahren wir bis nach *Wahlwies*. An einem Reitplatz vorbei geht es in den Ort hinein bis zum Gasthaus Adler, an dem man links abbiegt und nach der Bahnlinie rechts nach Orsingen fährt. Der Weg steigt an, wir überqueren die Autobahn Singen – Stockach, deren Verkehrslärm schon von weitem zu hören ist, und erreichen *Orsingen*. Dort bleiben wir auf der Hauptstraße, bis diese eine Linkskurve beschreibt. Wir fahren jedoch rechts davon den kleinen Weg geradeaus in die *Langensteiner Straße*. Auf dieser geht es geradeaus, wir überqueren eine Straße auf einer Brücke, fahren auf dem kleinen Weg nach oben und erreichen den Reitstall *Stockfelderhof*. Von hier oben hat man einen schönen Blick zurück auf den Überlinger See und den sich dunkel auftürmenden Bodanrück auf der rechten Seite. Anschließend verläuft ein schöner kurviger Weg ca. 1 km durch den Wald hinab, und wir erreichen den Golfplatz von Langenstein. Dort biegen wir nach rechts und radeln die Anhöhe hinauf. Oben angelangt, sehen wir auf der rechten Seite das *Schloß Langenstein*. Auf einer mächtigen Kastanienallee gelangt man zum Schloßgebäude, in dem sich auch ein Fastnachtmuseum befindet.

Wir setzen unseren Weg an der Allee vorbei geradeaus fort, rechts und links befinden sich die Anlagen des Golfplatzes, und nach einer kurzen Abfahrt erreichen wir **Eigeltin-**

Schloß Langenstein mit dem aus dem 11. Jh. stammenden mächtigen Bergfried. Ein großer Golfplatz umgibt heute das sich noch in Privatbesitz befindende Schloß, das auch ein sehenswertes Fastnachtmuseum beherbergt.

Das abgeschiedene Wasserburger Tal mit dem hochgelegenen Wasserburgerhof und einer grasenden Pferdeherde.

gen. Auch dort steht ein kleines, aber nicht zugängliches Schloß, wir sehen es bei der Abfahrt schon auf der rechten Seite. Außerdem befindet sich in diesem Ort das »schönste Fachwerkhaus des Hegaus«.

Wer zur nur 4 km entfernten Aachquelle gelangen will, biegt hier nicht ab, sondern fährt geradeaus und erreicht den Aachtopf (beschildert).

Auf der Hauptstraße angelangt, fahren wir nach links. Wir nehmen die erste Straße rechts hinauf Richtung Sportplatz. Ab hier ist die Gegend ziemlich abgeschieden. Wir radeln bis zum Wald, dort biegen wir nach rechts in ihn hinein. Es geht durch den Eichen-Buchen-Mischwald, anschließend folgt eine kleine Tallichtung, auf der die Straße nach links abbiegt und weiter das Tal hoch verläuft. Nun läßt man sich einfach hinabrollen ins Wasserburger Tal.

Dort biegen wir nach der Überquerung des kleinen Flüßchens rechts in die Straße ein. Diese verläuft in dem einsamen Talgrund entlang. Bei dem hochgelegenen *Wasserburgerhof* auf der rechten Seite zweigt der Weg links in den Wald ab (Beschilderung Tuttlingen). Nun geht es in einer mäßigen, gut zu fahrenden Steigung im Wald bergauf. Wir erreichen den *Schenkenberghof* (Einkehrmöglichkeit), dessen große Kapelle auf der linken Seite von der Straße aus zu sehen ist. Kurz danach geht es auf der rauhen Hochfläche weiter, die Bewaldung wird von Feldern abgelöst. Bemerkenswert sind die sehr steinigen Böden. An den Höfen von Stefanshof und Lazerhof vorbei eröffnet sich uns auf der linken Seite ein phantastisches Panorama auf die Vulkankegel des Hegau. Deutlich sind u.a. die markanten Formen des Hohenhewen und Hohenstoffeln zu erkennen. Vor Erreichen der Querstraße verläuft auf der rechten Seite ein Radweg, auf dem wir zu den weithin sichtbaren Pestkreuzen kommen. Hier überqueren wir die Straße und gelangen auf einen kleinen Weg, von dem aus sich wunderbare Panoramablicke auf die Hegaulandschaft ergeben. Es geht immer geradeaus, wir sehen vor uns auf der Anhöhe schon das *Gasthaus Wildegg* und den daneben gelegenen *Funkturm*.

Oben angelangt, genießen wir zuerst das Panorama, denn bei gutem Wetter kann man bis zum Überlinger See blicken. Danach fahren wir rechts, am Sendeturm vor-

bei, auf die Hochstraße. Einmalig sind die sich darbietenden Ausblicke nach links und rechts: Auf der linken Seite sehen wir Nadelwälder, so weit das Auge reicht, und darunter auch den Taleinschnitt der Donau, rechts erblicken wir zum letzten Mal das Hegau-Panorama mit den charakteristischen Vulkankegeln und im Hintergrund auch noch den Überlinger See. Diese Aussicht sowohl auf das Donautal als auch auf den Bodensee lohnt um ein vielfaches die Anstrengung.

Die Hochstraße verläuft zuerst relativ eben, bis es im Wald steil hinab und wieder bergauf geht. Danach saust man hinab nach **Tuttlingen**, das man während der Abfahrt schon auf der rechten Seite unten ausgebreitet liegen sieht. Unten angekommen, fährt man schräg geradeaus und gelangt in das rechtwinklig angelegte Stadtzentrum.

Nützliche Informationen

Etappen: Ludwigshafen – Eigeltingen 18 km; Eigeltingen – Windegg 12 km; Windegg – Tuttlingen 10 km.
Touristeninformation: • D-78532 Tuttlingen-Möhringen: Hermann-Leiber-Straße 4, Tel. (07462) 340.
Unterkunft: • *Hotels in Tuttlingen:* Ritter, Tel. (07461) 8855; Alter Römer, Tel. (07461) 2766; Stadthotel, Tel. (07461) 9300. • *Camping:* Kostenloser Radlerzeltplatz 2 km östlich von Immendingen.
Einkehrmöglichkeiten: *Eitelshofen:* Gasthof zum Lamm; *Wildegg.*
Öffnungszeiten: • *Schloß Langenstein:* Fastnachtmuseum, 1. Mai–31. Okt. werktags 13–17 Uhr, So. und feiertags 10–17 Uhr, 1. Nov.–30. April Mi., Sa., So. und feiertags 13–17 Uhr.
Karten: Radwanderkarte 1:100000, Blatt 52 Bodensee; Wanderkarte 1:50000, Blatt 10 Hegau/Bodensee.
Verkehrsanbindung: • *Ludwigshafen:* Stundentakt nach Lindau/Friedrichshafen und Radolfzell. • *Tuttlingen* liegt an der Bahnlinie Stuttgart – Singen; ca. alle 2 Stunden Verbindung nach Konstanz.
Hinweise: Diese Tour stellt die Verbindung zwischen dem Bodensee und der Donau dar. Von Eigeltingen ist ein kurzer Abstecher zur Aachquelle möglich. Die Reise kann mit Tour 37 an der Donau entlang nach Sigmaringen fortgesetzt werden.

37 Durch das wildromantische Tal der Oberen Donau

Tuttlingen – Mühlheim – Fridingen – Beuron – Gutenstein – Inzighofen – Sigmaringen

Tourencharakter: Teilweise wildromantische Strecke durch das Donaudurchbruchstal, meist eben an der Donau entlang, ab und zu leichte Steigungen, sehr gut beschildert, allerdings von Radlern und auch Wanderern stark frequentiert.
Länge der Tour: 60 km.

Den Reiz dieser Strecke macht nicht nur der oft fern von jeder Autostraße verlaufende Weg aus, sondern vor allem die beeindruckende Landschaft des Donaudurchbruchs mit seinen Burgen und Schlössern.

Mühlheim an der Donau, selbst wie eine Burganlage auf einem Felssporn gelegen, besitzt zwei Schlösser: Das *Untere Schloß,* das die Touristeninformation beherbergt und

Die Burg Wildenstein, die hoch oben auf den Kalkfelsen liegt und niemals erobert werden konnte. Heute birgt diese Burg eine Jugendherberge und ist vom Donautal aus nicht zugänglich.

das *Obere Schloß,* das vom Donautal aus schon von weitem sichtbar ist und sich im Privatbesitz der Freiherrn von Enzberg befindet. Sehenswert ist auch das gotische *Fachwerk-Rathaus* aus dem 15. Jh., dessen vorderer unterer Teil laubenartig freisteht.

Das Städtchen **Fridingen an der Donau** besitzt eine schöne Altstadt mit einigen imposanten Fachwerkhäusern (z.B. das »Scharfe Eck« von 1554) und dem renovierten *Schloß Ifflingen,* in dem sich heute das *Museum Obere Donau* befindet.

Hauptanziehungspunkt ist jedoch das **Kloster Beuron.** Malerisch im Donautal gelegen, ist es noch heute aktiv und auf Selbstversorgung ausgerichtet. Es ist auch Sitz zweier bedeutender wissenschaftlicher Institute: dem Vetus-Latina-Institut zur Herausgabe der lateinischen Bibel und dem Palimpsest-Institut zur Aufdeckung überschriebener älterer Handschriften. Pater Desiderius Lenz gründete Mitte des 19. Jh.s die berühmte Beuroner Kunstschule. Die Gnadenkapelle und die St.-Maurus-Kapelle sind ganz in diesem Stil gehalten, der an den Jugendstil erinnert und sich an ägyptischen und altchristlichen Stilformen orientiert. Auch die Kirche wurde in diesem Stil ausgemalt, Reste davon sind noch in der Kirchenvorhalle und im Chor zu sehen. Heute präsentiert sich die Kirche hauptsächlich wieder in barockem Gewand.

Die *St.-Maurus-Kapelle* liegt ca. 3 km nach Beuron auf dem Weg nach Sigmaringen, der Donauradweg führt direkt daran vorbei. Durch ein Gelöbnis der Fürstin Katharina von Hohenzollern 1871 entstanden, ist diese Kapelle der Höhepunkt der Beuroner Kunstschule. Äußerlich einem Tempel nachgebildet, sind die Fresken dem ägyptischen Stil nachempfunden. Die im Hintergrund auf einem Bergrücken gelegene *Burg Wildenstein* steht im starken Gegensatz dazu. Sie wurde nie zerstört und besitzt noch alle Anlagen einer Burg, bis auf den Bergfried, der nie errichtet wurde. Diese Burg beherbergt heute eine Jugendherberge.

Eine Kirchenform ganz anderer Art können wir in **Thiergarten** bewundern. Die *St.-Georgs-Basilika* ist die kleinste Basilika nördlich der Alpen. Die kleine schlichte, dreischiffige Kirche wurde wahrscheinlich Anfang des 11. Jh.s erbaut.

Zur nur 5 km vor Sigmaringen gelegenen Klosteranlage von **Inzighofen** verläßt man das Donautal und fährt auf die Anhöhe. Sehenswert ist der *Kräutergarten* im Kloster, in dem eine Vielzahl bekannter und unbekannter Pflanzen und Kräuter zu betrachten ist. Inmitten der Klostermauern gelegen, ist er sehr stimmungsvoll, informativ und zu jeder Jahreszeit einen Besuch wert.

Das Wahrzeichen der Stadt **Sigmaringen** ist das *Hohenzollernschloß,* das weithin sichtbar auf einem Felsen thront. Bereits 1077 stand an dieser Stelle eine Burg. Der erste Eindruck von einem Märchenschloß im Sinne von Neuschwanstein täuscht nicht, wurde das Schloß doch nach dem Brand des Ostflügels 1893 im Stil des Historismus wiederaufgebaut und umgestaltet. Der Historismus ist äußerlich unverkennbar: Türme mit spitzen Hauben, Sattel- und Mansardendächer etc. geben der Fassade ein verspieltes Äußeres. Das Innere entspricht dem Äußeren. Bei der Besichtigung im Rahmen einer Schloßführung wird man durch verschiedene Gemächer geleitet, die alle im Stil des Historismus gestaltet sind. Nur die Eingangshalle vermittelt einen eher mittelalterlichen Eindruck. Ein absoluter Höhepunkt ist die *Waffenhalle:* Mehrere tausend Exponate aus vielen Jahrhunderten und verschiedenen Kulturen stehen rechts und links aufgereiht, darunter Ritterrüstungen, Feldschlangen und orientalische Krummschwerter. Die Folterkammer ist leider nicht mehr zu besichtigen. Die Stadt selbst enttäuscht etwas, viele neue Bauten wirken gesichtslos. In der Schwabstraße Nr. 1 wurde der berühmte Barockmaler Meinrad von Ow geboren, auf dessen Fresken wir bei unseren Touren immer wieder stoßen.

Streckenbeschreibung

Wir beginnen die Tour in **Tuttlingen** am Marktplatz und fahren die *Rathausstraße* zur Donau. Dort sehen wir schon die *überdachte Holzbrücke,* die uns über die Donau führt. Hinter ihr biegen wir rechts ab und unterqueren die nächste Brücke. Bei der folgenden Brücke geht es wiederum über die Donau und danach links, den Fluß entlang. Wir verlassen Tuttlingen und radeln am Waldrand direkt neben der Donau, bis der

Kurz nach Fridingen wird das Donautal enger und bietet sich dem Radler als wildromantisches Tal mit bewaldeten Kalkfelsen dar.

Weg wiederum die Uferseite wechselt. Dort fahren wir schräg nach links über die Straße und überqueren anschließend die Bahnlinie. Gleich danach beginnt rechts, parallel zur Bahnlinie, ein Weg, dem wir folgen. Wir radeln durch das noch weite Donautal und erreichen den Ort *Kirchen*. Hier geht es zuerst geradeaus, danach links und geradeaus über die Hauptstraße. Anschließend erreicht man *Stetten*, hält sich dort immer geradeaus, bis man die Bahnlinie überquert hat, und biegt anschließend gleich rechts ab. An einer modernen *Betonkirche* erreicht man die Querstraße, an der es rechts zur Oberstadt, d.h. zur Altstadt von **Mühlheim an der Donau** geht und links weiter den Donauradweg nach Beuron.

Wir fahren ein kurzes Stück auf der Straße Richtung Kolbingen, bis die Beschilderung »Donauradweg« nach rechts weist und wir direkt an der St.-Gallus-Kapelle vorbeikommen, in deren Innerem einige Fresken aus dem 16. Jh. erhalten geblieben sind. Falls die Kapelle geschlossen ist, kann man sich den Schlüssel bei der Mesnerin holen, die im Haus rechts vor der Kapelle wohnt. (Man muß klopfen, da es keine Klingel gibt!) Danach biegt der Weg rechts ab, die Landschaft wird romantischer, wir sehen die ersten anstehenden imposanten Kalkfelsen. Auf dem kleinen Weg unterqueren wir eine eiserne Bahnbrücke und gelangen auf eine Querstraße, an der wir rechts in den Radweg einbiegen. Ab hier fahren wir teils auf dem Radweg, teils auf der Straße an der sehenswerten Altstadt von **Fridingen an der Donau** vorbei. Kurz vor der Donaubrücke biegt links der Donauradweg ab. Wir sehen deutlich, daß die Donau hier kaum noch Wasser führt; die Donauversickerung von Fridingen, die u.a. die Aachquelle speist, ist der Grund hierfür.

Danach hat man das enge Donaudurchbruchstal vor sich. Markante Felsen türmen sich auf der linken Seite auf: Laiblfelsen, Stiegelesfels, Bettelsmannfels etc. Auf der rechten Seite taucht oben in luftiger Höhe das Schloß Bronnen auf. Die Strecke zwischen Fridingen und Beuron ist die malerischste des Donautals.

Schließlich erreichen wir auf einer kleinen Anhöhe **Beuron**, wo wir schon die Klosteranlage unter uns sehen. Der Radweg führt vor der Donaubrücke rechts weiter. Nach ca. 3 km kommt man an die St.-Maurus-Kapelle, dahinter thront in der Höhe die Burg Wildenstein. Bei *Hausen* überqueren wir die Straße, auf dem gegenüberliegenden Donauufer liegt ein Campingplatz. Wir erreichen die *Neumühle* (Einkehrmöglichkeit) und danach die Wirtschaft *Käppele* und die St.-Georgs-Basilika. Anschließend überqueren wir die Donau und fahren ein kurzes Stück auf dem Radweg neben der Straße entlang, bis wir **Gutenstein** erreichen. Dort steht sehr malerisch, direkt über der Donau auf einem senkrecht abfallenden Kalkfelsen, die Burg Gutenstein, die sich im Privatbesitz befindet und nicht zugänglich ist. Im Ort biegen wir nach links, überqueren anschließend die Straße und die Bahnlinie und fahren danach gleich rechts.

Nach mehreren Donauüberquerungen erreichen wir die sehr malerische *Ruine von Dietfurt,* auf einem Kalkfelsen inmitten des Donautals gelegen. Die Herren von Dietfurt waren hier seit 1095 angesiedelt, die Burghöhle wurde im 13. und 14. Jh. ausgebaut. Anschließend überquert man mehrmals die Donau, vor Inzighofen geht es auf der rechten Seite der Donau steil einen geteerten Weg bergauf.

Oben angelangt, führt links ein Kiesweg Richtung Bauernmuseum, direkt an der Klosteranlage vorbei. Innerhalb der Mauern des ehemaligen Klosters von **Inzighofen** ist ein Kräutergarten zu bewundern. Anschließend geht es scharf hinab Richtung Sigmaringen. Unten kreuzt eine Vorfahrtsstraße (Vorsicht!). Man fährt rechts der Donau entlang weiter und kommt am Campingplatz von Sigmaringen vorbei. Vor einem erstreckt sich schon die imposante Schloßanlage des Hohenzollernschlosses von **Sigmaringen**.

Nützliche Informationen i

Etappen: Tuttlingen – Mühlheim an der Donau 9 km; Mühlheim an der Donau – Fridingen an der Donau 7 km; Fridingen an der Donau – Beuron 12 km; Beuron – Gutenstein 20 km; Gutenstein – Inzighofen 7 km; Inzighofen – Sigmaringen 5 km.

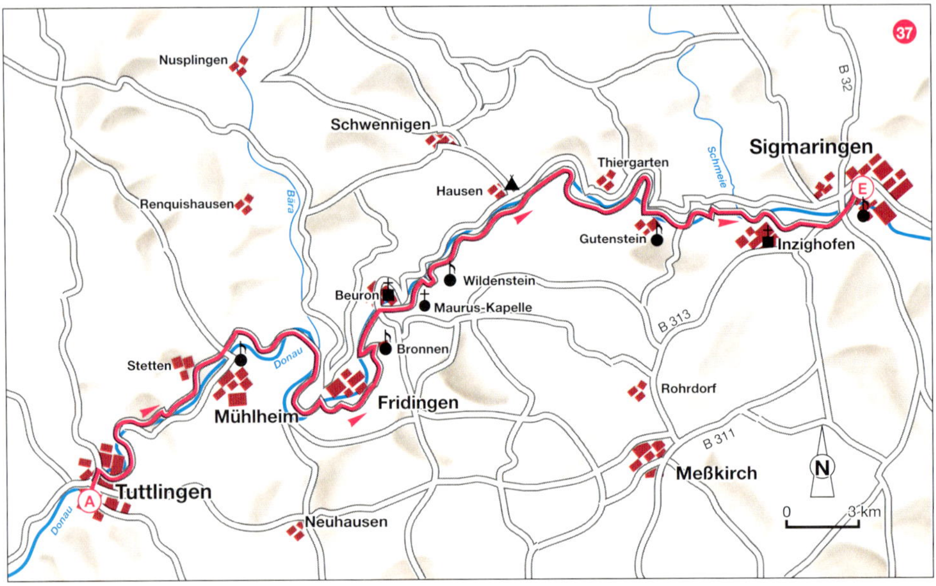

Touristeninformation: • D-78532 Tuttlingen-Möhringen: Touristik- und Verkehrsbüro, Hermann-Leiber-Straße 4, Tel. (07462) 340. • D-72481 Sigmaringen: Schwabstraße 1, Tel. (07571) 106223.
Unterkunft: In *Sigmaringen:* • *Hotel:* Gasthof Traube, Tel. (07571) 12227. • *Camping:* Tel. (07571) 50411. • *Jugendherberge:* Tel. (07571) 13277.
Öffnungszeiten: • *Fridingen:* Museum Oberes Donautal, Heimatmuseum, 1. Mai–31. Okt. jeweils Sa., So. und an Feiertagen (außer Pfingstsonntag) 14–18 Uhr. • *Sigmaringen:* Schloß, Feb.–Nov. täglich 8.30–12 und 13–17 Uhr. • *Tuttlingen:* Heimatmuseum im Fruchtkasten, So. 13.30–16.30 Uhr und nach Vereinbarung, Tel. (07461) 99221.
Karte: Wanderkarte 1:50000 Blatt 26 Naturpark Obere Donau.
Verkehrsverbindung: • *Tuttlingen* liegt an der Bahnlinie Stuttgart – Singen; ca. alle 2 Stunden Verbindung nach Konstanz. • *Sigmaringen* hat eine Bahnverbindung nach Tuttlingen, Friedrichshafen und Ulm.
Hinweise: Die Tour ist ausgeschildert als »Donauradweg«, von Gutenstein bis Sigmaringen überschneidet sich der Streckenverlauf mit Tour 39. Sigmaringen ist Ausgangspunkt von Tour 39 nach Pfullendorf.

38 Durch das Donau- und Ostrachtal nach Pfullendorf

Sigmaringen – Scheer – Mengen – Habsthal – Pfullendorf

Tourencharakter: Einfach zu fahrende Tour, an der Donau und der Ostrach entlang, mit einigen sehenswerten Kirchen.

Länge der Tour: 37 km.

Diese Tour verläuft die meiste Zeit an zwei Flüssen entlang: Von Sigmaringen bis nach Mengen fährt man den gutausgeschilderten »Donauradweg« an der Donau entlang. Kurz nach Mengen stößt man in das weite Tal der Ostrach, dem man bis auf ca. 10 km vor Pfullendorf folgt. Erst danach wird der Streckenverlauf etwas hügeliger, es sind aber keine nennenswerten Steigungen zu überwinden. Bis auf ein kurzes Stück vor Pfullendorf verläuft die Tour durchweg auf wenig oder gar nicht befahrenen Wegen.

Märchenhaft thront das Hohenzollernschloß von Sigmaringen über der Donau.

Außerdem kann man mehrere schöne Kirchen besichtigen: St. Nikolaus in Scheer, St. Cornelius und Cyprian in Ennetach vor Mengen und die Klosterkirche in Habsthal.

Wenige Kilometer nach Sigmaringen kommt man in das Städtchen **Scheer**, welches in strategisch günstiger Lage in einer Donauschleife liegt. Auf dem Kalkfelsen thront ein dreigiebeliges Schloß aus dem 15. Jh. und die Kirche St. Nikolaus. Das *Schloß* ist in Privatbesitz und leider nicht zugänglich. Auffallend ist der kleine Erker mit einem feingearbeiteten spätgotischen Maßwerk, der aus dem burgähnlichen Bau herausragt. Am Torportal ist das Wappen der Thurn und Taxis zu sehen, die bis 1806 im Schloß residierten. Die danebenliegende *Kirche St. Nikolaus* besticht durch die kunstvollen Stukkierungen von Joseph Anton Feichtmayr. Kurios sind am von Joseph Esperlin geschaffenen Deckengemälde die aufgemalten Emporen, über deren Brüstung sich Zuschauer in illusionistischer Weise nach unten beugen.

Nur wenige Kilometer entfernt fährt man direkt an der imposanten Kirche *St. Cornelius und Cyprian* von **Ennetach** vorbei. Schon von weitem ist der wuchtige Turm mit dem mächtigen Satteldach zu sehen. Bereits um 808 wird eine Kirche in Ennetach genannt. Die heutige Kirche wurde 1459 geweiht, nur der Turm stammt aus dem 11. Jh. (Inschrift MC = Messimo centesimo). Sehenswert sind im Inneren das bis zum Gewölbe reichende Sakramentshäuschen im Chor, eine schöne spätgotische Arbeit, sowie das Chorgestühl und der dreisitzige Levitenstuhl.

Das Städtchen **Mengen**, durch das heute leider der Autoverkehr tost, wurde bereits um 400 n. Chr. von einem gewissen Mago gegründet (Magoingen). Ursprünglich waren Mengen und Ennetach eine Gemeinde, nach der Stadterhebung von Mengen, 1257, wurde jedoch eine Stadtmauer errichtet. Die dann außerhalb der Stadtmauer gelegene Siedlung hieß bis ins 16. Jh. Mengen-Dorf oder Altmengen. Erst danach wurde sie in Ennetach umbenannt, d.h. jenseits (alemannisch = ennet) der Aach liegend. Teile der Stadtmauer von Mengen sind noch im nordwestlichen Teil der Altstadt von außen zu sehen. In der Stadt sind einige schöne Fachwerkhäuser erhalten, so z.B. die *Alte Post*, die bereits 1686 eine Posthalterei der Fürsten von Thurn und Taxis gewesen war. In ihr befindet sich heute das Heimatmuseum.

Nach Mengen verläßt man die Donau und fährt im einsamen Ostrachtal bis nach Habsthal. Das Kloster in **Habsthal**, seit 1892 Benediktinerinnenkonvent, birgt in der Kirche eine der besten Arbeiten des Augsburger Malers Gottfried Bernhard Goetz, der auch die Wallfahrtskirche in Birnau ausmalte. Im westlichen Teil ragt eine große Nonnenempore in die Kirche, die außerhalb der Gottes-

Vor Pfullendorf fahren wir ein längeres Stück durch einen einsamen und schattigen Nadelwald.

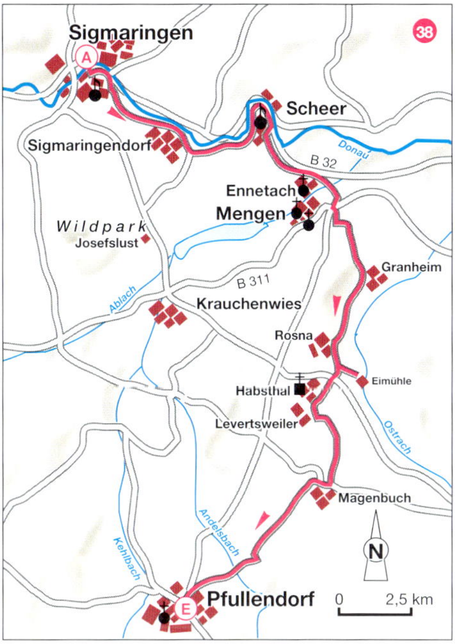

dienste geschlossen ist. Wenn man jedoch an der Klosterpforte läutet und um eine Besichtigung der Kirche bittet, wird von den Nonnen gerne geöffnet.

Streckenbeschreibung

Wir beginnen unsere Tour in **Sigmaringen** unterhalb des Schlosses bei der *Touristeninformation*, fahren hinab und dann rechts die *Karlstraße* entlang. Vor der neoklassizistischen Basilika geht es links hinab zur Donau. Auf einer kleinen Teerstraße radelt man anschließend auf der rechten Seite der Donau entlang und erreicht Sigmaringendorf. Dort fährt man geradeaus an der Donau weiter, biegt Richtung *Ostrach/Rulfingen* ein und gleich danach links in den Kiesweg.

Wir erreichen die Schrebergärten bei **Scheer**, fahren links den Kiesweg hinab und unter einer Eisenbrücke hindurch. Anschließend geht es geradeaus weiter, wir kreuzen bei der Donaubrücke die Straße und folgen der Radbeschilderung. Nachdem wir die Eisenbahnlinie überquert haben, geht es parallel zur Bahn bis in den Ort *Ennetach*. Dort radeln wir an der imposanten Kirche vorbei nach **Mengen**.

Wir verlassen hier den beschilderten »Donauradweg« und radeln geradeaus bis zur Querstraße, an der wir rechts in das Zentrum von Mengen abbiegen. Dort quält sich leider der Verkehr durch die Altstadt, wir fahren rechts bis zum »Gasthaus zum Bruck« und biegen links in die *Granheimer Straße* ein. Auf dieser geht es etwas hinauf und aus dem bebauten Gebiet hinaus. Am Ende biegen wir rechts ab, kommen ein Stück durch den Wald und erreichen die Höfe von *Granheim*. Es geht unter der Tennenauffahrt hindurch, dann nach links und gleich wieder rechts in das schöne Tal der Ostrach. Wir bleiben immer auf diesem kleinen Weg und erreichen den Ort *Rosna*, in dem wir links abbiegen und so nach **Habsthal** gelangen. Zum Kloster fährt man am besten bei den drei Kastanien mit dem Christuskreuz links hinauf, und nicht rechts davon, wie ausgeschildert. Der Weg ist dann wesentlich kürzer.

Von den Kastanien aus geht es der Beschilderung Richtung Pfullendorf/Lausheim nach. Ab hier wird die Gegend etwas hügeliger, es sind mehrmals kleinere Steigungen zu überwinden. Nach 2 km erreichen wir *Levertsweiler*. Dort fahren wir in das Dorf hinein, rollen hinab und biegen links ab in die *Weithartstraße*. Wir verlassen das Dorf rechts an der Kirche vorbei; ein kleiner Weg führt uns durch Wiesen nach *Magenbuch*. Dort fahren wir an der Querstraße rechts hinauf, aus dem Dorf hinaus. Am Ortsschild nehmen wir links den kleinen Weg. Bevor wir den Wald erreichen, müssen wir uns an der Weggabelung rechts halten. Anschließend führt uns ein Kiesweg ca. 3 km immer geradeaus durch einen lichten Nadelwald. Bei der Markierung *Obersteinbruch* müssen wir uns nach links wenden (immer dem größeren Kiesweg nach), man hört auch von dieser Seite schon den Autoverkehr der Straße Ostrach – Pfullendorf, die wir dann nach ca. 200 m erreichen. Auf dieser großen Straße fahren wir rechts hinab. Nach Überquerung des Andelsbachs zweigt rechts eine *Birken- und Eschenallee* ab, der wir folgen. Wir erreichen Pfullendorf bei der kleinen Wallfahrtskirche Maria Schay, von der es hinab in die Altstadt von **Pfullendorf** geht.

Nützliche Informationen

Etappen: Sigmaringen – Scheer 6 km; Scheer – Mengen 5 km; Mengen – Habsthal 12 km; Habsthal – Pfullendorf 14 km.
Touristeninformation: • D-88630 Pfullendorf: Kultur- und Verkehrsamt im Rathaus, Kirchplatz 1, Tel. (07552) 25160.
Unterkunft: • *Hotels in Pfullendorf:* Adler, Tel. (07552) 92090; Stadtblick, Tel. (07552) 6003; Krone, Tel. (07552) 92170.
Öffnungszeiten: • *Mengen:* Städtisches Heimatmuseum, Mai–Okt. jeden 1. und 3. So. 14–16 Uhr.
Karte: Deutsche Radtourenkarte 1:100000, Blatt 33 Hohenzollern/Bodensee.
Verkehrsverbindungen: • *Sigmaringen* hat eine Bahnverbindung nach Friedrichshafen und Ulm. • *Pfullendorf* ist nicht an die Bahn angebunden.
Hinweise: Bis kurz vor Mengen ist die Route als »Donauradweg« ausgeschildert. In Pfullendorf beginnen Die Touren 13, 32 und 39. Die Touren 39 oder 40 führen wieder nach Sigmaringen zurück.

39 Von Pfullendorf über Meßkirch zur Donau

Pfullendorf – Meßkirch – Gutenstein – Inzighofen – Sigmaringen

Tourencharakter: Etwas hügelig, viel Wald und kleine Straßen. Das letzte Stück verläuft auf dem Donauradweg im wildromantischen Donautal nach Sigmaringen.
Länge der Tour: 45 km.

Durch kleine Weiler führt uns diese Strecke auf Nebenwegen von Pfullendorf aus bis zur kleinen Stadt Meßkirch. Mit nur 4700 Einwohnern in der Kernstadt stellt **Meßkirch** dank seiner Infrastruktur für die Nachbarorte ein Unterzentrum dar.

Im Werbeprospekt wird Meßkirch als »Badischer Genie-Winkel« apostrophiert, sind doch einige Gelehrte und Künstler in und um Meßkirch geboren: Abraham a Sancta Clara, Martin Heidegger, der Komponist Conradin Kreutzer, um nur einige zu nennen.

Beginnen wir mit der »Zimmerschen Chronik«, die ihren Namen von den Herren von Zimmern hat, die in Meßkirch ansässig waren. Sie wurde von Graf Froben Christoph von Zimmern und seinem Sekretär Hans Müller zwischen 1564 und 1566 verfaßt. Diese Chronik ist eine bedeutende Quelle für das 15. und 16. Jh., vor allem für das damalige Alltagsleben. Die Herren von Zimmern ließen auch im 16. Jh. von Jörg Schwartzenberger das *Zimmersche Schloß* erbauen, eine das Stadtbild dominierende vierflügelige Anlage mit mächtigen Ecktürmen. Es beherbergt einen Festsaal, der mit der großflächig unterteilten Kassettendecke und dem wuchtigen Kamin dem Rittersaal in Heiligenberg gleicht, der ebenfalls von Schwartzenberger konzipiert wurde. Das Schloß wird zur Zeit saniert, die spätere Nutzung ist noch unklar.

Gegenüber dem Schloß liegt die *Stadtkirche St. Martin,* eine im Ursprung dreischiffige spätgotische Basilika, die von Meinrad von Ow unter Mithilfe von Franz Anton Bagnato in den Jahren 1770–1782 umgestaltet wurde. Heute präsentiert sich die Kirche in einem wundervollen Spätrokoko. Die Deckenfresken stammen von Meinrad von Ow, die Stukkaturen von Johann Jakob Schwarzmann. Zwei Kunstwerke sollten auf jeden Fall beachtet werden: der Dreikönigsaltar im rechten Schiff, vom »Meister von Meßkirch« geschaffen, eines der großen Kunstwerke der deutschen Renaissance, und die Bronzeepitaphien für die Grafen Gottfried Werner von Zimmern von 1558 und Wilhelm von Zimmern von 1599.

Streckenbeschreibung

In **Pfullendorf** folgen wir der Beschilderung nach Sigmaringen, biegen rechts ab und nach der Esso-Tankstelle links (Beschilderung *Firma Goldecker*). Man gelangt in ein Gewerbegebiet, überquert einen Bach (Kehlbach) und fährt auf dem kleinen Weg das Tal entlang. Anschließend halten wir uns an die Beschilderung »Radweg Göggingen«.

Wir radeln dann am Waldrand entlang, erreichen den Hilarihof, kommen am Kieswerk vorbei und sind schon in *Kappel.* Dort fahren wir an der kleinen Kapelle vorbei nach oben, auf der größeren Straße nach links und dann gleich rechts ab nach *Rengertsweiler.* Man setzt den Weg geradeaus durch das Dorf fort, wendet sich kurz vor dem Dorfende nach links und dann nach rechts Richtung *Dinkertsweiler* (beschildert). Nun genießt man die lauschige Strecke am Waldrand entlang, gelangt auf die Querstraße, dort hält man sich rechts, kommt durch *Dietershofen* und *Buffenhofen*, das man ebenfalls geradeaus durchquert. Auch in *Ringgenbach* fährt man geradeaus und kommt so nach *Menningen.* Vorher hat man einen überwältigenden Blick über das ganze weite Tal der Ablach. In Menningen fahren wir geradeaus, überqueren die Straße Meßkirch – Krauchenwies und anschließend den Fluß Ablach. Am Ende des Dorfs geht es links ab nach **Meßkirch**. Auf der linken Straßenseite verläuft ein kleiner Radweg, der uns bis unterhalb der Stadt bringt.

In Meßkirch wenden wir uns vom Schloß aus hinab und biegen dann links ab nach *Rohrdorf.* Im Ort geht es erst rechts, dann einen kleinen Weg links hinein und anschließend in den Wald hoch. Dort wird es etwas hügeliger. Wir radeln immer im Wald, bis wir *Langenhart* erreichen. Von dort führt uns eine gemütliche Abfahrt durch den Wald hinab bis zur Donau bei **Gutenstein.**

Ab Gutenstein folgen wir der Beschilderung »Donauradweg«, dieser Abschnitt ist bei Tour 37 (siehe S. 169) ausführlich beschrieben. Endpunkt dieser Tour ist **Sigmaringen**.

Nützliche Informationen

Etappen: Pfullendorf – Meßkirch 18 km; Meßkirch – Gutenstein 15 km; Gutenstein – Inzighofen 7 km; Inzighofen – Sigmaringen 5 km.

Touristeninformation: • D-88605 Meßkirch: Städtisches Verkehrsamt, Schloßstraße 1, Tel. (07575) 20646. • D-72481 Sigmaringen: Schwabstraße 1, Tel. (07571) 106223.

Unterkunft: In *Sigmaringen:* • *Hotel:* Gasthof Traube, Tel. (07571) 12227.
• *Camping:* Tel. (07571) 50411.
• *Jugendherberge:* Tel. (07571) 13277.

Auf unserem Weg queren wir mehrmals die Donau, dabei gibt es auch besonders romantische und naturbelassene Donauabschnitte zu entdecken.

Die mächtige Klostermauer bietet den unterschiedlichen Kräutern und Pflanzen im Inzighofer Kräutergarten Schutz und Wärme.

Öffnungszeiten: • *Sigmaringen:* Schloß, Feb.–Nov. täglich 8.30–12 und 13–17 Uhr.
Karte: Deutsche Radtourenkarte 1:100000, Blatt 33 Hohenzollern/Bodensee.
Verkehrsverbindungen: • *Sigmaringen:* Bahnverbindung nach Friedrichshafen und Ulm. • Pfullendorf hat keine Bahnanbindung.
Hinweise: Von Gutenstein bis Sigmaringen beschildert als »Donauradweg«. Dieses Teilstück ist identisch mit Tour 37. Ab Sigmaringen führt Tour 38 zurück nach Pfullendorf.

40 Wälder und Wiesen bis nach Sigmaringen

Illmensee – Pfullendorf – Zell am Andelsbach – Ettisweiler – Krauchenwies – Sigmaringen

Tourencharakter: Relativ ebene und einfach zu fahrende Tour auf meist kleinen Straßen, von Krauchenwies nach Sigmaringen verläuft ein ausgeschilderter Radweg.
Länge der Tour: 47 km.

Diese Tour besticht u.a. durch die naturnahe Landschaft. Die Tour verläuft immer wieder am Andelsbach entlang, den wir schon von anderen Touren her kennen. An kulturellen Sehenswürdigkeiten sind **Pfullendorf** zu nennen (Beschreibung siehe Tour 12, S. 71 f.) und Krauchenwies.

Im Ort **Krauchenwies** ist direkt an der Straße das *Alte Schloß* sehenswert, das bereits 1413 als Wasserschloß verbürgt ist. Nachdem es im Dreißigjährigen Krieg teilweise zerstört wurde, wurde es in den Jahren 1769–1785 erweitert. Im englischen Park, nördlich der Straße nach Ablach, steht das *Fürstliche Landhaus,* welches Anfang des 19. Jh.s für Prinz Carl von Hohenzollern erbaut wurde. Dieses ist nicht zugänglich, da es noch bewohnt wird. Das Schloß befindet sich inmitten eines großräumigen Parks.

Kurz nach Krauchenwies laden mehrere Baggerseen zu einem kühlenden und erfrischenden Bad für den Radler ein.

Streckenbeschreibung

Von **Illmensee** nach **Pfullendorf** fahren wir gemäß Tour 12 (siehe S. 73). Am *Oberen Tor* von Pfullendorf biegen wir links ab, und anschließend halten wir uns an die Wegweisung *»Mengen«*. Kurz vor dem Ortsende, wir sehen auf der rechten Seite die kleine Wallfahrtskapelle Maria Schay vor uns, geht es links ab in die *Neidlinger Straße*. Ein ebener Kiesweg führt uns durch einen schönen Nadelwald, den Neidlinger Forst, bis kurz vor **Zell am Andelsbach**. Wenn wir den Wald verlassen, gelangen wir auf eine Teerstraße, biegen auf dieser links ab und erreichen eine Querstraße. Dort halten wir uns rechts Richtung Zell und nehmen beim ersten Hof, an einem *Feldkreuz*, den kleinen Feldweg, der nach links führt. Vor uns liegen Schloß und Kirche des Ortes Zell. Anschließend geht es auf einem Kiesweg immer geradeaus durch den Wald, dabei überqueren wir mehrere Forstwege. Wenn wir das Waldende erblicken, führt der Weg links aus dem Wald hinaus und danach noch ein kleines Stück am Waldrand entlang. Dann geht es links ab nach **Ettisweiler.** Dort fahren wir auf der Hauptstraße nach links, biegen anschließend gleich wieder rechts ab und erreichen die große Straße Krauchenwies – Pfullendorf. Auf dieser verkehrsreichen Straße müssen wir zum Glück nur wenige hundert Meter nach rechts radeln, bis zum *Sägewerk Nipp und Söhne*. Wir wechseln die Straßenseite und nehmen den Kiesweg auf der linken Seite des Andelsbachs bis nach Krauchenwies, überqueren eine Bahnlinie und gelangen auf die verkehrsreiche Hauptstraße von **Krauchenwies.**

Auf dieser Straße halten wir uns rechts, fahren am Park entlang, und folgen dann dem beschilderten Radweg nach Sigmaringen, der auf der rechten Seite verläuft. Nach ca. 2 km geht es an einem *Kieswerk* vorbei, dessen ausgebaggerte Seen im Sommer bei Badefreunden sehr beliebt sind. Der Radweg verläuft parallel zur Straße durch den Nadelwald; es sind einige kleinere Anstiege zu bewältigen. Nach ca. 6 km erscheint auf der linken Seite der Straße das Forsthaus *Josefslust*, ein weithin bekanntes Ausflugsziel. Das gleichnamige Jagdschloß ließ 1727 Fürst Josef Friedrich von Hohenzollern erbauen. Das Jagdgebiet beherbergt in seinen Umzäunungen heute Dam-, Reh- und Niederwild. Mit seinen Wanderwegen, Ruhebänken,

Die Stadt Pfullendorf, vom Rest des ehemaligen Stadtgrabens aus gesehen, der als »Pfuhl« der Stadt ihren Namen gab.

Feuerstellen und Schutzhütten ist es ein beliebtes Erholungsgebiet.

Die Stadt **Sigmaringen** erreicht man über die Karlstraße, die direkt auf die unterhalb des Hohenzollernschlosses gelegene Altstadt zuführt.

Alternative: Falls man, von Illmensee her kommend, nicht nach Pfullendorf hineinfahren will, kann man sich gleich bei der Spitalmühle vor Pfullendorf geradeaus orientieren und gelangt zum Andelsbach. An diesem geht es über Riedhof an einer mächtigen Pappelallee entlang bis nach Gaugelm. Dort hält man sich links und fährt gleich danach die erste Straße rechts. Auf diesem kleinen Weg links des Andelsbachs gelangt man nach Zell a. Andelsbach.

Nützliche Informationen

Etappen: Illmensee – Pfullendorf 20 km; Pfullendorf – Zell am Andelsbach 7 km; Zell am Andelsbach – Ettisweiler 4 km; Ettisweiler – Krauchenwies 4 km, Krauchenwies – Sigmaringen 12 km.

Touristeninformation: • D-72481 Sigmaringen: Schwabstraße 1, Tel. (0 75 71) 10 62 23.
Unterkunft: In *Sigmaringen:* • *Hotel:* Gasthof Traube, Tel. (0 75 71) 1 22 27.
• *Camping:* Tel. (0 75 71) 5 04 11.
• *Jugendherberge:* Tel. (0 75 71) 1 32 77.
Karte: Deutsche Radtourenkarte 1:100 000, Blatt 33 Hohenzollern/Bodensee.
Verkehrsverbindung: • *Illmensee:* Keine Bahnanbindung. • *Sigmaringen:* Bahnverbindung nach Friedrichshafen und Ulm.
Hinweis: In Sigmaringen beginnt Tour 38 nach Pfullendorf zurück.

Der farbenprächtige Samstagsmarkt in der Fußgängerzone von Sigmaringen.

Allgemeine Radkunde

Von Rudolf von Bitter

Das richtige Rad

Das richtige Rad zu den vorgestellten Touren oder die richtige Tour für Ihr Rad? Selbstverständlich kann jeder mit dem Rad fahren, mit dem er gerne fahren möchte. Unter dem Stichwort »Tourencharakter« finden Sie Angaben über den Schwierigkeitsgrad der jeweiligen Radtour.

Rennräder oder **Rennmaschinen** sind ausgelegt für Fahrten auf Asphalt, nicht für Feldwege und Kiesstraßen. Für Feld- oder Wirtschaftswege sind breitere Reifen und robustere Rahmen als bei Rennrädern üblich empfehlenswert. Wer trotzdem mit dem Rennrad fahren will, macht sich auf der Karte kundig, wie er Feld- und Waldwege auf befestigten Straßen umgehen kann.

Ein **Mountainbike** empfiehlt sich für Radtouren durchs Gebirge. Die Zahnkränze und Kettenblätter sind für extreme Steigungen gedacht. Grundsätzlich kann man mit einem Mountainbike alle Touren bewältigen.

Ein **Touren- oder Trekkingrad** ist am besten geeignet für Touren, die teils über befestigte Straßen, teils über Feld- und Waldwege führen. Die breiteren Reifen und die robuste Ausstattung bei Felgen und Speichen erlauben es, auch auf holprigen Wegen zu fahren, die Gangschaltung mit ihren Mehrfach-Kettenblattern und -Zahnkranzen ermöglicht schnelles, bequemes Fahren auf Straßen und erleichtert das Bewältigen von Steigungen. Das Tourenrad verfügt (genauso wie das Mountainbike) über einen stabilen, aber nicht zu schweren Rahmen, der auch mit etwas mehr Gepäck nicht ins Schlingern kommt.

Beim **Kauf eines Fahrrads** sollte man sich überlegen, daß ein Fahrradfachhändler auch Servicearbeiten ausführt, wobei er seine Stammkunden in der Regel bevorzugt. Außerdem wird er die richtige Rahmenhöhe und -länge bestimmen.

Wichtig ist, die **richtigen Bremsen** am Fahrrad zu haben: Rücktrittbremse und die heutzutage handelsüblichen Cantilever-Bremsen bringen das Rad auch bei Regen zum Stehen, was man von alten Felgenbremsen nicht immer sagen kann.

Pflege und Reparaturen

Robuste Fahrräder benötigen nicht allzuviel Pflege. Wer sein Fahrrad nicht ständig benutzt und dabei darauf achtet, daß die Bremsen wirken und das Licht funktioniert, sollte beides hin und wieder kontrollieren. Genauso sollte man regelmäßig nachsehen, ob die Reifen nicht spröde werden. Man sieht das an feinen Rissen, vor allem, nachdem das Rad unaufgepumpt herumgestanden hat. Man sollte dafür sorgen, daß die Schalt- und Bremszüge sowie die Mechanismen von Schaltung und Bremsen geschmiert sind und die Laufräder sich frei und ungehindert drehen. Mit einer gut geölten Kette und fest aufgepumpten Reifen hat man dann viel Freude am Fahrrad. Falls unterwegs doch eine Panne passiert, kann man sich oft selbst helfen. Im folgenden werden ein paar Handgriffe erläutert.

Das richtige Fahrrad – richtig eingestellt

Am **Sattel** lassen sich Höhe und Neigung regulieren. Je nach Modell verstellt man die Neigung unter der Sitzfläche mit einem Inbusschlüssel oder mit einem Gabelschlüssel. Die Höhe wird mit dem Klemmbolzen am oberen Rand der Sattelmuffe eingestellt. Entweder mit dem Schnellspannhebel oder einem passenden Gabel- oder Inbusschlüssel die Sattelstütze lockern und den Sattel nach oben oder unten bewegen. Die Höhe des Sattels stimmt, wenn die Ferse bei durchgestrecktem Bein auf dem Pedal ruht (das testet man, indem man sich an eine Wand stützt).

Auch der **Lenker** ist verstellbar. Als Faustregel gilt: Zwei Drittel des Körpergewichts trägt der Sattel, ein Drittel der Lenker. Sonst werden entweder die Arme schnell müde vom Abstützen oder man muß auch bei geringen Steigungen aus dem Sattel. Den Klemmbolzen des Lenkers mit Inbus- oder Gabelschlüssel lockern (vier Umdrehungen genügen oft), das Rad vorne hochheben, mit dem Hammer zur Lockerung der Klemmbolzenkeile auf den Klemmbolzen klopfen, Lenker so weit herausziehen oder hineindrücken wie nötig.

Für asphaltierte Straßen sind schmalere **Reifentypen** empfehlenswert, weil der Rollwiderstand geringer ist. Breitere Reifen sind geländegängiger und dämpfen Fahrbahnunebenheiten besser.

Werkzeug und Ersatzteile

Luftpumpe, Flickzeug mit Ersatzventil, 3 Reifen- oder Mantelheber und diverse Gabelschlüssel (auf die Größe achten) für die Räder – wenn sie nicht mit dem handlichen Schnellspannhebel ausgerüstet sind – oder einen Schlüssel für verschiedene Mutterngrößen (einen sogenannten »Knochen«) braucht man für alle Fälle. Schraubendreher, ein Speichenschlüssel, eine Kombizange und Inbusschlüssel machen das Werkzeug komplett.

Auf alle Fälle ist es praktisch, ein paar **Ersatzteile** mitzuführen, die weder schwer noch sperrig sind: Schlauch, Ersatzventil (»Blitzventile« machen das Pumpen leichter), Bremsklotz, Brems- und Schaltzug, Erste-Hilfe-Speichen mit Speichenspanner, Taschenlampe.

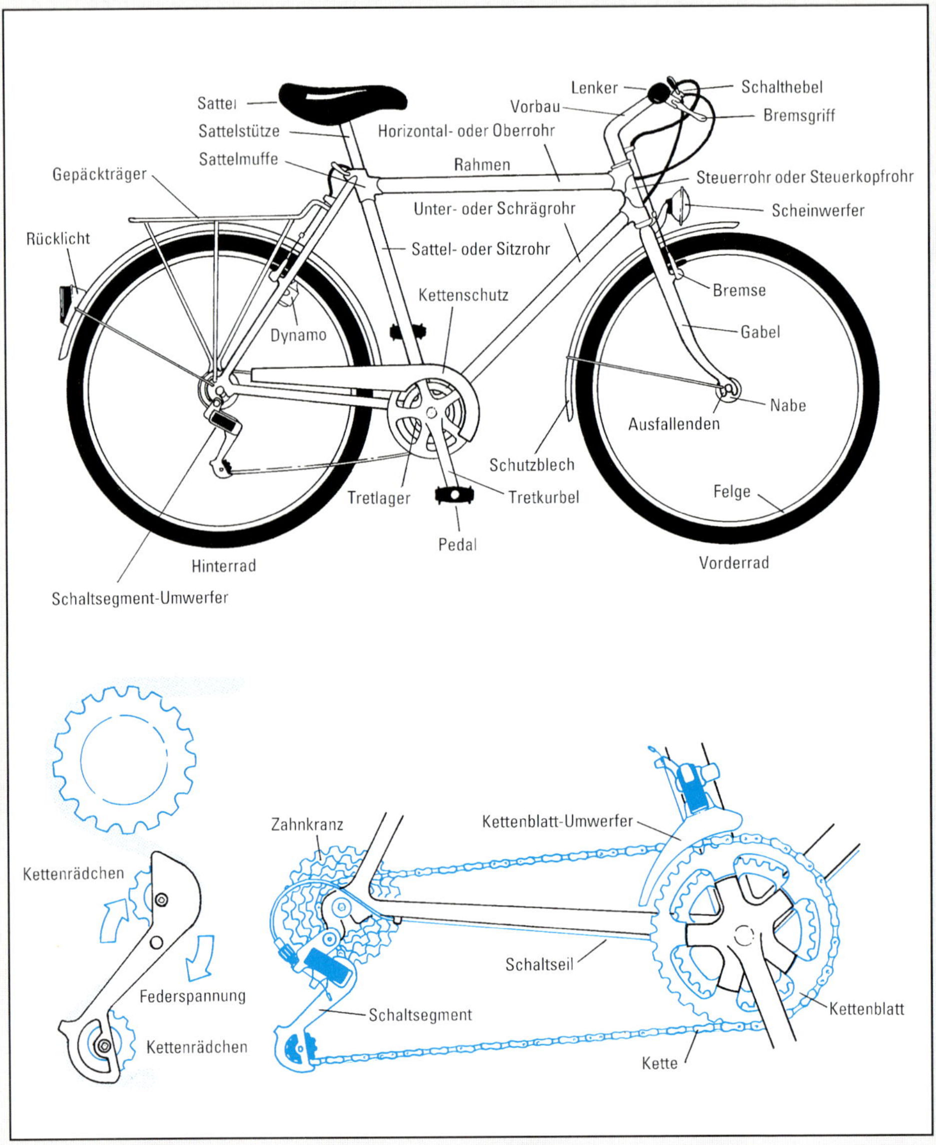

Das Fahrrad und seine Bestandteile.

Ein platter Reifen

Ein platter Reifen kommt häufiger vor, wenn Schlauch und Mantel schon etwas älter sind. Zur Vorsorge sollte man vermeiden, über spitze Gegenstände zu fahren. Auf den Landstraßen fliegen alle kleinen Glassplitter und Eisenteile an den Straßenrand – fahren Sie also mit einem halben Meter Abstand vom Bordstein. Damit bringen Sie die Autofahrer auch weniger in Versuchung, Sie auf engen Landstraßen trotz Gegenverkehr zu überholen.

Wenn der Reifen platt ist: *Zuerst* nachsehen, ob das Ventil nicht lose ist. Bildet sich bei aufgepumptem Reifen eine Blase am Ventil, nachdem man es (mit Spucke) angefeuchtet hat, sollte man den Ventilschlauch (oder das Ventil) auswechseln. Bleibt der Reifen platt, stellt man das Fahrrad auf den Kopf und sucht bei erneut aufgepumptem

Reifen nach der undichten Stelle. Haben Sie die schadhafte Stelle gefunden, markieren Sie sie. Dann hebeln Sie den Reifen aus der Felge, wie im nächsten Absatz beschrieben. Zupfen Sie das Stück Schlauch, in dem das Loch ist, heraus und flicken Sie das Loch wie beschrieben. Ist die Stelle nicht zu finden, muß das Rad abmontiert werden.

Rad abmontieren

Bevor Sie anfangen, suchen Sie sich eine Stelle aus, an der Sie auch die Muttern und Schrauben wiederfinden, die sonst wegkullern. Legen Sie abmontierte Kleinteile in die Haube der Klingel oder in eine Mütze. Lösen Sie erst die Felgenbremse, stellen Sie dann das Fahrrad auf den Kopf. Zur Schonung der Bremsgriffe kann man Badezeug oder Regenjacke unter den Lenker legen.

Vorderrad: Moderne Räder haben einen Schnellspanner mit einem Hebel, den man nur umzulegen braucht, und schon kann man das Rad aus seiner Halterung nehmen. Bei älteren Rädern muß man beidseitig die dicke Mutter lösen (nicht abschrauben; Schlüssel in der richtigen Größe einpacken), um das Rad abzunehmen.

Hinterrad: Wie beim Vorderrad Hebel umlegen oder Muttern lösen. Bei Kettengangschaltung schaltet man zuerst die Kette auf das kleinste Ritzel, dann biegt man den Kettenstraffer nach vorn, so daß man genügend Spiel hat, die Kette vom Zahnkranz abzuheben und so über die Achse zur Seite zu schieben, daß das Rad abgenommen werden kann. Bei Nabenschaltung muß man die Kette über das Ritzel drücken, um die Kette hinten von der Achse lösen zu können.

Haben wir das Rad lose in der Hand, pumpen wir es ein bißchen auf. Mit dem Mantel- oder Reifenheber fahren wir vorsichtig unter den **Mantel** *(Reifendecke)* und hebeln ihn über den Felgenrand. Mantelheber haben meistens eine Öse, mit der man sie an einer Speiche einhängen kann. Mit dem zweiten Mantelheber wiederholen wir dasselbe 10 cm weiter, dasselbe mit dem dritten Mantelheber. Den mittleren Mantelheber können wir jetzt abnehmen und wieder ein Stückchen weiter die Reifendecke über den Felgenrand heben – bis sich der Mantel auf der einen Seite lockert und von Hand von der Felge zu ziehen ist.

Jetzt können wir den Schlauch unter dem Mantel hervorschieben und -ziehen, bis er nur noch am Ventil in der Felge hängt. Ventil abschrauben und den Schlauch abnehmen. Ventil wieder aufsetzen, aufpumpen und nach dem Loch suchen. Feine Löcher findet man nicht so schnell mit bloßem Auge. Den Luftzug der entweichenden Luft spürt man am besten, wenn man den Schlauch nahe an das eigene Auge hält. Mit einem feuchten Handrücken kann man ebenfalls den Luftzug erfühlen. Schneller geht es in einer Schüssel Wasser, die in der Natur allerdings nicht zur Hand ist. Aber vielleicht ist in der Nähe ein

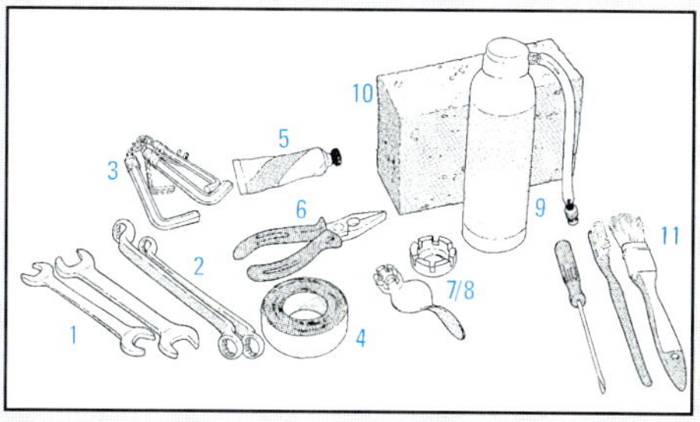

Werkzeug zur Pflege des Fahrrades.

1 Gabelschlüssel
2 Rundschlüssel
3 Inbusschlüssel
4 Reifen-Klebeband
5 Reifenkitt
6 Kombizange
7/8 Speichenschlüssel
9 Reifenflickspray
10 Schwamm
11 Alte Pinsel und Zahnbürsten

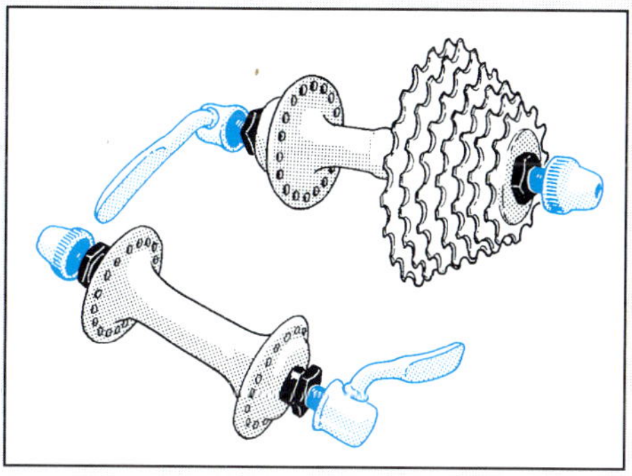

Vorderradnabe und Hinterradnabe mit Siebenfachzahnkranz, jeweils mit Schnellspannvorrichtung.

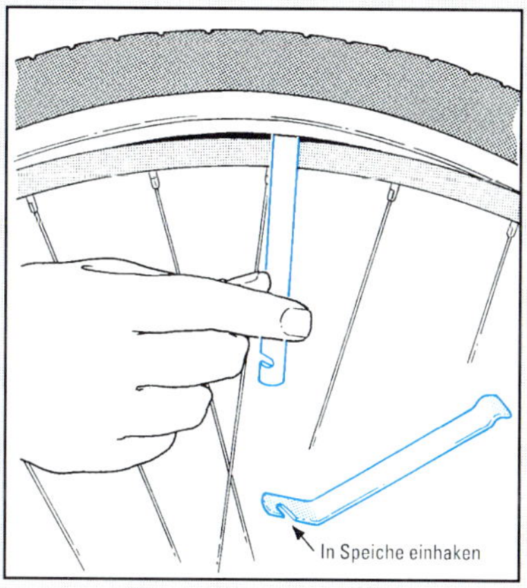

Einsatz des Mantel- oder Reifenhebers.

Bach, ein Teich oder eine tiefe Pfütze. Das Loch verrät sich durch Luftblasen.

Um das Loch herum den Schlauch leicht aufrauhen (beim Flickzeug gibt es dafür ein durchlöchertes Blechstück oder Sandpapier), Gummierlösung dünn auftragen, warten, bis die Lösung grifftrocken ist, Flicken vom Schutzpapier abziehen, auflegen und festdrücken. Schlauch wieder einlegen (beim Ventil anfangen) und unter den Mantel schieben, leicht aufpumpen, damit er schön gerade liegt, und den Mantel wieder auf die Felge drücken. Wenn es nicht anders geht, wieder mit dem Mantelheber. Vorsicht: dabei nicht neue Löcher in den Schlauch quetschen! Reifen aufpumpen. Wenn Sie noch Pause machen wollen, lassen Sie das Rad solange abmontiert – falls es nicht geklappt hat, müssen Sie nicht noch mal von vorne anfangen.

Eine Bremse versagt

Bei Nässe ist der Bremsweg länger als bei Trockenheit! Abgenützte Bremsklötze daher rechtzeitig ersetzen. Dabei soll die offene Seite des Bremsklotzhalters nach hinten weisen, damit der Klotz nicht bei der ersten Bremsung herausrutscht.

Ist der Bremsweg immer noch zu lang, stellen Sie die Bremse nach. Drücken Sie die beiden Bremsbacken so zusammen, daß noch 3 mm Abstand zur Felge bestehen, damit die Bremsen nicht zu hart greifen. Dann die beiden Muttern der Nachstellvorrichtung am Seilzug so drehen, daß die Bremsbacken sich allein da halten, wo Sie sie zuerst hingedrückt haben. Da die Bremssysteme je nach Fabrikat verschieden sind, sollte sich jeder sein eigenes Fahrrad-Bremssystem ansehen.

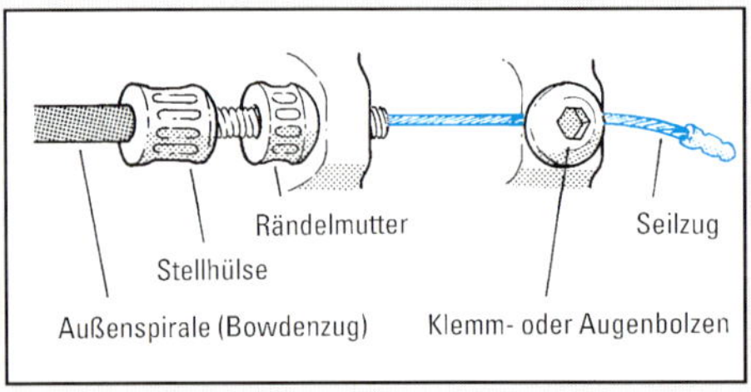

Nachstellen des Seilzuges.

Die Kette

Eine verdreckte oder angerostete Kette ist starr und kostet unnötig viel Kraft. Regelmäßiges Schmieren oder Ölen beugt vor. Ein Bad in Petroleum (die Kette vom Zahnkranz in eine Schale mit Petroleum hängen lassen, wenn Sie nicht montieren wollen) löst den Dreck. Mit einer alten Zahnbürste säubern. Anschließend mit Kettenfett Glied für Glied behandeln.

Bevor Sie losfahren, vergewissern Sie sich, daß die Kette die **richtige Spannung** hat. Bei einer Kettengangschaltung überprüft man das nach folgenden Kriterien: Hängt die Kette vorne auf dem kleinen Kettenblatt und hinten auf dem kleinsten Ritzel, soll sie nicht durchhängen. Hängt die Kette auf dem jeweils größten Kettenblatt und größten Ritzel, soll sie trotzdem noch S-förmig durch den Schaltarm mit seinen beiden Kettenrädchen verlaufen, um ihn nicht zu überdehnen. In diesen Positionen sollten Sie nie fahren!

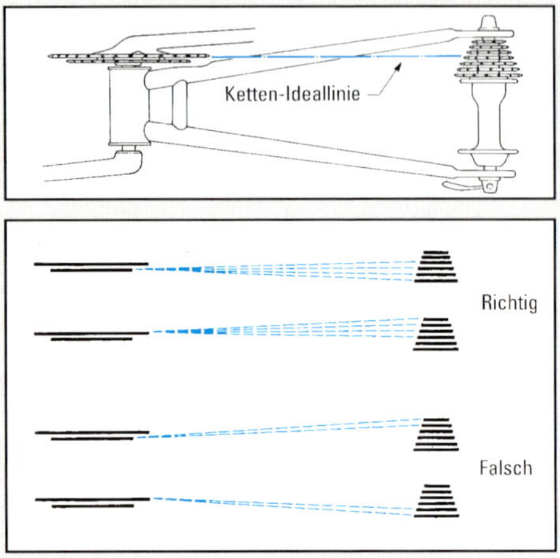

Richtige und falsche Art der Schaltung (Kettenlinie).

Schaltung

Die Größe der Kettenblätter und die Abstufung des Zahnkranzes mißt sich nach der Anzahl der Zähne. Die **Übersetzung** ist um so größer, je größer der Unterschied zwischen Kettenblatt und Ritzel des Zahnkranzes in Zähnen ist. Das heißt, pro Tretkurbelumdrehung ist der zurückgelegte Weg am größten, wenn die Kette auf dem größten Kettenblatt vorne und auf dem kleinsten Ritzel am Hinterrad liegt. Die vielen Gänge, die ein Rad hat, differenzieren die Übersetzung zumeist zu einer kleinen Übersetzung hin und erleichtern so das Bergauffahren.

Wenn Sie extreme Bergtouren vorhaben, können Sie das kleinere Kettenblatt austauschen und eines mit weniger Zähnen einsetzen. Anhand der Zeichnung sehen Sie, wie Sie nicht schalten sollten: größtes bzw. kleinstes Kettenblatt und größtes bzw. kleinstes Ritzel soll man nicht kombinieren. Solche »Extrem«-Schaltungen verursachen Reibungswiderstände und überbeanspruchen dadurch das Material.

Mit dem **Kettenblatt-Umwerfer** bewegen Sie die Kette von einem Kettenblatt zum anderen. Wenn Sie nur noch das mittlere und ein äußeres Kettenblatt erreichen oder die Kette am Umwerfer schleift, müssen Sie nachjustieren. Der Umwerfer soll hoch genug angebracht sein, damit er nicht das große Kettenblatt berührt.

Mit dem Schaltarm am hinteren Schaltwerk transportieren Sie die Kette über die Ritzel unabhängig von der Stellung der Kette auf den Kettenblättern.

Das Licht fällt aus

Als Lichtanlage haben die Hersteller alle möglichen Konstruktionen entwickelt. Das Prinzip ist immer dasselbe: Der Dynamo stellt den Strom her, der über Kabel zum Glühbirnchen geleitet wird. Ein Massekabel entfällt, dazu ist der Rahmen da. Als erstes nach der **Glühbirne** sehen. Bleibt es trotz intakter Birne dunkel, die **Kabelverbindungen** im Lampengehäuse und am Dynamo überprüfen (Wackelkontakt? Kann man mit einer Batterie prüfen). Leuchtet das Licht, liegt es am Dynamo, leuchtet es nicht, liegt es an den Kabeln, die man überprüfen und notfalls ersetzen muß. Hat der **Dynamo** genügend Reibung am Reifen? Eventuell befestigen. Ein lockerer Dynamo kann außerdem in die Speichen fallen und einen Unfall verursachen.

Wenn das alles nichts nützt, und Sie stehen bei Dunkelheit am Straßenrand, dann lassen Sie Ihre Tourenbegleiter mit funktionierendem Licht vor und hinter sich fahren. Besonders für den nachkommenden Verkehr ist es wichtig, daß Sie **von hinten gesehen werden**. Sind Sie allein und ohne Taschenlampe, mit der Sie nach hinten leuchten können, dann weichen Sie nach Möglichkeit auf den Gehsteig aus.

Fahrtechniken

Der **Fußballen** liegt über der Pedalachse. Daß Sie beim Heruntertreten des Pedals die meiste Kraft aufwenden und beim Steigen des Pedals die geringste, ist klar. Rennradler haben mit Rennhaken und Pedalklammer die Möglichkeit, das Pedal aufwärts zu ziehen und nach vorn zu schieben. Normale Radler können sich von den Rennradlern immerhin abschauen, wie sie das Pedal unten nach hinten drücken und dazu den Fuß mit der Spitze abwärts kippen (»runder Tritt«).

Wiegetritt nennt man die Technik, bei Steigungen, die trotz kleinen Gangs nicht mehr zu schaffen sind, aus dem Sattel aufzustehen und das jeweils obere Pedal mit dem Körpergewicht und Zug am Lenker nach unten zu stemmen.

Ein weiteres Detail der Fahrtechnik ist die **Auswahl der Übersetzung**. Die Gänge sind vor allem dazu da, den Bewegungsablauf gleichmäßig zu halten. Zu kleine Übersetzung bekommt der Muskulatur genauso wenig wie zu große Übersetzung. »Weiches Pedalieren« ist der schöne Ausdruck für diesen Vorgang.

Aus mechanischen Gründen soll man **nicht in Extremschaltungen** fahren, also kleines Kettenblatt und kleinstes Ritzel am Zahnkranz oder großes Kettenblatt und größtes Ritzel kombinieren. Die Kette liegt dann schräg und produziert anstrengende Reibungswiderstände. Ideal ist es, wenn die Kette gerade verläuft.

Bremsen sollte man stets gleichzeitig hinten und vorne. Besonders bei Bergabfahrten kann zu abruptes Bremsen zu Stürzen führen. Ebenso sollte man schon vor und nicht erst in einer Kurve bremsen, weil man in der Kurve das Gleichgewicht verlieren kann. Bei Nässe gilt dies erst recht. Nehmen Sie in Kurven das innere Pedal nach oben – wenn in der Kurve ein Pedal den Boden berührt, berührt der ganze Radler den Boden.

Gepäck/Zubehör

Praktisch ist die traditionelle **Hinterradtasche** auf dem Gepäckträger über dem Hinterrad. Diese Tasche kann man als Doppeltasche oder als Einzeltasche erhalten. Auf jeden Fall sollte die Innenseite (zum Rad hin) verstärkt sein, damit es keine Ausbeulungen gibt, die die Fahrt behindern. Zugleich sollte die Tasche nicht zu weit vorn hängen, weil sie sonst die Fersen stört.

Für die Karte ist die kleine **Lenkertasche** nützlich. Genausogut können Sie aber auch vorne einen Gepäckträger anbringen (lassen) und einen **Korb** darauf befestigen, in den Sie Karte, Führer, Flasche, Pullover, Badezeug und was sonst schnell zur Hand sein soll, hineinlegen. Bei viel Gepäck ist ein **Doppelständer** sinnvoll. Luftpumpe und Trinkflasche im Trinkflaschenhalter haben ihren festen Platz am Sattel- oder am Unterrohr.

Schutz vor Diebstahl: Am sichersten ist das massive Bügelschloß aus Stahl, aber das wiegt auch viel. Spiralkabel mit eigener Halterung unter dem Sattel sind praktisch, man muß lediglich die Zugkraft der Spirale überwinden. Um das Vorderrad zu sichern, kann man es abnehmen und an das Hinterrad schließen. Auf alle Fälle ist es gut, sein Rad an einen Laternenpfahl oder etwas Ähnliches anzuschließen.

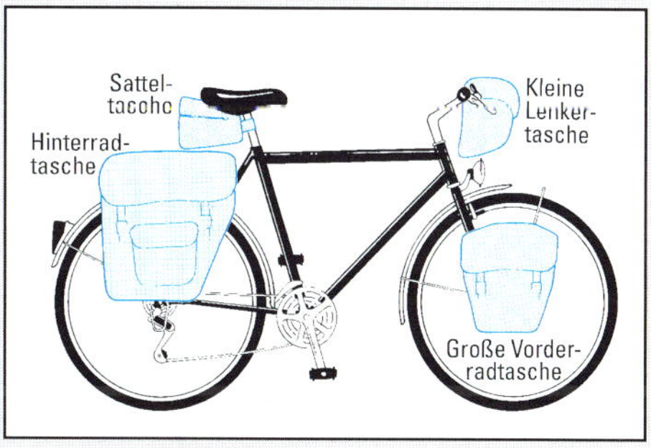

Das bepackte Fahrrad mit Gepäckstücken zur Auswahl.

Anhang

Anreise

Für die Anreise mit der **Bahn** gibt es von allen drei Anliegerstaaten aus gute Verbindungen:

- Offenburg/Stuttgart – Immendingen – Singen – Radolfzell – Konstanz (z. B. Interregio ab Frankfurt am Main)
- Stuttgart/Ulm (ebenfalls IC- und ICE-Halt) – Aulendorf – Ravensburg – Friedrichshafen
- München (z. B. Eurocity nach Zürich)/Augsburg – Memmingen/Kempten – Lindau
- Wien – Innsbruck – Bludenz – Bregenz
- Chur – Rorschach – Konstanz
- Zürich – Wattwil – St. Gallen – Konstanz/Lindau
- Zürich – Schaffhausen
- Basel – Schaffhausen – Konstanz

Für die Anreise mit dem **Auto** bieten sich die folgenden Autobahnen bzw. Schnell- und Bundesstraßen an:

- A 81 (E 70): Stuttgart – Rottweil – Singen
- B 30: Ulm – Biberach – Bad Waldsee – Ravensburg – Friedrichshafen
- A 7/A 96 (E 43/E 54) Ulm – Memmingen – Leutkirch – Wangen – Lindau
- A 96 (Augsburg, B 300)/München – Memmingen – Wangen – Lindau
- A 14 (E 17): Arlberg – Dornbirn – Bregenz
- N 13 (E 61) Chur – St. Margarethen
- N 1 (E 17) Zürich – Winterthur – Wil – St. Gallen – St. Margarethen
- B 4/27 Zürich/Schaffhausen

Wer viel Zeit mitbringt, kann die Anreise oder einen Teil von ihr auch mit dem Fahrrad bewältigen. Landschaftlich besonders reizvoll ist sie über den Schwarzwald, das Allgäu oder durch die Täler der Alpen entlang der entsprechenden Fernradwege. Da sie auch ganz wesentlich das Radeln an und um den See betreffen, sind sie unten näher beschrieben (siehe S. 186).

Klima und Reisezeit

Wie in der Einführung ausgeführt, wirkt der Bodensee ausgleichend auf die Temperaturen in seiner Umgebung, d. h., er mildert die Kälte im Winter und die Hitze im Sommer. Insofern ist die unmittelbare Umgebung des Sees durchaus auch im Frühjahr ab Ende April und im Herbst bis u. U. Mitte Oktober für eine Fahrradtour geeignet. Diese Zeiträume haben den Vorteil, daß es ruhiger ist und daß die häufiger auftretenden Föhnwetterlagen einen schönen Blick auf die Alpenkette gestatten. Ein Bad im See wird dann jedoch nur für wenige in Frage kommen. Im Herbst muß man häufig mit Nebel rechnen.

Weiter ab vom See, im Allgäu, im Bregenzerwald und im Appenzeller Land, herrscht ein rauhes Klima vor. Der Schnee fällt früh und bleibt auch lange in das Frühjahr hinein liegen, auf den Höhen wird es sehr kühl. Die ideale Reisezeit reduziert sich hier von Ende Mai bis September.

Eine sehr zuverlässige 5-Tage-**Wetterprognose** erhält man unter der Schweizer Rufnummer 1 62 (aus Deutschland 00 41 52 und Österreich 0 50 52 vorwählen).

Telefonieren

Die internationalen Vorwahlnummern für die drei Länder lauten:

- Deutschland 00 49 (aus Österreich 0 60)
- Österreich 00 43
- Schweiz 00 41 (aus Österreich 0 50)

Bei internationalen Telefonaten entfällt jeweils die Null vor der Ortskennzahl.

Rad, Ausrüstung und Gepäck

In der dem Anhang vorangestellten allgemeinen Radkunde (siehe S. 179) sind die einzelnen Fahrradtypen detailliert erläutert. Für die beschriebenen Strecken ist ein Touren- oder Trekkingrad am besten geeignet, da auch häufig Schotterwege benutzt werden. Während die Bodenseeumrundung zur Not auch mit einem Fahrrad ohne Gangschaltung bewältigt werden kann, ist sie bei den Touren fernab vom See, insbesondere im Bregenzerwald und im Appenzeller Land, unerläßlich.

Das gesamte Gebiet rund um den See ist sehr gut auf Fahrradtouristen eingestellt, so daß man in den zahlreichen Fahrradläden in der Regel alle notwendigen Ersatzteile erhält. Etwas weiter abseits vom Bodensee werden die Läden mit Fahrradzubehör etwas spärlicher. Bei unüblichen Fahrradmodellen empfiehlt es sich, u. U. einige wichtige Ersatzteile mitzuführen. Andererseits kann man auch meist mit dem Bus in die nächste größere Stadt fahren, wo man alles bekommt.

Im Sommer sollte der Radler einen Mückenschutz und auf jeden Fall eine Salbe gegen Mückenstiche mit sich führen, denn die zahlreichen Feuchtgebiete sind nicht nur ein idealer Lebensraum für Vögel, sondern auch für Stechmücken. Ganz besonders unangenehm sind nach eigenen Erfahrungen einige abgelegene Wege auf dem Bodanrück, die genau aus diesem Grund nicht als Tour mit aufgenommen wurden. Im

Frühjahr und im Herbst ist es ratsam, Handschuhe mitzuführen, da, wie anderswo auch, unerwartet Kälteeinbrüche auftreten können.

Radreiseveranstalter

Wer unbeschwert von Gepäck und Quartiersuche am Bodensee mit dem Fahrrad reisen möchte, kann sich an einen der Radreiseveranstalter wenden. Sie stellen das Fahrrad und Kartenmaterial, transportieren das Gepäck, helfen bei Pannen und buchen Übernachtungen. Der Reiseantritt ist in der Regel täglich möglich. Es ist jeweils in Klammern vermerkt, seit wann die Veranstalter auf dem Markt sind.

Aktiv-Reisen-velotours (seit 1983)
Mainaustraße 34
D-78464 Konstanz
Tel. (075 31) 982 80

Terranova-Touristik/Uhlig KG (seit 1979)
Hirschsprung 8
D-63263 Zeppelinheim
Tel. (069) 69 30 54

Velociped Fahrradreisen (seit 1988)
Auf dem Wehr 3
D-35037 Marburg
Tel. (064 21) 245 11

Fahrradverleih

Im Bodenseeraum gibt es zahlreiche Möglichkeiten, ein Fahrrad auszuleihen. Beim Fahrradverleih der Bahnen gelten einheitliche Bedingungen, es sind jedoch zumindest bei der DB kaum hochwertige Räder erhältlich. 1995 bezahlte man bei ihr für ein Rad ohne Schaltung 11 DM und für ein Rad mit 3-Gang-Schaltung 13 DM pro Tag. Gegen Vorlage eines Fahrscheins reduzierte sich der Preis. Auch zahlreiche Verkehrsämter verleihen Fahrräder. Bei privaten Anbietern, häufig Fahrradgeschäfte, sind in der Regel zu höheren Preisen auch Trekking- und Rennräder sowie Mountain-Bikes erhältlich. Im einzelnen:

Fahrradverleihbahnhöfe in Deutschland (DB):
Aulendorf, Tel. (075 25) 438
Bad Waldsee, Tel. (075 24) 1712
Friedrichshafen, Tel. (075 41) 201 - 385
Immendingen, Tel. (074 62) 6207
Konstanz, Tel. (075 31) 194 19
Kressbronn, Tel. (075 43) 6216
Langenargen, Tel. (075 43) 2417
Leutkirch, Tel. (075 61) 26 52
Lindau, Tel. (083 82) 40 66
Ludwigshafen, Tel. (077 73) 52 92
Markdorf, Tel. (075 44) 23 20
Meckenbeuren, Tel. (075 42) 46 71
Oberstaufen, Tel. (083 86) 329
Ravensburg, Tel. (07 51) 39 31 u. 39 32
Salem, Tel. (075 53) 289
Saulgau, Tel. (075 81) 76 11
Sigmaringen, Tel. (075 71) 20 30
Tuttlingen, Tel. (074 61) 710 07
Uhldingen-Mühlhofen, Tel. (075 56) 85 30
Wangen, Tel. (075 22) 210 08
Wasserburg, Tel. (083 82) 887079

Sonstige Anbieter in Deutschland:
Allensbach: Verkehrsamt, Tel. (075 33) 1218
Bodman: Leiz, Tel. (077 73) 59 22
Dettingen: Schroff, Tel. (075 33) 54 28
Dingelsdorf: Sport Reichl, Tel. (075 33) 433 39; Verkehrsbüro Dettingen, Tel. (075 33) 17 44; Roth, Tel. (075 33) 68 49
Engen: Zwei-Rad-Shop, Tel. (077 33) 57 62
Eriskirch: Verkehrsamt, Tel. (075 41) 97 08 22
Friedrichshafen: Touristeninformation, Tel. (075 41) 300 10
Gailingen: Café Rheingold, Tel. (077 34) 68 39; Seelmeir, Tel. (077 34) 69 87
Hagnau: Bertsch, Tel. (075 32) 63 10
Immenstaad: Brozio, Tel. (075 45) 34 29; Mauch, Tel. (075 45) 63 84
Konstanz: Aktiv-Reisen velotours, Tel. (075 31) 982 80; Rathaus, Tel. (075 31) 218 95
Litzelstetten: Rad-Lädele, Tel. (075 31) 433 39
Meersburg: Dreher, Tel. (075 32) 651 76
Moos: Verkehrsverein, Tel. (077 32) 25 44 und 46 81
Nonnenhorn: Verkehrsamt, Tel. (083 82) 602 92
Öhningen: Schmid, Tel. (077 35) 547
Radolfzell: Fahrrad Joos, Tel. (077 32) 27 40; Fahrrad Mees, Tel. (077 32) 28 28
Sipplingen: Thiel, Tel. (075 51) 44 41
Überlingen: Wolf, Tel. (075 51) 32 10; Langeheinecke, Tel. (075 51) 615 74
Uhldingen/Mühlhofen: Pension Zimmermann, Tel. (075 56) 67 41
Wasserburg: Kastlmeier, Tel. (083 82) 88 76 78

Fahrradverleihbahnhöfe in Österreich (ÖBB):
Bregenz, Tel. (055 74) 443410
Dornbirn, Tel. (055 72) 241 40

Sonstige Anbieter in Österreich:
Bregenz: Lang, Tel. (055 74) 223 19; Drissner, Tel. (055 74) 363 36; Kaufmann, Tel. (055 74) 375 89

Fahrradverleihbahnhöfe in der Schweiz (SBB):
Amriswil, Tel. (071) 67 13 55
Arbon, Tel. (071) 46 14 22
Diessenhofen, Tel. (053) 37 24 38
Kreuzlingen-Gossau, Tel. (072) 72 43 84
Kreuzlingen-Hafen, Tel. (072) 72 41 02
Romanshorn, Tel. (071) 63 14 23
Rorschach, Tel. (071) 41 18 36
Schaffhausen, Tel. (053) 25 54 31
St. Gallen, Tel. (071) 20 00 05

Steckborn, Tel. (054) 611474
Stein am Rhein, Tel. (054) 412134
Tägerwilen, Tel. (072) 6911
Weinfelden, Tel. (072) 222666
Wil, Tel. (073) 220113

Fernradwege im Bodenseegebiet

Der **Bodenseeradweg** führt um den ganzen See und ist meist gut bis sehr gut ausgeschildert. Er verläuft häufig direkt am Ufer entlang, manchmal leider auch neben der vielbefahrenen Seestraße. In der Hauptsaison wird er sehr stark frequentiert. Das Erkennungszeichen für den Bodenseeradweg ist ein stilisierter schwarzer Radfahrer mit ausgefülltem blauem Hinterrad auf weißem Grund. Zahlreiche Gemeinden rund um den See weichen jedoch von dieser einheitlichen Kennzeichnung ab.

Der **Donau-Bodensee-Radweg** beginnt in Ulm und endet am See. Es gibt mehrere Routen dieses Radwegs: Die Westroute verläuft von Laupheim über Bad Buchau und Wilhelmsdorf nach Immenstaad. Dabei gibt es eine Verbindungsroute von Riedlingen an der Donau nach Bad Buchau und eine Verbindung von Wilhelmsdorf über Weingarten und Ravensburg nach Friedrichshafen. Die Hauptroute verläuft über Bad Waldsee, Wolfegg und Kißlegg nach Kressbronn. Die Ostroute zweigt bei Unterschwarzach nach Leutkirch und Isny im Allgäu ab. Das Symbol für den Donau-Bodensee-Radweg ist ein stilisierter weißer Radfahrer auf blauem Grund. Eine ausführliche und kostenlose Broschüre ist bei der Städtischen Kurverwaltung, Ravensburger Straße 1, 88339 Bad Waldsee, Tel. (07524) 941343, zu erhalten.

Der **Donauradweg** beginnt in Donaueschingen, wo die Quelle der Donau gefaßt wird, und führt auf ehemaligen Treidelpfaden über Passau und Wien bis nach Budapest. Der Donauradweg ist der »Klassiker« unter den Fernradwegen und im Sommer sehr stark befahren.

Der **Rheintalradweg** folgt ab Chur, auf unterschiedlichen Ästen auf österreichischer und Schweizer Seite, dem Rheintal bis zum Bodensee. Jedoch schon ab dem Gotthardmassiv gibt es beschilderte Routen am Rhein entlang. Vor allem in der Schweiz kann sowieso von einer ziemlich flächendeckenden Radroutenbeschilderung ausgegangen werden.

Der **Hohenzollernweg** führt vom Neckargebiet über Tuttlingen nach Ludwigshafen am Bodensee.

Öffentliche Verkehrsmittel im Bodenseegebiet

Im Bodenseeraum gibt es ein hervorragendes Angebot an öffentlichen Verkehrsmitteln, das sich für Fahrradtouren als äußerst hilfreich erweist, denn in der Regel kann man das Fahrrad mit der Bahn und dem Schiff mitnehmen. Man kommt auf diese Weise zum Ausgangspunkt zurück bzw. zum Ausgangspunkt der nächsten gewählten Tour oder kann die Bahn bei steilen Anstiegen als Aufstiegshilfe nutzen.

Mit Ausnahme einiger Gebiete Oberschwabens zwischen Donau und Bodensee besteht ein dichtes Eisenbahnnetz mit Taktverkehr (stündlich Züge) und sind alle Ausgangspunkte der Touren mit der Bahn erreichbar. Die Schiffsverbindungen auf dem Bodensee bieten ebenfalls gute Möglichkeiten. Am häufigsten werden jedoch die Fährverbindungen zwischen Meersburg und Staad (in der Regel alle 15 Minuten) sowie zwischen Konstanz und Romanshorn bedient.

Die internationale Zusammenarbeit der drei Anliegerstaaten ist weit gediehen. So hat die internationale Bodenseekonferenz den **EUREGIO-Fahrplan** herausgegeben, ein handliches und übersichtliches Fahrplanheft mit allen Schiffs-, Bahn- und Busverbindungen vom Allgäu bis Schaffhausen und von Appenzell bis zur Donau, das an den Bahnhöfen und in den Verkehrsämtern gegen eine geringe Schutzgebühr erhältlich ist.

Im engeren Bodenseeraum gibt es mit dem **»Bodensee-Paß«** ein spezielles Tarifangebot: Für 48 DM, 41 sFr. oder 336 öS (Preise 1995) kann man 15 Tage nahezu alle öffentlichen Verkehrsmittel zum halben Preis benutzen. Bodensee-Paß-Inhaber, die zusätzlich ein 3er-Set übertragbarer Tageskarten für 33 DM, 28 sFr. oder 231 öS erwerben, können dafür an drei frei wählbaren Tagen so weit fahren, wie sie möchten.

Unterkunft

Hotels und Pensionen:
Während der Hauptsaison ist es im engeren Bodenseegebiet häufig schwierig, spontan eine Unterkunft zu bekommen. Es ist daher ratsam, sich rechtzeitig darum zu kümmern. Im Info-Teil der einzelnen Touren sind jeweils einige Pensionen bzw. Hotels und die Adressen der örtlichen Touristeninformationen genannt. Weitere Informationen und Hotelverzeichnisse gibt es bei den folgenden überregionalen Stellen:

Internationaler Bodensee-Verkehrsverein/
Fremdenverkehrsverband Bodensee/
Oberschwaben
Schützenstraße 8
D-78462 Konstanz
Tel. (07531) 22232

Landesfremdenverkehrsverband
Baden-Württemberg
Esslinger Straße 8
D-70182 Stuttgart
Tel. (0711) 238580

Touristik-Verband Westallgäu
Stiftsplatz 4
D-88131 Lindau
Tel. (08382) 270136

Vorarlberg-Tourismus
Römerstraße 7
Postfach 302
A-6901 Bregenz
Tel. (05574) 42525-0

Bodensee-Rheintal-Tourismus/
Fremdenverkehrsverband Bodensee/Rheintal
Anton-Schneider-Str. 4a
A-6900 Bregenz
Tel. (05574) 433910

Tourismusverband Ostschweiz
Bahnhofsplatz 1a
CH-9001 St. Gallen
Tel. (071) 226262

Verkehrsbüro Appenzellerland
CH-9050 Appenzell (Innerrhoden)
Tel. (071) 879641 und
CH-9063 Stein (Außerrhoden)
Tel. (071) 879649

Kantonale Verkehrsvereinigung Schaffhausen
Fronwagturm
CH-8201 Schaffhausen
Tel. (053) 255141

Thurgauische Verkehrsvereinigung
Gemeindehaus
CH-8580 Amriswil
Tel. (071) 676851

Camping:
Die meisten Campingplätze befinden sich direkt rund um den See. Sie sind in der Hauptsaison häufig ausgebucht. Als Radfahrer kommt man jedoch meist trotzdem für eine Nacht unter. Die Campingplätze in der Nähe der Endpunkte der beschriebenen Touren sind jeweils im Info-Teil genannt. Weitere Informationen sind bei den überregionalen Touristeninformationen und bei den Campingclubs, die auch entsprechende Campingführer herausgeben, erhältlich:
• Deutscher Campingclub e. V.,
Tel. (089) 33 40 21
• Verband Schweizer Campings,
Tel. (036) 23 35 23

Jugendherbergen:
Auch für die Jugendherbergen empfiehlt sich eine Reservierung, insbesondere in der Hauptsaison. Besonders schön gelegen ist die Jugendherberge in Schloß Laufen (Neuhausen) am Rheinfall.

• Jugendherbergen in Deutschland:
Friedrichshafen, Tel. (07441) 72404
Isny, Tel. (07562) 2550
Konstanz, Tel. (07531) 32260
Ravensburg, Tel. (0751) 25363
Sigmaringen, Tel. (07571) 13277
• Jugendherbergen in Österreich:
Bregenz, Tel. (05574) 22867
Hard, Tel. (05574) 339203 und 350182
• Jugendherbergen in der Schweiz:
Kreuzlingen, Tel. (072) 752663
Neuhausen am Rheinfall, Tel. (053) 2961
Romanshorn, Tel. (071) 631717
Schaffhausen, Tel. (053) 258800
Stein am Rhein, Tel. (054) 411255

Karten

Für das Bodenseegebiet gibt es eine Fülle von Karten. Man sollte sich in jedem Fall genau kundig machen, welche Karte für die jeweilige Tour oder das jeweilige Gebiet für einen selbst die beste ist. Im Info-Teil bei den Touren werden jeweils von den Verfassern Karten empfohlen.

Generalkarten
Sie sind aufgrund ihres Maßstabs und der Kleinräumigkeit des Gebiets, insbesondere am See, wirklich nur zur allgemeinen Übersicht und groben Orientierung zu gebrauchen.
• Westteil des Sees, westliches Oberschwaben, Rhein und Obere Donau: Generalkarte 1:200 000, Deuschland Blatt 24; Mairs Geographischer Verlag
• Ostteil des Sees, östliches Oberschwaben, Allgäu und Bregenzerwald: Generalkarte 1:200 000, Deuschland Blatt 25; Mairs Geographischer Verlag
• Nahezu gesamter See und Schweiz: Generalkarte 1:200 000, Schweiz Blatt 1; Mairs Geographischer Verlag.

Radwanderkarten
Sie sind insbesondere bei gut ausgeschilderten und in der Regel für alle aufgeführten Routen ausreichend. Sie enthalten Höhenlinien und lassen so auch Rückschlüsse auf das Relief des Geländes zu.

Bodensee, Oberschwaben und Obere Donau:
• Radwanderkarte 1:100 000, Blatt 52 Bodensee; Landesvermessungsamt Baden-Württemberg. Etwa die Hälfte aller aufgeführten Touren sind mit dieser Karte durchführbar. Radrouten und Radwege sind gut sichtbar verzeichnet. Es wird nicht zwischen ruhigen Radrouten und Radwegen entlang von vielbefahrenen Straßen unterschieden, sondern eher inwieweit eine Route beschildert ist.
• Deutsche Radtourenkarte 1:100 000, Nr. 33 Hohenzollern / Bodensee; Haupka-Verlag. – Diese Karte eignet sich ebenfalls für sehr viele Touren.

Wege und Straßen sind farblich abgestuft gemäß ihrer Verkehrsbelastung, was für die Planung von eigenen Touren sehr hilfreich ist. Die Gestaltung der Karte ist etwas gewöhnungsbedürftig.

Allgäu und Bregenzerwald:
• Radwanderkarte (ADFC) 1:150 000, Blatt 25 Bodensee / Schwäbische Alb; Bielefelder Verlagsanstalt. – Die Karte enthält Angaben zu Steigung, Verkehrsbelastung und Oberflächenbeschaffenheit.

Schweiz:
• Velokarten 1:60 000, Blatt 1 Schaffhausen / Winterthur / Wutachtal, Blatt 3 Bodensee / Thurgau und Blatt 4 St. Gallen / Appenzell / Liechtenstein; Verkehrsclub der Schweiz / Kümmerly + Frey. – Die Velokarten sind beinahe schon im Maßstab einer Wanderkarte und enthalten umfassende Angaben zu Steigungen und Verkehrsbelastung sowie Stadtpläne (hoher Preis, ca. 25 Franken).

Wanderkarten mit Radwegen
Die vom Landesvermessungsamt Baden-Württemberg in Zusammenarbeit mit dem Schwäbischen Albverein herausgegebenen Karten sind wegen ihrer Genauigkeit (Maßstab 1:50 000) vor allem abseits des Sees sehr zu empfehlen, da auch die kleinsten Wege aufgenommen sind. Die beiden Blätter zum Bodensee überschneiden sich mit den anderen Blättern dieser Kartenausgabe. Für das Allgäu gibt es eine Kompass-Wanderkarte im gleichen Maßstab.

Rund um den See:
• Wanderkarte 1:50 000, mit Radwanderwegen, Blatt 10 Hegau/Bodensee; Landesvermessungsamt Baden-Württemberg
• Wanderkarte 1:50 000, mit Radwanderwegen, Blatt 24 Bodensee-Ost; Landesvermessungsamt Baden-Württemberg

Oberschwaben:
• Wanderkarte 1:50 000, mit Radwanderwegen, Blatt 23 Bad Waldsee/Isny und Blatt 22 Saulgau/Ravensburg; Landesvermessungsamt Baden-Württemberg

Obere Donau:
• Wanderkarte 1:50 000, mit Radwanderwegen, Blatt 26 Naturpark Obere Donau; Landesvermessungsamt Baden-Württemberg

Allgäu:
• Kompass-Wanderkarte 1:50 000, Blatt 187 Isny / Wangen; Verlag Heinz Fleischmann

Für die Städte gibt es bei den Verkehrsämtern sehr hilfreiche und kostenlose Freizeitkarten des Städte-Verlags, mit Stadtplänen und Umlandplänen (1:105 000).

Literaturhinweise

Über das Bodenseegebiet gibt es eine Menge von Literatur. Hier eine kleine Auswahl:

Reiseliteratur:

APA-Guides: Österreich, RV Reise- und Verkehrsverlag, Konstanz 1994
APA-Guides: Schweiz, RV Reise- und Verkehrsverlag, Konstanz 1994
Balze, Andreas / Fischer, Gerhard: Bodensee, DuMont Reise-Taschenbücher, Köln 1995
Balze, Andreas / Fischer, Gerhard: Bodensee und Oberschwaben: Natur und Kultur, 23 Wanderungen und Spaziergänge sowie 7 Radtouren, DuMont Richtig Wandern, Köln 1994
Baumgarten, Monika u. a.: Bodensee, Oberschwaben. Baedeckers Allianz Reiseführer, Ostfildern 1991
Bodensee / Oberschwaben:, Polyglott Verlag, München 1993
Böhme, Henning und Ronald: Wanderungen am Bodensee, Bruckmann Verlag, München 1995
Brauns, Patrick: Bodensee. Kulturlandschaft zwischen Hegau und Bregenzer Wald, Reise und Verkehrsverlag, Stuttgart 1992
Dewiel, Lydia: Das Allgäu. Städte, Klöster und Wallfahrtskirchen zwischen Bodensee und Lech, DuMont Kunstreiseführer, Köln 1993
Greis, Peter (Hrsg.): Der Hegau – Landschaft zwischen Rhein, Donau und Bodensee, 3., neubearbeitete Auflage, Verlag Rombach, Freiburg 1990
Held, Heinz: Vorarlberg und Liechtenstein. Landschaft, Geschichte und Kultur im »Ländle« und in Liechtenstein, DuMont Kunstreiseführer, Köln 1988
Leib, Hans u. a.: Bodensee. Reihe dtv MERIAN, dtv, München 1984
Südliches Oberschwaben – Bodensee, herausgegeben vom Schwäbischen Albverein, Konrad Theiss Verlag, Stuttgart 1981
Naturpark Obere Donau, herausgegeben vom Schwäbischen Albverein und Verein Naturpark Obere Donau, Konrad Theiss Verlag, Stuttgart 1984
Südöstliches Oberschwaben – Westallgäu, herausgegeben vom Schwäbischen Albverein, Konrad Theiss Verlag, Stuttgart 1983
Siebenhaar, Hans P.: Der Bodensee und seine Landschaften, Michael Müller Reiseführerverlag, Erlangen 1985
Essen und Trinken am Bodensee – Ein kulinarischer Begleiter, Stadler Verlagsgesellschaft, Konstanz 1995 (wird jedes Jahr neu aufgelegt)

Geschichte und Kunstgeschichte:

Borst, Arno: Mönche am Bodensee: 612–1525, Thorbecke, Sigmaringen 1985
Borst, Arno: Ritte über den Bodensee, Verlag Die Libelle, Bottighofen 1992

Ebert, Karlheinz: Bodensee und Oberschwaben: zwischen Donau und Alpen: Wege und Wunder im »Himmelreich des Barocks«, DuMont Kunst-Reiseführer, Köln 1990
Feger, Robert: Burgen und Schlösser in Südbaden, Verlag Weidlich, Würzburg 1984 (betrifft Meersburg, Meßkirch, Mainau, Heiligenberg, Langenstein, Hohentwiel)
Hofmann, Andrea: Künstler auf der Höri, Friedrich Bahn Verlag, Konstanz 1989
Kunstführer durch die Schweiz: Bd. 1, Büchler Verlag, Wabern 1971 (Hrsg. Schweizer Gesellschaft für Kunstgeschichte)
Lynar, EW. Graf zu: Schloß Heiligenberg, Schnell & Steiner, München / Zürich 1991
Petzolt, Leander (Hrsg.): Sagen rund um den Bodensee, G. Braun, Karlsruhe 1991
Georg Richter: Der Bodenseeraum – mit Hegau und Bregenzer Wald. Landschaft, Geschichte, Volkstum, Kultur, Kunst, Glock und Lutz Verlag, Heroldsberg 1977
Schwarz, Gunter: Reben am See. Geschichte und Geschichten vom Weinbau und den Weingütern rund um den Bodensee, Rößler & Partner, Konstanz 1995
Weidhase, Helmut: Imperia von Peter Lenk, Stadler, Konstanz 1993

Literatur:

Honoré de Balzac: Die schöne Imperia, in: ders.: Tolldreiste Geschichten; Hans Kaiser, Klagenfurt 1987
Beig, Maria: Rabenkränzchen. Eine Chronik aus Oberschwaben, Suhrkamp, Frankfurt 1983
Bloch, Erich: Das verlorene Paradies. Ein Leben am Bodensee 1897–1939, Thorbecke, Sigmaringen 1992
Bodensee-Reisebuch, hrsg. von Jost Dominik, Insel Verlag itb 1490, Frankfurt 1993
Eschenbach, Wolfram von: Willehalm, bearbeitet von Werner Schröder, De Gruyter, Berlin 1978
Hesse, Hermann: Bodensee. Betrachtungen, Erzählungen, Gedichte, Thorbecke, Sigmaringen 1993
Meyer, Conrad Ferdinand: Die Hochzeit des Mönchs: Plautus im Nonnenkloster, Reclam, Stuttgart 1994
Scheffel, Joseph Victor von: Ekkehard, Diogenes, Zürich 1994
Schwab, Gustav: »Der Reiter und der Bodensee« und »Hussens Feuertod« in Bodensee-Reisebuch (s. o.)
Walser, Martin / Ficus, André: Heimatlob, Gessler, Friedrichshafen 1978
Walser, Martin: Das fliehende Pferd, Suhrkamp, Frankfurt 1993

Register

Die geradestehenden Ziffern verweisen auf die Textseiten, die *kursiven* auf die Seiten mit den Abbildungen; **halbfette** Ziffern bedeuten, daß hier ausführlicher auf das Stichwort eingegangen wird.

Aach *150*, 156
Aachquelle (Aachtopf) **156**, 165
Ablach 175
Alberschwende 101
Allensbach **42**, 45, 144
Allgäu 12, 14, 17, **89 f.**, *90/91*, 91 ff., *96*
Alter Rhein 23, *24*, 28, 109
Altshausen *77*, **78**
Amriswil 129
Andelsbach 173, 178
Appenzell *12*, 14, 17, 26, 89, **106 ff.**, *107*, *109*, 110, 113 ff., 120
Arbon 13, 15, **28 ff.**, 29, 34
Arenenberg, Schloß **36**
Argen 94, 98 ff.
Asam, Cosmas Damian 78
Aulendorf **76**, *78*
Bad Waldsee 10, **81 f.**, 87
Bad Schussenried 10, **74 f.**, 76, 78, 84, 86
Bagnato, Franz Anton 174
Bagnato, Giovanni Gaspare 26, *26*, 52, 127
Baindt, Kloster 61, **81**
Baitenhausen *150*
Balzac, Honoré de 32
Beer, Franz 31, 74, 78
Berg 118
Bergatreute 87
Berlingen 38
Bermatingen *9*, **153**, 154
Berno, Abt 47
Beuron 157, **167 f.**, 169
Beuys, Joseph 137
Biber 138, 141, 157, 159
Birnau 14, *57*, *59*, **56**, 153 f.
Bischofszell 11, 106, **126 f.**, *127*, 129
Bitzenhofen 62
Blumenfeld **157 f.**, 159
Boccaccio 37
Bodanrück *2/3*, 10 f., 18, 51 ff., **135**, 144 ff., *144*
Bodensee **10 ff.**, 18 ff.
Bodman *2/3*, 13, 16, **52**, 54, 144, 146
Bottighofen 12, 34, 131
Braunau *133*, 134
Bregenz 12, 18, **23 ff.**, 27, 90, 100, 102, 104, 108
Bregenzer Ach 27, 100 *100*, 102
Bregenzerwald **89 f.**, 99, *101*
Brochenzell 70
Brockhaus, Lutz 158
Brugg 70
Brugger, Andreas 69
Bühler 114
Busch, Fritz B. (Automobilmuseum) 86
Büsingen **140**, 158
Büßlingen **158**, 159
Clara, Abraham a Sancta 174
Columban 13, 112
Constantinus, röm. Kaiser 33
Corval, Compte de 52
Dagobert, aleman. König 13
Degermoos **65 f.**
Degersee 67
Degetsweiler 66
Deggenhauser Tal 62, *63*
Diessenhofen 135, *135*, **136**, 138
Dingelsdorf 53
Dix, Otto 42, 137
Donau 10, **156 f.**, 162, *162*, 166 f., *171*, *175*
Donau-Bodensee-Radweg 64
Donauradweg 169 f., 175
Donautal *168*
Donauversickerung **156**, 162, *162*, 169
Dörflingen 140 f., 158
Dornbirn **100**, 101 f.
Dornbirner Ach 27, 101
Droste-Hülshoff, Annette von 56
Dunant, Henri 115
Dürer, Albrecht 137
Eberhard II., Bischof von Konstanz 36
Echbeck 62, 148
Echotal 144
Efrizweiler 64, 154

Egg 53
Eglofs 89
Eichberg 109
Eichenberg 104
Eigeltingen 164
Eisenharz 98
Emmingen 163, 165
Engen *157*, **158**, 160 f.
Ennetach **172**
Eriskirch **20**
Eriskircher Ried **19 f.**
Ermatingen **36**, 38
Eschenbach, Wolfram von 52
Eschenz 13
Esperlin, Joseph 172
Feichtmayr, Johann Michael 19
Feichtmayr, Joseph Anton 56, 69, 78, 172
Fischbach 10
Flawil 125
Fridingen 156, **167**, *168*, 169
Friedrich I., Kaiser 13, 32
Friedrich I., Großherzog von Baden 52
Friedrich II., Kaiser 32
Friedrichshafen 11 ff., **19**, 21, 31, 56, 58, 62, 64, 155
Frisoni, Donato Giuseppe 78
Fürstenland 106
Fussach 23, *25*
Gaienhofen **42**, 43
Gailingen 138
Gais 106, 112, 114
Gallus 13, 30, 112
Genhofen **97 f.**, 99
Gießenbrücke 69 f.
Gnadensee 10, **42**, 141, 144
Goertz, Jürgen *157*, 158
Goetz, Gottfried Bernhard 56
Goldach 11
Goldbach 55 f., 60
Gonten 120, *121*
Gottlieben **36**, *36*, 38
Grub 116
Grubenmann, Johann Ulrich 111, 116, 127
Grünenbach 99
Gunzo, aleman. König 13
Gutenstein *167*, 169, 175
Habsthal, Kloster **172 f.**
Hagnau 16, 58
Hagenwil **127 f.**, *128*
Haldenhof 18, 55, 59
Hard 23, 27
Haslen 113
Hatzenturm **78 f.**
Hauptwil 129
Hecker, Friedrich 15, 33
Hegau 11 f., 135, 141, **156 f.**, 165
Hegaublick 160 f.
Hegne 45
Heidegger 174
Heiden 106, **115**, 116, *118*
Heiligenberg 10, 135, **147 f.**, *149*
Heinrich der Lahme, Mönch 47, 78
Heinrich II., Kaiser 37
Heinrich IV., Kaiser 32
Heito I., Abt 47
Hemberg 119 ff., *119*
Hemishofen 138, 142
Hemmenhofen 42 f.
Herdwangen 151
Hergensweiler **66**
Hesse, Hermann 42
Hintschingen 161
Hittisau **100**
Höchst 23
Höchsten 62 f., 135
Hochwart 47, 50
Hödingen 60
Hofer, Andreas 14
Höfle, Martin 19
Hohenhewen 11
Hohenkrähen 11
Hohenstoffeln 11
Hohentwiel 11, 37, 141, 156
Hohenzollern, Katharina von, Fürstin 167
Hohenzollernrad-weg 163f.
Höll 84, 87
Höri 36, 42
Hoßkirch 75
Hus, Jan 14, 32, 36
Illmensee 62 f., *64*, 148, 177
Immendingen 156, **160 f.**, 162, *162*
Immenstaad 58
Ingoldingen 84
Inzighofen **168**, *176*
Isny 13, 89, **97**, 98
Johannes XXIII., Papst 36
Judith, Welfenfürstin 78
Karl V., Kaiser 32
Karl der Dicke, Kaiser 52
Kauffmann, Angelika 24
Kesslerloch 12, 137, 157, 159
Kesswil 12, 24
Kißlegg *86*, **86**, 87, 91 f.
Kirchberg, Weingut Schloß 58, *60*
Königsegg, Herren von 78
Konradin, Kaiser 89
Konstanz 13 ff., 18, 30, *30/31*, **31 ff.**, *33*, 35, *35*, 38, 42, 45, 50, 53, 106 f., 112, 126, 130 f.
Krauchenwies **176 f.**
Kressbronn 17, 22, 67, 69
Kreuzlingen 18, **31**, 34
Kriessern 109
Kürnbach, Kreisfreilicht-museum **84**, 86
Landschlacht **31**, 34
Langen 105
Langenau 67
Langenargen *19*, **20**
Langenegger, Conrad Johann 112, 114
Langenrain 52, 54, 145
Langenstein, Schloß **163**, 164, *164*
Lauterach 102
Leiblach 65
Lenk, Peter *30*, 32, *33*
Lenz, Desiderius, Pater 167
Leutkirch 10, 89, **91 f.**, *92*, 93
Lichtensteig **122**, 124
Liggeringen 54, 145
Lindau *10/11*, 13 ff., 18, **20 f.**, 22, *22/23*, 27, 66 f., 89, 91, 97
Lingenau 100
Linzgau 14, **135**, 147
Lochau 27
Lohner 70
Ludwig das Kind, Kaiser 52
Ludwig der Deutsche, König 52
Ludwig der Fromme, Kaiser 52
Ludwig, Großherzog von Baden 53
Ludwigshafen **53**, 55 f., 164
Lustenau 109
Lütisburg *123*, 124 f.
Machein, Georg Anton 74
Maierhöfen 99
Mainau *50/51*, **52**, 53/54
Mammern 40
Mannenbach 36, 38
Manzell 12
Mariatal 71
Marienschlucht 10, 51 ff.
Markdorf 14, **62**, 64
Markelfingen 45, 145 f.
Martin V., Papst 14, 32
Maximilian I., Kaiser 14
Meersburg 13 ff., 55, **56**
Mehrerauer Ried 27, 101
Mendlingen 154
Mengen **172**, 173
Mettnau, Halbinsel 18, 45
Meßkirch **174**, 175
Meyer, Conrad Ferdinand 32
Michelwinnaden 83, 87
Mindelsee **144**, 145, *146*
Mittelzell **47**, 49
Mochenwangen 82
Möggingen **144**
Möhringen **161**, 162
Montfort, Grafen von 20, 61
Moos 21, 42 f.
Mühlheim an der Donau **166 f.**, 169
Münsterlingen **31**, 34
Napoleon Bonaparte 14, 36, 89, 91, 106 f., 122
Napoleon III., frz. Kaiser 36
Necker 122, *123*, 124
Neufrach 148, 154
Neuhausen 135 f., 139 f.
Niederzell **47 f.**, *48*, 49
Nonnenhorn 22
Nußdorf 56
Oberlangensee 67
Oberschwaben 12, 14, 16 f., **61**
Oberstaufen **97**, 99 f.
Obersee **10 ff.**, 18 ff.
Oberteuringen 62
Oberzell *46*, **47**
Öhningen 42
Ostrach 11, 75
Otmar, Abt von St. Gallen 38, 112
Otterswang 14, **76**, 79
Ow, Meinrad von 72, 76, 174
Owingen **150 f.**, *151*
Paradies **136**, 139
Pfänder 18, **104**
Pfrungen 72
Pfrunger Ried 71
Pfullendorf 11, **71 f.**, *75*, 135, 149 f., *172*, 174, 176 f., *177*
Pirmin, Abt 13, 47
Prälatenweg 153 f.
Radolf, Veroneser Bischof 42
Radolfzell **42**, 43, 140, *141*, 142, 144, 146, 156

Ramsen 141 f.
Randegg 42, 140 f.
Ratzenried 94
Ravensburg 13, 15, **69**, 71 f., 80, 82, 97
Reichenau 12 f., 16, 18, 36, 42, 45, **46 ff.**, *46*, *48*, 52, 106
Reute 70
Rhein **10**, 23, 27, *40*, 109 f., **135**, *135*, 156 f., *158*
Rheindelta *17*, 18, **23**, *24*, *25*, 108
Rheineck 13, 23, **25 f.**, 27
Rheinfall 136, **137 f.**, 139 f., 158
Rheinspitz 18, 23, *24*, 28
Rheintal 13, 15, 25, 90, 100 ff., 106, 108 f.
Riechental, Ulrich 33
Riedheim 64
Roggenbeuren 63
Rohrspitz 18, 23, *25*, 27
Romanshorn **30 f.**, 34, 130
Rorschach 18, **26 f.**, *26*, 28, 33, 115, 118
Rorschacherberg 18, 116
Rösch, Ulrich 26, 112
Rotachtal 62
Rudolf von Habsburg, Kaiser 13, 97
Ruschweiler 73
Ruschweiler See *72*, 73
Salem 14, **152 f.**, 154, *155*
Saulgau 11, **74**, *74*
Schachen 22
Schaffhausen 12 ff., 106, 135 f., **137**, *138*, 139 f., *142/143*, 158, *158*
Scheer **172**, 173
Scheidegg *103*, **104**
Schiener Berg 18, *39*, 42
Schleinsee *67*
Schmuzer, Familie 19, 62, 78
Schnetzenhausen 62, 64
Schomburg 67
Schopflen, Ruine 49
Schütz, Johannes 92
Schussen *15*
Schussentobel 83
Schwab, Gustav 20, 32, 52
Schwartzenberger, Jörg 147, *149*, 174
Schwarzmann, Johann Jakob 72, 174
Seefelden 58
Seemoos 12
Seerücken 18, *44*
Sießen, Kloster **74**
Siggen *90/91*, 91, 94, *94/95*
Sigismund I., Kaiser 13, 32
Sigmaringen *171*, *178*, 157, **168**, 169 f., 173, 175, 178
Singen 15, 141, 156
Sipplingen *2/3*, 56
Sipplinger Berg, Pumpspeicherwerk 59
Sitter 110, 113, 129
Speicher *111*, 114
Sporer, Fiedel 78
St. Gallen 13 ff., 26, 30, 32, 89, 97, **106 f.**, **112 f.**, 116, *117*, 119, 122 f., 126 f., 136
St. Katharinental **136**, 138 f.
St. Pelagiberg 129
Steckborn **36**, 38
Stein am Rhein 10, 15, 18, 26, **37 f.**, *40/41*, 41 f., 106, 135, 138, 140, 142
Stein (Außerrhoden) **108**, 113
Steinach 33, 118
Steinbronnen 75
Steinhausen 14, 61, *81*, **82**, *83*, 84
Stetten 161
Stockach 135
Stockenweiler 66
Stoss 14, 106
Strabo, Walahfrid 47, 49
Tägerwilen 16, 38
Tal 84, 87
Tengen **157**, 159
Teufen **111**, 113
Tettnang 11, 14, *68*, *70*, **68 f.**, 70
Thalmühle *85*
Thayngen 137, **157**, 159
Thiergarten **168**
Thumb, Christian 19, 74
Thumb, Peter 56
Thumen 66
Thur 119, 122 ff., 126 ff., *127*
Thurgau 16, 32, **107**, 126 f., 130
Thurn und Taxis, Fürsten von 172
Toggenburg 106, 119, 122
Trogen 106, **111**, 114, *114*
Tuttlingen 156 f., 160, 162, **163**, 166, 168
Überlingen 13, 18, **55 f.**, 60, 89, 106, 135, 150 f., *152*, 153
Überlingen am Ried 141 f.
Überlinger See **10 ff.**, 18, 51 ff., 144 ff., 156
Unterlangensee 67
Untersee **10 ff.**, 18, 36 ff., *44*
Unterteuringen 62
Unteruhldingen 12, 55, **56**
Urnäsch 119 f.
Urnau 62
Uttwil 34
Uzwil 125
Vöglinsegg 14, 106, 114
Volzenhöfe 63
Vorarlberg 14, 16, 90
Wälde 151
Wäldi 132
Waldburg 10
Waldburg, Eberhard von, Konstanzer Bischof 28
Waldburg, Georg von, Truchseß 14
Waldburg, Truchsessen von 61
Waldo, Abt 47
Wallhausen 51 ff.
Wangen im Allgäu 11, 13, *65*, **66**, 67, 88 f., 92, 94, 98
Wangen am Bodensee 43, *45*
Wasserburg **20**
Wasserburger Tal 165, *165*
Watt, Joachim von 113
Wattwil **119**, 122, 124
Weierstobel 71
Weiler **104**, 105, *105*
Weinfelden **130 f.**, *131*, 132
Weingarten 14, 61, **78 f.**, *79*, 80, 82
Weißenau 61, 71
Wendlingen 64
Werd, Insel 13, 37, 40 f.
Wil **122 f.**, *124*, *125*, 126, 128, 134
Wildegg 165
Wildenstein, Burg *167*, 168
Wilhelmsdorf 72
Winkelstein, David von, Abt 37
Witigowo, Abt 47
Wittenhofen 62 f.
Wolfegg 84, **85 f.**, 87
Wollmatinger Ried 18, 38, 45, 50
Wolpertswende 79
Württemberg, Philipp Albrecht, Herzog von 19
Württemberg, Wilhelm I., König von 20
Zell **97**, 99
Zell am Andelsbach 177
Zeller See **10 ff.**
Zeppelin, Graf 15, 88
Zeppelinmuseum 19, 22
Ziegelmüller, Eitel Hans 14
Zimmermann, Dominikus 74, 81 f., 92
Zimmern, Froben Christoph von, Graf 174
Zorgenweiler 72
Zwingli 14, 107

Bildnachweis

Paul Bickelbacher, München: 2/3, 4, 5 o., 6 o., 6 u., 7 o., 10/11, 12, 17, 19, 22/23, 24, 25, 26, 29 o., 29 u., 30/31, 33, 35, 36, 39, 40/41, 43, 44, 46, 50/51, 54, 65, 67, 90/91, 92, 94/95, 96, 100, 101, 103, 105, 107, 109, 111, 114, 117, 118, 119, 121, 123, 124, 125, 127, 128, 131, 133, 135, 138, 141, 142/143, 144, 146, 157, 158, 162, Einband-Rückseite

© Günter Graefenhain / SUPERBILD: Einband Vorderseite

Michael Graf, Augsburg: 7 u., 8, 9, 15, 48, 57, 60, 63, 64, 68, 70, 72, 73, 74, 77, 79, 85, 86, 150, 151, 152, 155, 164, 165, 167, 168, 171, 172, 175, 176, 177, 178

Richard Mayer, München: 5 u., 59, 81, 83, 149

Die Kartenskizzen zu den Touren wurden von Rehage Creativ Design, Heike Rehage, München, erstellt, die Übersichtskarte vom Ingenieurbüro für Kartographie, Heidi Schmalfuß, München.

Die Grafiken für die »Allgemeine Radkunde« fertigte Georg Sojer, Ruhpolding, an.